History

of

Modern

Chinese

Vocational

Education

Curriculum

中国近代
职业教育课程史

夏 英 著

江苏人民出版社

图书在版编目(CIP)数据

中国近代职业教育课程史 / 夏英著. --南京：江
苏人民出版社，2024. 8. -- ISBN 978 - 7 - 214 - 29424 - 1

Ⅰ. G719.29

中国国家版本馆 CIP 数据核字第 2024Q6P927 号

书　　　名	中国近代职业教育课程史
著　　　者	夏　英
责 任 编 辑	汪意云
装 帧 设 计	徐立权
责 任 监 制	王　娟
出 版 发 行	江苏人民出版社
地　　　址	南京市湖南路 1 号 A 楼，邮编：210009
照　　　排	江苏凤凰制版有限公司
印　　　刷	江苏凤凰通达印刷有限公司
开　　　本	718 毫米×1000 毫米　1/16
印　　　张	19
字　　　数	263 千字
版　　　次	2024 年 8 月第 1 版
印　　　次	2024 年 8 月第 1 次印刷
标 准 书 号	ISBN 978 - 7 - 214 - 29424 - 1
定　　　价	98.00 元

(江苏人民出版社图书凡印装错误可向承印厂调换)

序言一

职业教育是国民教育体系的重要组成部分,在国家发展、社会转型的重大变革中发挥着重要作用,然而始终没有获得与之相称的国民重视,呈现"尴尬"发展的样态,其课程也难以逾越教育传统,成为职业教育内涵发展的"瓶颈"。

当前为顺应我国社会工业化进程的需要,中共中央把加快发展现代职业教育摆在特别重要的战略地位。然而,今天的职业教育课程做好准备了吗?为何是这样的状态?造成今天"瓶颈"的结果有无历史之源?

我的学生夏英正是源于这样一个质朴的想法,将博士论文的研究重心锁定在中国职业教育课程史领域。我被她一句"只有了解清楚职业教育课程发展的来龙去脉,才能为当下甚至未来发展指点迷津"而感动。她虽没有历史学的学科底子,但有这样一分勇气、责任和担当,在浮躁喧嚣的环境中甘愿坐冷板凳,静心研究历史,实属不易。读书期间,夏英同学就是一个善于思考、潜心学问、不事张扬的学生,她在博士学位论文基础上著成的《中国近代职业教育课程史》即将付梓,应当说这是实至名归的,是对她多年来的艰苦努力的回馈。

我觉得,这一选题具有现实意义和理论价值。职业教育作为一种类型的教育,有别于普通教育的本质特征至今并没有得到很好的回答。我国职业教育中存在的诸多问题——包括课程设置——无不受到历史特定因素的巨大影响。因此,从现实出发,梳理并反思我国近代职业教育课程发展的历史,既具有现实指导意义,又能深化职业教育的理论研究。

该研究有别于一般编年体史学,在审视国内外课程史研究范畴及方法发展趋势的基础之上,大胆地引入了问题史方法论,采用多个分析视角对我国近代职业教育课程发展的历史进行梳理、评价。对职业教育课程中的一个关键问题"我国教育传统如何影响近代职业教育课程发展"进行了比较深入、系统的论证,力图描述我国近代职业教育课程发展的历史状况,又探索其背后隐含的价值假设与演变动力。

问题史的核心在问题,问题的提出既不能前置于史料分析,也不能囿于客观史实。夏英同学在研究过程中一度因问题的不确定而陷入迷茫,然而她并没有泄气或放弃,而是勤勤恳恳从研读史料开始,一点一滴做着记录整理,表现了研究者应有的踏实、严谨、认真的治学态度。经历了多次研讨和交流,她终于发现了能够贯穿始终解释这段历史的"问题",赋予这段历史生动的"灵魂"。

值得肯定的是,该书在博士学位论文的基础上,又进一步作了补充和完善,合理划分了我国近代职业教育课程发展的历史分期,描述了各个历史时期职业教育课程的实况,分析了不同课程体系和实施中的进步与不足,探索了发展变化的动因,最后提炼出我国近代职业教育课程发展历史的三对主要矛盾,构建了职业教育课程发展的两种逻辑,对我国当下职业教育课程发展具有一定的启示意义。

夏英同学追随我读完硕士、博士,立足课程与教学论,实现了从普通教育研究向职业教育研究的成功转型,其博士学位论文也获得了盲审专家和答辩专家们的一致好评。相信该书的出版能成为她学术道路上重要的标志,激励她坚实地走下去。

2024 年 4 月 2 日

(作序者为:南京师范大学教育科学学院博士,教授,博士生导师。教育部基础教育课程改革南京师范大学研究中心常务副主任,教育部基础教育课程教材专家工作委员会委员,曾任中国教育学会教育学分会副会长。)

序言二 职业教育现代化的一次"寻根之旅"

夏英所著的《中国近代职业教育课程史》,始于她对我国教育传统如何影响职业教育课程发展问题的好奇,基于"中国职业教育课程体系百年演进的社会学分析"课题研究,源于她对职业教育课程的潜心研究及责任担当,历时3年的研究、撰写和5年的深耕、打磨,今天终于付梓了。作为曾在江苏省教育科学研究院一起从事职业教育研究的同事,我为她取得的科研成果感到由衷的高兴。

"传统并非现代化的对立面,而是孕育着现代化。"我国学校职业教育的发展,以西方社会化工业生产方式正式进入中国的洋务运动为肇始,在第二次鸦片战争后伴随着整个经济社会的现代化进程同时起步。在20世纪初,特别是新中国成立后,我国职业教育从早期的被动接受、简单模仿,到后来的主动选择和积极探索,经过一个多世纪的曲折发展,人们对于职业教育的认识不断深化,更多地表现出民族的主体创造意识,促使我国近代以来职业教育不断从必然王国向自由王国迈进。

夏英的著作不同于一般编年体史实记载,而是以我国近代职业教育课程的具体演变为逻辑明线,以时间和重大事件为标志,将其发展脉络勾勒为模仿与规顺、挣扎与妥协、觉醒与自立阶段,并分别从课程思想、课程制度、课程实践等领域加以考察;同时,以教育传统影响近代我国职业教育课程发展的问题探寻为暗线,对职业教育课程发展的主要表现、主要矛盾和历史逻辑加以分析,提出我国教育传统影响近代职业教育课程发展的基本假设并进行历史论证,构建了学校系统化规约下的课程发展和社会工业化进程驱动下课程发展的两种逻辑。

　　"前事不忘,后事之师。"在探索具有本土特色的职业教育现代化之路的进程中,绝不能撇开百年来我国职业教育课程发展的历史和积累的宝贵思想。"思想"与"理念"是精神层面的概念,是人们经过长期的理性思考及教育实践所形成的系统观念,是精神向往和哲学信仰的抽象概括,是教育思想与教育制度相互作用和影响的最主要表现,是办学实践最深层次的内涵。因此,研究近代以来我国现代化进程中的职业教育课程史,无疑是继承职业教育传统、创新职业教育理念的重要基础。

　　从以上意义来说,夏英的著作无疑是立于职业教育课程历史研究的潮头之作。其一,揭示了社会演变过程中知识的控制与角逐。跳出技术取向的课程观,课程领域是社会不同利益团队争相竞逐与控制的场域之一。课程史研究提供了学科的正式结构背后的人类活动的过程与动机,提供了理解课程现象与问题的主要依据。其二,演绎了现代教育发展的内在逻辑及其本真意义。工业革命催生了现代社会,职业教育作为教育现代化进程中的重要内容,承担着满足科技发展和人性发展的双重使命,其历史发展脉络反映了现代教育发展的内在逻辑。其三,彰显了传统与反传统、本土化与国际化之间的张力。学校职业教育不是我国社会自然演进的结果,而是在西方资本主义扩张中被动发展的。因此,我国近代职业教育课程变迁表现为本土化与国际化、传统与反传统之间的矛盾交织,演绎出特有的发展逻辑。

　　无论何时,课程的发展都离不开继承与发展人类文明遗产、回应社会关切、满足学习者发展需求等基本原则。夏英的著作不仅仅停留在职业教育课程史的研究上,而且体现强烈的社会关怀、历史与现实观照,直面如何铸就"大国工匠"时代需求下职业教育课程改革的时代命题,对如何实现我国职业教育现代化进行了深入思考。教育研究不是"生产"而是"创造",既不可重复别人,人云亦云,也不可重复自己,故步自封,需要长时间的积累、总结和提炼,需要投入、着迷、淡泊,守得住寂寞,甘坐冷板凳,或许经过数年沉静方可"一鸣惊人"。我坚信,夏英博士无论在撰写论文论著时,还是在从事心仪的职业教育科研工作中,都会不断找到"照亮别人、超越自我"

的获得感和幸福感。

  谨为之序。

马成荣

2024 年 4 月 10 日

  （作序者为：南京工业职业技术大学党委副书记，二级研究员。中国职业技术教育学会学术委员会委员。）

目　录

导　论

一、已有研究评述

　　近几十年来,我国职业教育史研究从零散的资料整理逐渐拓展到专项研究领域,开始步入系统有序的研究时期。[①] 职业教育课程史作为该领域专题研究的重要内容开始受到学界的关注,先后有任平博士所著的《晚清民国时期职业教育课程史论》(2009)、王坤博士学位论文《新中国中等职业教育课程政策研究》(2014)等。研究者不再局限于课程设置的历史沿革,一方面探索课程模式、课程体系、课程政策及制度等方面历史发展的基本问题,另一方面开始运用管理学、社会学、文化学等多学科视角审视职业教育课程发展的动力机制。本书的研究综述分为如下几个方面展开:一是梳理关于职业教育课程演变的文献资料,明确已有研究所探讨的主题及形成的相关结论;二是整理有关文化传统、教育传统对职业教育及其课程影响的研究,为本书进一步明确研究问题提供依据;三是归纳课程史研究范畴及方法的新进展,为本书研究奠定基础。

(一)职业教育课程的演变

　　总体而言,我国学者对职业教育课程演变的研究大致分为两个阶段:第一阶段为 20 世纪 80—90 年代,较多关注近代以来我国职业学校课程设置情况,对课程问题的历史处理大致和教育史相似,只是在主题上倾向于

---

① 和震、俞启定:《中国职业技术教育史研究的新进展》,《教育评论》2010(1):156—158。

描述教育思想的发展和学校课程的演变,大多采用编年体的方式梳理课程发展脉络。第二阶段为21世纪以来,学者对职业教育课程历史的探寻呈现了研究内容丰富化、研究方法多元化、研究问题具体化等特点,他们甚至突破了编年体方式,重在对课程历史问题的挖掘,并以一种以史为鉴的态度审视职业教育课程的历史和现实。

1. 中国职业教育课程政策的演变

近年来,在构建"现代职业教育体系"的宏观政策指引下,学者开始关注我国职业教育课程政策的历史研究。刘育锋在《中高职课程衔接:我国职业教育政策的历史诉求——上世纪八十年代以来我国重大教育和职业教育政策文件制度分析》[1]中指出:中高职课程衔接是我国多年来教育与职业教育政策需求与发展的必然结果,构建中高职课程衔接体系的政策大致经历了三个阶段,即提出中高职课程衔接的要求、提出构建衔接体系的方法、提出中高职课程衔接的行动路线。王坤在《新中国中等职业教育课程政策研究》[2]中梳理了中华人民共和国成立以来国家颁布的关于中等职业教育课程的政策文件,尝试探寻了课程政策演变的历史轨迹、价值取向、动力机制及内在规律,指出了我国职业教育课程政策变迁路径为课程环境由封闭性向开放性转变,课程政策制定主体、课程目标由单一性向多样性转变,课程模式由简单性向复杂性转变,课程实施由急进性向渐进性转变,课程政策的领导权在集中和分散之间呈现一种特殊的钟摆运动。齐小蕊在《改革开放以来我国中等职业教育课程改革政策研究》[3]中较为系统地对历年来相关课程政策文本进行了分析,指出我国中等职业教育课程目标经历了以培养技能为主、以全面素质培养为主、以能力培养为主的过程;课程内容经历了突出实训课程、重视职业道德教育内容、体现时代性的课程内容、课程内容与职业资格标准相衔接的过程等。

---

[1] 刘育锋、陈鸿:《中高职课程衔接:我国职业教育政策的历史诉求——上世纪八十年代以来我国重大教育和职业教育政策文件制度分析》,《职教论坛》2012(01):43—47。

[2] 王坤:《新中国中等职业教育课程政策研究》,西南大学论文,2014年。

[3] 齐小蕊:《改革开放以来我国中等职业教育课程改革政策研究》,沈阳师范大学论文,2013年。

　　另外,对职业教育课程政策演变的理论研究在职业教育政策史、职业教育制度史中有所呈现。吴玉伦的《清末实业教育制度变迁》①以清末实业教育制度为研究对象,以制度的演进脉络和办学教学活动的线索进行系统考察,在梳理制度孕育、形成、补充和调整的基础上,分析制度对实践的规范、约束和指导作用。吴洪成的《中国近代职业教育制度研究》②在职业教育理论、观念和实践活动的历史背景中动态勾勒了职业教育制度化的发展轨迹,并在历史反思的基础上进行了现实意义的分析。臧亮在《我国职业教育政策演变研究(1978—2008)》③中分四个阶段梳理了改革开放以来我国中等职业教育政策的发展变化情况,以及在此基础上的价值取向问题。

　　2. 中国职业教育课程设置的沿革

　　20 世纪 80—90 年代出版的一批关于我国职业教育史著作中,一般都专设章节对各时期职业学校课程设置进行历史梳理。吴玉琦的《中国职业教育史》④对民国时期职业教育着墨较多,他特别关注中华职业教育社领导下逐步建立的职业学校、职业补习学校、普通学校实施职业教育、农村改进及职业指导等立体化职业教育结构,对不同类型学校的课程安排,以及职业教育课程教学分章节进行著述。李蔺田、王萍的《中国职业技术教育史》⑤记录了 1862 年至 1988 年我国职业教育发展背景、方针宗旨、学制、科类和课程、师资、学生与毕业生就业、行政管理制度等翔实的史料。

　　与职业教育史不同,职业教育思想史对课程演变的关注侧重于思想对课程实践的影响。刘桂林的《中国近代职业教育思想研究》⑥总结了我国近代三次职业教育思想运动:第一次职业教育思潮萌生于 19 世纪 60 年代,在 90 年代得到发展,并于 20 世纪初年和民国初达到高潮,这次思潮形成了我国近代实业教育制度。第二次职业教育思潮以黄炎培的《学校教育采用实

---

① 吴玉伦:《清末实业教育制度变迁》,教育科学出版社 2009 年版。
② 吴洪成:《中国近代职业教育制度史研究》,知识产权出版社 2012 年版。
③ 臧亮:《我国职业教育政策演变研究(1978—2008)》,浙江师范大学 2010 年版。
④ 吴玉琦:《中国职业教育史》,吉林教育出版社 1991 年版。
⑤ 李蔺田、王萍:《中国职业技术教育史》,高等教育出版社 1994 年版。
⑥ 刘桂林:《中国近代职业教育思想研究》,高等教育出版社 1997 年版。

用主义商榷》一文为酝酿兴起的标志,在20世纪20年代初中期达到高潮,它促成了职业教育制度的建立。第三次职业教育思潮是伴随着20世纪20年代末30年代初的生产教育思潮而兴起的,在20世纪30年代中期达到高潮,我国的职业教育制度在这次思潮中得到调整。三次思潮的演变都是探索职业教育中国化的过程,每一次思潮都直接推动教育制度的革新,不断影响职业教育课程实践。夏金星、彭干梓的《中国职业教育思想史(晚清卷)》①、《中国职业教育思想史(民国卷)》②,通过研究两个历史时期职业教育思潮及代表人物思想,分析我国职业教育发展过程中基本问题的产生、争辩以及思想推动课程实践的过程。

另外,专门研究职业教育课程史发展的成果有:杨玉厚主编的《中国课程变革研究》③收录了李兆良的《中国近代职业教育课程设置探寻》专题论文。该文将近代中国的职业教育分为实业教育时期(1867—1916)与职业教育时期(1917—1949),进而论述了实业教育时期课程设置的特点——中西兼学、体用结合,重视外语教学,积极开展见习、实习活动;职业教育时期的课程设置以中华职业学校为例进行了具体分析。黄克孝主编的《职业和技术教育课程概论》④专设一章探讨了清末至民国时期职业教育课程设置情况。按照学制体系的演变,梳理了从癸卯学制到壬子癸丑学制、壬戌学制规定下的职业学校专业门类、课程设置及学习年限等,概要式地呈现各时期具体的课程安排,但并未做深入的变迁比较及原因探析。任平所著《晚清民国时期职业教育课程史论》⑤涉及了职业教育思想、课程目标与结构、课程内容、课程实施及评价等方面,在课程目标与结构方面仍是按照学制沿革探讨了职业学校课程设置的变化,但其对学校课程内容演变的分析是具有新意的:一是注重职业教育思想对课程内容的影响,二是针对不同

---

① 夏金星、彭干梓:《中国职业教育思想史:晚清卷》,湖南人民出版社2013年版。
② 夏金星、彭干梓:《中国职业教育思想史:民国卷》,湖南人民出版社2013年版。
③ 杨玉厚:《中国课程变革研究》,陕西人民教育出版社1993年版。
④ 黄克孝:《职业和技术教育课程概论》,华东师范大学出版社2001年版。
⑤ 任平:《晚清民国时期职业教育课程史论》,暨南大学出版社2009年版。

时期普通中学职业课程教科书内容进行分析,从理论与实践的联系和微观视角反映了课程内容变迁的特点。

　　3. 职业教育课程发展的动力机制

　　受西方课程史研究影响,我国学界对职业教育课程史研究不再局限于分析社会、经济、政治、科技等因素对课程发展的影响,开始尝试借鉴多种学科视角解释课程发展动力机制。曹晔的《职业教育课程演变:一种来自管理学的诠释》①借鉴管理学相关理论,将企业和社会生产管理方式的变革视为职业教育课程发展的主要动力,认为从古至今课程发展主要经历了三个阶段:第一阶段是奴隶社会至资本主义萌芽时期,职业教育主要通过学徒制形式实施,课程内容为某一职业或行业的全部技艺和秘诀;第二阶段是19世纪末20世纪初出现了分工生产、流水线生产方式,职业教育主要通过学校实施专业化、标准化人才培养,课程开发建立在职业分析和工作分析基础上;第三阶段是信息时代出现了以精益生产和弹性专业化为特征的合工生产模式,职业教育课程主要以工作过程为导向。郑娟新在《职业教育课程冲突成因分析——基于文化的视角》②中引入冲突论解释职业教育课程发展的动力机制。文章指出,在全球化时代,职业教育课程改革出现了不同价值理念在职业教育课程体系构建中的冲突、不同群体利益在职业教育课程决策和课程开发中的冲突、职业文化与职业教育课程文化的冲突,以及职业教育课程内外部的冲突等,基于文化视角提出技术对文化的遮蔽和认同危机是文化转型中课程冲突的成因,而文化回归则是整合职业教育课程冲突的有效路径。笔者在《中国职业教育课程体系百年演进的社会学分析》③中尝试运用社会学理论工具分析我国近代职业教育课程价值与地位、课程设置与组织以及课程知识选择与分等,揭示课程背后隐藏的某些价值观念和意识形态,以及不同权利主体之间的利益争夺与力量抗

---

① 曹晔:《职业教育课程演变:一种来自管理学的诠释》,《职业技术教育》2009(1):46—51。

② 郑娟新:《职业教育课程冲突成因分析——基于文化的视角》,《教育发展研究》2012(23):63—66。

③ 夏英:《中国职业教育课程体系百年演进的社会学分析》,《中国职业技术教育》2013(30):8—13。

衡,具体表现为社会统治阶级对职业教育的规约从宏观课程体系逐步深入到微观课程内容。

4. 职业教育课程改革及发展趋势

进入 21 世纪以来,职业教育课程改革及发展趋势成为研究的热点问题,主要集中在以下两个方面:一是梳理世界范围内职业教育课程改革的演变轨迹及对我国的启示。石伟平认为,第二次世界大战后世界职业教育发展经历了职业教育阶段→职业教育与培训阶段→职业培训阶段。各国开始关注职业教育课程是在第二个阶段,即学校本位的职业教育逐步向有企业参与的职业培训转移过程中。对职业教育课程问题的探讨表现在如下三个方面:一是职教运行以学校为中心还是以课程为中心;二是课程重点在职业教育还是职业培训;三是职教课程是学科本位还是能力本位或人格本位。[①] 上述三个问题,从课程的不同方面反映了一个由来已久的话题:教育与培训的二元对立,这一根源可以追溯到柏拉图的哲学二元论。日本东京大学名誉教授细谷俊夫系统、详尽地考察了日本技术教育发展的历史之后,提出"本世纪(20 世纪,笔者注)技术教育的第五个特征是,由于重视理论学习,因而关于技术教育的中心究竟是应该放在学校还是应该放在工作岗位里进行的问题是有争议的"[②]。

匡瑛在《战后世界高等职业教育课程的演进及发展趋势》[③]中概述了第二次世界大战后至 21 世纪初,世界各国职业教育课程取向在专业性和普适性两个端点之间运动,大致经历了学科式的普适性课程(第二次世界大战结束至 20 世纪 70 年代)、岗位式的专业性课程(20 世纪 70 年代至 20 世纪 80 年代)、关注迁移能力的专业性课程(20 世纪 80 年代后期至 20 世纪 90 年代中期)和强调继续学习能力的普适性课程(20 世纪 90 年代后期至 21 世纪初期);课程结构经历了以学科为组织单位、按专业和岗位设置的理

---

① 石伟平:《比较职业技术教育》,华东师范大学出版社 2001 年版,第 270—273 页。
② (日)细谷俊夫:《技术教育概论》,肇永和、王立精译,清华大学出版社 1984 年版,第 80 页。
③ 匡瑛:《战后世界高等职业教育课程的演进及发展趋势》,《河南职业技术师范学院学报(职业教育版)》2005(5):59—62。

论与实践交替的课程、模块化课程组织、课程整合化的过程。刘彦文的《国内外职业教育课程模式的发展趋势》①归纳了 20 世纪以来国外典型的两条职业教育课程模式发展路线,分别是美国路线、德国路线。其中美国经历了能力本位课程模式到职业群集课程模式的过程,从注重单项技能的训练发展为具备多重选择的职业准备教育,提高了学生的就业弹性和社会适应能力。德国经历了核心阶梯型课程模式到学习领域课程模式的过程,旨在弥合理论知识与实践能力的距离。谭晓玉②、秦虹③分别总结了国外职业教育课程模式的主要类型,前者梳理了六种,分别为:单位职类型、职业群集型、生计发展型、阶梯训练型、概念统整型和综合型;后者在前者的基础上,补充了能力本位课程开发型(CBE)、劳动技能模块化组合型(MES)。徐国庆在《职业教育课程论》中追溯了学徒制中的课程基因,比较分析了工业革命后各国先后出现的俄罗斯制、劳动技能模块化课程(MES)、能力本位课程(CBE)、学习领域课程以及工作本位学习等课程模式,他认为"现代职业教育课程的发展史,就是一个学问化与职业化的竞争史"④。

二是总结我国职业教育课程改革路径及存在的问题。赵志群等人在《我国职业教育课程改革理论与实践回顾》⑤中总结了中华人民共和国成立以来职业教育课程模式经历了学科系统化、职业分析导向、学习理论导向、工作过程导向的探索过程。姜大源在《世界职业教育课程改革的基本走势及其启示——职业教育课程开发漫谈》⑥中梳理了 20 世纪 80 年代以来,我国先后引入了国际劳工组织劳动技能模块化课程(MES)、加拿大社区学院能力本位课程(CBE)、澳大利亚培训包、英国商业与技术教育委员会开发课程(BTEC)和德国学习领域课程,在实践的基础上我国自主研发了模块

---

① 刘彦文:《国内外职业教育课程模式的发展趋势》,《继续教育研究》2011(2):152—154。

② 谭晓玉:《当代国外职业教育课程模式概述》,《比较教育研究》1993(6):35—36。

③ 秦虹:《国外职业教育课程模式与发展趋向》,《中国职业技术教育》2011(33):69—73。

④ 徐国庆:《职业教育课程论》,华东师范大学出版社 2008 年版,第 22 页。

⑤ 赵志群、赵丹丹、弭晓英:《我国职业教育课程改革理论与实践回顾》,《教育发展研究》2005(8):66—70。

⑥ 姜大源:《世界职业教育课程改革的基本走势及其启示》,《中国职业技术教育》2008(9):7—13。

课程(理论模块、实践模块)、"宽基础、活模块"、项目课程和工作过程系统化等课程模式。徐国庆指出,当下我国职业教育课程模式从学科逻辑转换为实践逻辑仍然非常困难[1],已成为公认的课程实践问题。从历史的角度审视我国职业教育课程改革,对当下问题的理性思考使历史研究不再是史料汇总,更多的是为了以史鉴今。如王炳照的《中国职业技术教育问题的历史反思》[2]、胡幸福的《中国古代职业技术教育发展史上的两次遗憾及思考》[3]等都不同程度地对我国职业教育历史展开了哲学理性的思考,为审视职业教育现实问题提供了历史依据。

(二) 文化传统、教育传统对职业教育的影响

朱雪梅在《职业技术教育发展的历史逻辑探析》[4]中阐释了技术变迁、学术教育以及文化传统对职业教育的影响,归纳了三条发展逻辑:一是职业教育在技术变迁中的选择与适应,二是职业教育与学术教育的对峙与融合,三是各国文化传统对职业教育的选择。她认为遵循第三条发展逻辑的职业教育更多地体现了本民族文化的特色,因而逐渐形成了各国不同的职业教育模式;同时,文化传统深刻影响了人们对教育的理解和道路选择,我国选择了一条政府行政主导、自上而下的跨越式发展道路,形成了以学校为本位,校企合作、工学结合的职业教育模式。那么,文化传统是如何影响职业教育发展的呢?目前学界对该问题的探讨主要集中于三个方面:一是比较各国文化传统影响下职业教育的差异发展,二是审视文化传统与职业教育发展的关系,三是剖析我国教育传统对职业教育发展的制约作用。

匡瑛、石伟平在《比较高等职业教育:发展与变革》[5]中梳理了美国、澳大利亚、德国、英国、日本和中国高等职业教育的历史沿革,特别关注了各

---

① 徐国庆:《职业教育课程的学科话语与实践话语》,《教育研究》2007(1):51—56。
② 王炳照:《中国职业技术教育问题的历史反思》,《教育学报》2005(2):3—8。
③ 胡幸福:《中国古代职业技术教育发展史上的两次遗憾及思考》,《湖南教育学院学报》1998(3):72—76。
④ 朱雪梅:《职业技术教育发展的历史逻辑探析》,《中国职业技术教育》2013(9):16—19。
⑤ 匡瑛:《比较高等职业教育:发展与变革》,上海教育出版社 2006 年版。

国社会文化传统对高等职业教育模式选择的影响,研究结论在《论社会文化传统对世界各国高职模式选择的影响》①中集中阐释。她认为,英国社会文化传统中有两股力量一正一反影响着高职课程选择,"绅士文化"排斥了职业学习,而"经验主义"却倡导岗位学习,因此英国高职课程结构表现为"三明治"特征。英国人折中调和的思维方式使得高等职业教育发展迂回曲折。相较而言,美国重视机会均等、个性张扬、实用主义的文化传统促使社区学院课程的多元化;德国的民族个性和宗教导致双元制职业教育的选择;吸收大量西方文化的日本形成了高等职业教育的独特模式;澳大利亚文化传统中的包容性和"留精去糟"的做法,提升了职业技术教育学院(TAFE)模式的适应性。黄日强、胡芸在《文化传统对英德职业教育的制约作用比较》②中主要分析了英国绅士文化传统对职业教育发展的阻碍作用,表现为人才观、教育价值取向等不同程度地制约职业教育发展;而德国重视手工艺和技艺、重视技术和实践的传统以及重视职业培训的传统对职业教育发展发挥了积极的作用。

已有研究较为一致地认为,职业教育模式的选择必然受到本国社会文化传统的影响。然而该如何科学认识文化传统与职业教育的关系? 一些学者审视已有认识误区,进而辨析两者关系。彭红斌在《文化传统与职业教育》③中指出,文化传统对职业教育的影响和制约作用是有限的,不能无限放大其作用;文化传统是不断发展变化的,对职业教育的影响并不是一成不变的;文化传统在一定程度上制约了人们对职业教育的选择,影响教育分流。徐泽民等人的《传统观念与职业教育发展滞后的关系——社会学视野与方法论的应用》④引入"社会体系"概念和因径分析,他发现不能简单将传统观念作为职业教育发展滞后的主要原因,"贱视职业教育"这个传统

① 匡瑛、石伟平:《论社会文化传统对世界各国高职模式选择的影响》,《教育与职业》2006(33):15—18。
② 黄日强、胡芸:《文化传统对英德职业教育的制约作用比较》,《职教论坛》2008(2):54—58。
③ 彭红斌:《文化传统与职业教育》,《教育与职业》2001(11):38—40。
④ 徐泽民、熊文珍、赵茹春:《传统观念与职业教育发展滞后的关系——社会学视野与方法论的应用》,《南昌大学学报(人文社会科学版)》2009(6)。

观念并不是一成不变,会随着现实生活有所改变。关于教育传统对职业教育的影响,李文锦、王俊山的《中国传统教育对职业教育的消极影响》①具体剖析了传统教育人才观、价值取向、人才结构培养体系、传统教育内容以及传统教育理念五个方面制约了职业教育发展。胡金平在《教育传统:教育现代化无法隔断的联系》②中指出,教育传统与教育现代化是相融相通的,中国教育传统精神中权威主义、功利主义、精英主义等与教育现代化要求是格格不入的,我们需要对其进行现代改造,使教育传统能够成为推进教育现代化的重要力量;中国自古以来形成的厚重的人文主义精神,以及对理想人格的追求等教育传统仍具有现代意义,对未来教育的构建依然具有启示作用。从这个意义上说,传统与现代无法截然分开,两者是相互影响、相互发展的。

(三) 课程史研究的进展

1. 国外课程史研究进展

20世纪70年代之前,课程史很少有连续性、专题性研究,大多数作为教育史的一部分内容给予关注,治史方式与教育史相似,多以编年体的方式呈现资料作为证据,研究者很少进行理论分析。这一时期主要的课程史作品有1966年赛古(M. L. Seguel)的《课程领域:它形成的年代》(*The Curriculum Field：It's Formative Year*),1975年坦纳夫妇(D. Tanner&L. N. Tanner)《课程发展》(*Curriculum Development*),1976年戴维斯(O. L. Davis)主编的年鉴《课程发展的观点:1776—1976》(*Perspective on Curriculum Development：1776—1976*)。③ 富兰克林指出,早期的课程史研究在内容、目的、方法论和研究议程等与历史学有关的辩论,并未受到重视。④

---

① 李文锦、王俊山:《中国传统教育对职业教育的消极影响》,《教育理论与实践》2009(29):181—186。
② 胡金平:《教育传统:教育现代化无法割断的联系》,《华东师范大学学报(教育科学版)》2001(6):84—90。
③ 陈华:《中国公民教育的诞生——课程史的研究》,华东师范大学博士论文,2012:18。
④ B. M. Franklin, "Historical Research on Curriculum", in A. Lewy(ed.), *The International Encyclopida of Curriculum*, Oxford:pergamon Press,1991:63-66.

戴维斯则认为课程史研究中的架构和日期年代是同等重要,课程史不是一种以轶事记录取代理解的学术领域,概念的组织必须让可以运用的历史证据变得有意义,而不要被这些证据所限制。①

历史的转折点出现在 1977 年,以巴拉克、坦纳夫妇为首的一批课程学者在美国成立了"课程史研究会",引入社会学特别是知识社会学分析学校课程的历史演变,赋予了课程史研究新的内涵与意义。学者借用结构功能论、现象学和冲突论为理论立场,将课程史视为社会行动,将课程知识视为社会控制的手段,拒绝科学及二元论哲学对课程的影响。然而,课程史研究存在解释架构过度简单化,偏重支持外在社会的诠释及宏观课程理论的影响,较少探究学校内部课程运作历程等方法论层面的缺陷②,成为学者批判的重点。

受后现代主义影响,课程史研究从"课程发展"转向"课程理解",研究路径也呈现多样化发展。目前西方课程史已经形成八种以上的研究路径:一种文化、社会和教育的历史;科目领域的研究;个案研究;一种摘要性课程教科书的要素之一;纪念(memoir)和口述历史;档案和文件的编辑;传记研究;不缄默的声音(女性主义)。③

在课程史研究成果中,最有影响力的作品有三个,分别是克利伯德(1986) 的《1893—1958 年的美国课程斗争》(*The struggle for the American Curriculum:1893—1958*)、坦纳夫妇(1990)的《学校课程史》(*History of the School Curriculum*)和古德森(1983) 的《学校科目和课程演进:课程史的研究》(*School Subject and Curriculum Change:Studies in Curriculum History*,中译本为《环境教育的诞生:英国学校课程社会史的个案研究》)。这三部著作代表了课程史研究三种典型的方法。克利伯德运用"知

---

① O. L. Davis,Jr. "Epilogue:Invitation to Curriculum History", in O. L. Davis,Jr. (ed.), *Perspectives on Curriculum Development 1776 – 1976/Prepared by the ASCD 1976 Yearbook Committee*. Washington:Association for Supervision and Curriculum Development,1976:257 – 260.

② 杨智颖:《课程史研究观点与分析取径探析:以 Kliebard 和 Goodson 为例》,高雄:高雄复文图书出版社 2008 年版,第 37 页。

③ 陈华:《西方课程史的研究路径及内涵探析》,《全球教育展望》2012(4):12。

识社会学"分析框架将课程视为社会学意义的活动领域,考察其中"不同的利益群体"展开课程争夺的过程,在方法论上注重动态辩证、反实证主义和多层次的历史解释。坦纳采取的是关注主流思潮的课程思想史写法,对200多年来美国中小学课程在双轨与单轨、综合课程与分科课程、学科中心与学生中心、传统与进步、保守与激进、理论与实践等二元论思想及其冲突与演变进行诠释。古德森运用生活史的方法对英国环境教育课程进行了个案剖析,他开创了课程研究的新视角,即不再是单纯的教材内容的静态分析,而是与教师个人生活紧密相连的动态分析。

课程史研究趋向多元化,诚如沃尔克所言,研究者享有极大的自由发挥空间,但对于与各种研究有关的"方法论问题"和"选择的责任"的探讨与厘清变得相当重要。[①] 因此,我们在引用各种课程史理论或学者的论点时,仍必须对各种研究论点背后的价值预设有更深入的理解。

2. 国内课程史研究进展

我国课程史研究受治史传统影响,对课程问题的历史处理大致和教育史相似,普遍将历史视为在找证据,并且是以编年的方式对事件提供一般的解释。如1929年徐雉出版的《中国学校课程沿革史》,3万字囊括了我国古代至民国初期各阶段学校课程的主要特点。1933年盛朗西主编的《小学课程沿革》,对近代我国小学设置科目分门别类进行历史梳理。1944年陈侠出版的《近代中国小学课程演变史》,整理了清末民国时期我国小学课程的设立宗旨、演变特色、实施成效等方面的历史记忆。中华人民共和国成立后,我国学习苏联的教育科学,课程被替换为"教学内容",在较长的一段时间内没有把课程论作为教育学的一门分支学科来研究,课程史研究进展缓慢。直到1993、1994年,杨玉厚、吕达分别出版了《中国课程变革研究》和《中国近代课程史论》(1999年再版为《课程史论》)。前者集众家之所长,分"中国古代课程研究""中国近代课程研究""中国当代课程研究"三个篇

---

① D. F. Walker, "Methodological Issues in Curriculum Reasearch", in P. W. Jackson(ed.), *Handbook of Research on Curriculum*, New York:Macmillan, 1992:98-118.

章收录了34篇相关文章,对我国课程改革的各个历史阶段从不同侧面进行分析与阐述。后者聚焦于近现代普通中小学课程演变史,并在总结历史经验的基础上建构了关于中小学课程改革的构想,即一个目标、两段设计、三级管理、四个结合等。

至20世纪末,我国课程史研究从爬梳史料、总结特点到探寻规律、建构课程,研究的视域似乎并未跳离教育这一范畴。进入21世纪以来,受西方课程史研究影响,我国课程史研究有了新进展。

我国台湾地区钟鸿铭教授、白亦方教授、欧用生教授、杨智颖教授借鉴新的研究路径进行课程史研究理论建构。2003年欧用生、陈伯璋出版了《课程与教学的餐宴》①,关注了西方课程史研究新的任务与意义。2006年台湾《课程与教学季刊》杂志推出了课程史专辑,介绍了具有代表性的西方课程史研究成果。2008年白亦方在《课程史研究的理论与实践》②中,分别探讨社会科课程、性别课程、数学课程改革、资讯课程发展等议题,兼涵课程史研究的基本范畴与后现代课程研究的评析。同年,杨智颖在《课程史研究观点与分析取径探析:以 Klibard 和 Goodson 为例》③中,对克利伯德关于"课程变迁"运作逻辑、古德森关于"科目变迁"运作逻辑进行了方法论层面的解读。

马慧在《大学本科课程与社会和知识——鲁道夫〈课程史〉评述》④中分析了研究课程史的新视域与新方法;任平、邓兰在《不能忽视和懈怠的主题:课程史研究》⑤中指出了课程史研究新任务及新题材;何珊云的《课程史研究的经典范式与学术意义——试析〈1893—1958 年的美国课程斗争〉》⑥、

---

① 欧用生、陈伯璋:《课程与教学的餐宴》,高雄:高雄复文图文出版社 2003 年版。
② 白亦方:《课程史研究的理论与实践》,台北:高等教育社 2008 年版。
③ 杨智颖:《课程史研究观点与分析取径探析:以 Kliebard 和 Goodson 为例》,高雄:高雄复文图书出版社 2008 年版。
④ 马慧:《大学本科课程与社会和知识——鲁道夫〈课程史〉评述》,《比较教育研究》2006(9):18—22。
⑤ 任平、邓兰:《不能忽视和懈怠的主题:课程史研究》,《中国教育学刊》2007(5):44—47。
⑥ 何珊云:《课程史研究的经典范式与学术意义——试析〈1893—1958 年的美国课程斗争〉》,《北京大学教育评论》2010(1):164—171。

陈华的《西方课程史的研究路径及内涵探析》①、叶波《20 世纪美国课程史研究的取向》②等介绍了西方课程史研究的主要成果。郑航在《中国近代德育课程史》③中对全面主义、生活德育、学生自治等德育课程理念进行了史学追踪,并对德育课程变革过程进行了写实的社会学分析;陈华在《中国公民教育的诞生——课程史研究》④中,仿照古德森的《环境教育的诞生:英国学校课程社会史的个案研究》中的研究方法,采用"结构与行动者(或称主体)间动态辩证"方法剖析了中国公民教育课程的演变史;任平在《晚清民国时期职业教育课程史论》的"课程实施"章节,分别从人的因素与物的因素两个维度进行社会学剖析。

相较而言,我国课程史研究方法并没有发生实质性变革,一些学者运用西方课程史方法论也刚刚起步,相关成果不多。我国虽然有着悠久的治史传统,然而近代史学的发展并不是从传统中自然生发出来的,学者们借鉴西方史学理论和方法努力构建适合中国的史学话语体系,然而迄今尚未取得令人满意的成就。⑤ 基于西方话语体系的教育史学建构与我国治史传统显得格格不入。古代史官治史主要是为了给统治者提出政治忠告,或作为道德教化工具。"(旧史)不过摘录自国数千年之故实,以应用于劝善惩恶之教育,务使稚者读之而得模拟先哲之真似而已。"⑥从这个意义上说,治史传统似乎并不利于我国教育史学走上科学化发展道路,当前教育史学呈现的学术危机也反映了传统的束缚。认识教育史学发展困境,对于新兴的课程史研究来说,无疑具有警示作用。

---

① 陈华:《西方课程史的研究路径及内涵探析》,《全球教育展望》2012(4):10—15。
② 叶波:《20 世纪美国课程史研究的取向》,《全球教育展望》2012(9):22—26。
③ 郑航:《中国近代德育课程史》,人民教育出版社 2004 年版。
④ 陈华:《中国公民教育的诞生——课程史的研究》,华东师范大学 2012 年版。
⑤ 张旭鹏:《新时期以来中国史学发展的特点与趋势》,《史学理论研究》2014(3):106—107。
⑥ 朱发建:《中国近代史学"科学化"进程研究(1902—1949)》,湖南师范大学出版社 2005 年版,第20 页。

（四）对已有研究的审视及思考

1. 职业教育课程史研究不足及空间

从研究内容来看,我国职业教育课程史研究主要集中在课程设置、课程模式及课程政策领域,学者们似乎停留在对学校有形易见的教学时数变化、学科名称的改变、课程标准(纲要)字面意义的解读、学生评价标准设定、教学活动设计项目以及学术理论的引进(或移植)的层面上,而对潜藏于它们背后的价值预设、价值体系以及课程史研究所强调的历史脉络、历程、人物、学派、证据、动态等方面的研究不多。[①] 已有研究较多关注了不同历史时期职业教育课程是什么、怎么样的问题,而对于职业教育课程为什么如此问题探讨不够深入。

美国教育哲学家布鲁巴克认为,研究课程发展史一贯反映的基本问题无非是"如何选择课程"和"如何组织课程",这是 20 世纪教育人士煞费苦心思考的两个难题。[②] 同样地,研究中国近代职业教育课程史,不容回避上述两大基本问题,这也构成了研究的主要内容:第一,如何选择职业教育课程? 哪些知识能够成为学校课程内容,选择课程知识的标准是什么? 是根据民族主义、政府形式和谋生方法这些社会制约因素? 是根据人性的理论和学习方式的理论? 还是根据教育目的? 考察职业学校主要选择了哪类知识,弱化了哪类知识,选择的缘由是什么? 第二,如何组织职业教育课程? 每一个历史阶段职业学校课程开设的门类、课程结构、课程内容等是根据学生认知的科学逻辑,还是根据知识固有的学科逻辑来组织课程内容,抑或是不同利益集团权力争斗的结果? 哪类因素发挥了主导作用? 理论上,职业教育课程存在于思想层面、制度层面、实践层面,已有研究对课程目标、内容、实施、评价等基本要素的探讨较少关注思想、制度和实践的动态关系。职业教育课程发展史的两大基本问题在课程思想、制度、实践

---

① 任平、邓兰:《不能忽视和懈怠的主题:课程史研究》,《中国教育学刊》2007(5):47。
② 布鲁巴克:《西方课程的历史研究》(上、下),收录于瞿葆奎《教育学文集·课程与教材》(上册),人民教育出版社 1988 年版,第 43、88 页。

中是如何回答的,三者之间是否一致,相互之间是如何影响的,这又构成了研究的重要内容。

从研究时段来看,已有研究较多关注民国时期、改革开放后两个历史时期,而对于职业学校诞生以来近百年课程发展的历史研究缺乏整体回顾,因而缺少有长时段历史规律的探寻与总结。

从研究问题来看,已有关于文化传统、教育传统对职业教育影响的文献存在一些不足:一是没有清晰地指出是怎样的传统,或传统的哪些方面对职业教育造成影响,进而文化传统、教育传统对职业教育哪一个层面或哪一个环节产生具体影响;二是缺少从历史长河中审视传统与职业教育的动态关系;三是较少关注传统通过什么途径或机制影响职业教育发展。因此,研究教育传统对职业教育课程的影响,需要进一步挖掘在什么层面、通过什么途径或机制产生什么作用,两者之间是如何相互影响、相互发展的。

2. 课程史研究方法存在的问题及警示

刘志军在《课程史研究:问题与展望》一文中指出,当前我国课程史研究存在的主要问题有:课程研究不注重课程史,课程史研究成果受限极大,课程史研究方法论有待完善。[①] 这是课程史研究方兴未艾的起步阶段必然会面临的问题及困境。比照西方课程史发展历程,我们一方面要看到课程研究跳出工具理性价值观统摄所带来的新的生命力,另一方面不能忽视基于课程理解范式下课程史研究的新问题。

(1)课程史研究路径的跨学科发展带来了学术专业问题。

多元化发展的课程史研究呈现理论基础多样化的发展态势,由于不同理论所使用的学术语言不尽相同,在进行课程史研究时,欲融合多个学术领域,势必遭遇"隔行如隔山"的学术专业问题。研究课程史,若未能掌握引用理论基础的内在本质,很可能发生"张冠李戴""贴标签"等弊病。多学科视域促进课程史发展,研究的活力来源于彼此的冲突,而研究的尺度需要把持好彼此的张力。

————————

① 刘志军、王洪席:《课程史研究:问题与展望》,《教育研究》2014(8):95—96。

（2）课程理解的多元视角使得课程史研究旨趣止于理解。

概念重建运动使课程领域的同一性陷入了一场危机。阿普尔转换了斯宾塞之问，提出"谁的知识最有价值"，尖锐地批判了传统课程被掩盖的政治本质。课程不再作为理所当然的科学知识，而被视为一种"文本"以不同的方式被确认和分析。起初，这对课程理论重建发挥了积极作用，但课程内涵的无限度扩张所导致的话语混乱，带来了不稳定性、冲突性，一定程度上消解了课程的本质。因此，课程史能否提供历史教训，受到学界高度的质疑，这也使得课程史研究的旨趣常仅止于理解层次。

（3）我国教育史学术危机的警示。

我国课程史研究路径较为局限，研究视域仍停留于教育史学范畴中，一些学者开始借鉴西方课程史分析框架，但鲜有理论建树。聚焦于职业教育课程史领域，在研究议题、研究方法探寻上仍刚刚起步。作为课程史研究重要的理论基础，教育史学在我国的发展却一直处于教育学科边缘地带，这种状况甚至被认为是一种危机。① 显然，教育史学的不振与不足，极大地限制了课程史研究的发展；相应地，教育史学存在的问题也会投射于课程史研究，因此充分认识教育史学术危机的表现及成因，无疑为课程史研究点亮了"警示灯"。

第一，缺乏教育学立场。教育史学作为历史学和教育学的交叉学科，需要权衡好两门学科的关系。唐莹关于"教育科学分类"中将教育史划入"采用被运用学科方法直接分析教育活动"的一类学科②，即运用史学方法研究教育活动。理论上研究教育史，历史是方法，教育是内容，方法为内容服务，依据内容选择方法。然而教育史研究实际却与此大相径庭，人们似乎习惯于以历史研究的编年体套路呈现过去发生的教育现象，满足于基于

---

① 张斌贤依据学科的本义分为教学的科目和学问的分支两个方面，将教育史学危机划分为以课程和教学问题为核心的"学科危机"和以教学史学科的对象、性质以及方法论等问题为基础的"学术危机"，笔者采纳"学术危机"的概念。参见张斌贤、王晨《教育史研究："学科危机"抑或"学术危机"》，《教育研究》2012（12）。

② 唐莹：《元教育学》，人民教育出版社，2002年版，第18页。

史料的教育历史叙述。"目前的教育史研究整体上仍然是在叙事的层面进行,超越具体教育历史事实的哲学思辨和对研究本身的元分析虽有萌动还未成气候,具有鲜明的历史学而非教育学特征就不难理解了。"①为何如此?我们从治史传统中找到了一些历史根源。中国千百年来的文化传承造就了自身独特的治史模式,我们似乎更擅长对史料的甄别,而缺少对史料意义的哲思;我们更习惯于以叙事的方式认知史料,而缺乏对史料的多元化理解。教育史研究缺乏教育学立场,对教育史料的处理方式与一般史料并无二致,仅仅反映了历史研究的一般价值,而掩盖了自身的特殊意义。

第二,缺乏问题意识。研究历史是否需要有问题意识?在主张传统史学的学者眼里似乎是避而不谈问题的,他们满足于"宏大叙事",追求客观、如实地再现过去,强调通史的完整性和系统性。因此,搜集史料、证伪史料成为他们的主要任务,而弱化了对史料的分析、理解和阐释。翻阅我国教育史学界研究成果,大量的作品沿用着传统治史模式,严格意义上来说,它们并不能称之为学术作品,而仅仅发挥"教科书"作用与价值。有学者认为,多年来我国教育史学界混淆了作为教学科目的教育史与作为学问分支的教育史之间的差别,形成了一种"教科书传统"。② 如此看来,将教育史学等同于作为教学科目的教育史,使得作为学问分支的教育史并没有获得充分发展,因而造成教育史学缺乏问题意识、缺少深度挖掘的结局。

第三,缺乏方法论研究。长期以来,我国教育史学界常常简单套用历史唯物主义取代方法论的思考。翻开教育史著作,我们大多会找到"本研究运用历史唯物主义思想方法"等相关语句,但是具体如何运用很少深入探讨,这在一定程度上与研究者缺乏问题意识有关联。西方教育史学先后两次转型,都离不开所借鉴学科方法论层面的指导,研究历史越来越强调研究者主观性的表达。国外的教育史研究强调从研究问题、研究假设和分析框架开始,研究过程就是研究者不断与史料相互作用的过程,研究结果

① 刘庆昌:《教育史研究的教育学内涵》,《教育科学》2012(2):92。
② 张斌贤、王晨:《教育史研究:"学科危机"抑或"学术危机"》,《教育研究》2012(12):14。

则是研究者对教育历史的建构与理解。

由此可见,我国教育史学要摆脱学术危机,需要立足教育学立场,强化问题意识,加强学科方法论研究。上述三条对于课程史研究来说同样重要,只有厘清自身优势与不足,寻求合适的发展路径,才能走出教育史学及课程史研究发展困境。

二、研究的目的、内容和意义

(一)目的

1. 梳理近代我国职业教育课程发展的历史轨迹

在我国教育传统变迁的背景下,考察不同历史时期职业教育课程思想、制度、实践的具体表现;探索我国教育传统对近代职业教育课程发展的主要影响,包括在课程思想、课程制度、课程实践三个层面的不同表现,以及在课程目标、课程形态、课程内容和课程评价等维度的相关表现。

2. 探索近代我国职业教育课程发展的内在逻辑

依据近代我国职业教育课程发展史实,总结历史发展脉络,梳理影响近代我国职业教育课程思想、制度和实践发展的主要因素,分析主要矛盾,进而剖析课程发展的内在逻辑。

(二)内容

本书包括导论和五章内容。

导论部分主要涉及研究综述、研究目的与内容,以及研究意义。在搜集、整理与本书相关文献资料的基础上,从我国职业教育课程演变、文化及教育传统对职业教育的影响、课程史研究三个方面梳理了已有研究的主要内容及可进一步研究的空间,明确了本书研究的主要目的及研究意义,通过历史研究重点揭示教育传统对职业教育课程发展的影响。

第一章是本书的理论基础。教育史学、课程论作为课程史研究的上位学科,分别探讨了两门学科发展对课程史研究影响的基本历程,为合理选择本书研究视角及方法铺平了道路。选择问题史研究路径,以"我国教育传统与职业教育课程发展的关系"作为本书的核心问题,建立了"教育传统影响职业教育课程发展"的基本假设,并通过历史研究进行论证。

第二至四章是本书的论证部分,主要考察了我国近百年职业教育课程发展在思想层面、制度层面和实践层面的基本表现。笔者按照课程发展特点划分了技艺教育课程、实业教育课程、职业教育课程三个历史时期,揭示了在传统教育内容解构、传统教育制度瓦解以及传统教育观念革新的背景下,职业教育课程发展逐步挣脱教育传统束缚并形成自觉意义上本土化实践体系的基本过程。

第五章是本书的主要结论。教育传统是我国职业教育课程发展有别于其他国家的重要影响因素,它的潜在性、规约性、排斥性等特点在不同层面、不同领域影响着职业教育课程发展,教育传统自身的变革使得这种影响愈加复杂。近代我国职业教育课程发展存在着三对矛盾:中西矛盾、内外矛盾和上下矛盾,表现了两种发展逻辑的交互影响:学校系统化规约下的课程发展逻辑、社会工业化进程驱动下的课程发展逻辑。

(三) 意义

有学者认为,职业教育至今仍是一个思想贫瘠的领域[1],例如现有职业教育研究的论文论著主要集中在经验总结型和政策图解型两类。[2] 不管是理论界还是实践领域,对职业教育课程的理性认识与实践探索仍无法与我国基础教育课程相媲美。"从我国职业教育课程发展状况来看,课程还没有真正获得其在职业教育国家政策中的应有地位,表现在专业教学标准体系、教学标准开发的支持体系和高水平职业教育课程开发队伍的缺失,同时,存在对课程开发的规划组织上的认识误区。"[3]认识我国职业教育课程发展的问题,仅仅依靠比照发达国家职业教育课程模式弥补自身不足,仍是零碎性、点状式研究,探讨职业教育课程本质问题,需要从历史演变的长

---

[1] 徐国庆:《职业教育课程论》,华东师范大学出版社2008年版,第1页。

[2] 徐平利:《忧患与担当:中国职业教育研究者的责任感》,《职教通讯》2012(1):80。

[3] 徐国庆:《职业教育课程地位的理性思考——基于宏观政策的视角》,《教育研究》2013(10):44。

河中寻找课程发展的基本规律，为当下的课程问题找到历史成因，为课程未来发展提供历史依据。

历史研究更多的意图应该是以史观今、学史明智。历史学为课程研究奠定了宽厚的基础。研究历史于横的方面为社会的生活，于纵的方面为时代的生活，将课程研究置于社会与时代的时空坐标系中，才能勾勒课程发展的全景图，才能把握课程内外的相互关系。

1. 揭示了社会演化过程中知识的控制与角逐

尽管课程思想源远流长，但课程作为一个独立研究领域从教育中分离出来还是 20 世纪初的事情。正如美国课程学者坦纳夫妇所说的那样："课程有一悠久的过去，但只有短暂的历史。"关于课程史研究的意义，有学者总结了七种：① 提供课程的过去、现在与未来之间的复杂关系；② 在历史背景下探究某个特殊时期的课程为何被教、是如何被教的，以及是为谁的利益而被教；③ 理解过去的课程是如何限制目前课程发展的；④ 为现在及未来课程的研究与实践提供借鉴；⑤ 提供学科的正式结构背后的人类活动的过程与动机；⑥ 帮助理解目前课程发展模式的评价；⑦ 协助了解已经被界定的专业与个人生活的历史。① 另有学者认为课程史的研究价值有：① 为更好地理解学校教育的全面发展提供了材料；② 阐明了与课程改革相关的过去的问题及相应的对于明智的实践的重要性；③ 具有批判的功能；④ 对理论建构具有作用。②

跳出技术取向的课程观，以多元视角拓展课程理解，显然是课程研究发展的大势所趋，不同学科为课程史提供了崭新的研究视角和分析工具。任何一种课程都代表了社会或社会某部分团队所倡导的价值，课程领域是社会不同利益团队争相竞逐与控制的场域之一，课程史尝试记录并诠释这样的竞逐。因此，研究课程史的重要意义在于：它打破了课程作为教育史研究内容的从属地位，强调课程结构与更宏观的社会结构、经济结构之间

---

① 欧用生、陈伯璋：《课程与教学的餐宴》，高雄：高雄复文图文出版社 2003 年版，第 192 —193 页。
② 胡森：《教育大百科全书·课程》，丛立新等译，西南师范大学出版社 2011 年版，第 193 页。

的联系;课程形态并非线性地受制于教育形态。课程史记录了课程发展的全过程,提供了理解课程现象与问题的主要依据,更重要的是揭示了社会演化过程中知识的控制与角逐。

2. 演绎了现代教育发展的内在逻辑及其本真要义

虽然对教育源起的研究有生物起源说和劳动起源说之争,但自人类有社会分工起就出现了具有职业性的教育。教育的分化是阶级社会的产物,二元论又为教育思想的分化奠定了哲学基础。教育上出现的种种对立往往满足于统治阶级与被统治阶级对立需求,诸如肉体与精神的对立、劳动与闲暇的对立、实践与理论的对立等,杜威认为"最终表现为职业教育与文化修养的对立"①。

历史上对教育本真要义的探索,始终离不开课程的建构;同样,课程的发展也拓展了教育的内涵。如果说发端于古希腊"七艺"以及我国古代"六艺"的教育内容是服务于前工业时代贵族的精神和生活需要,那么进入工业社会,经济市场化、政治民主化要求教育面向人民大众的需求。时代的变化要求教育的转型,自由教育需要转型,职业教育应运而生。从这个意义上说,职业教育课程承担了满足科技发展和人性发展的双重使命,其历史发展脉络演绎了现代教育发展的内在逻辑及其本真要义。

3. 彰显了传统与反传统、本土化与国际化之间的张力

近代我国职业教育以学校的形式出现,但是传统的教育观念、教育方式、教育手段在教师与学生的关系中仍在维持、延传和发展。职业教育课程发展正是在传统与反传统的矛盾中,艰难地从思想转化为行动,从行动凝练成思想。职业教育本非来自我国内部自然发展的结果,而是在西方资本主义向全球扩张的运动中被裹挟卷入的。我国特定的历史条件和空间限制,使得职业教育课程变迁表现为本土化与国际化之间的矛盾、传统与反传统之间的矛盾交织重叠。梁启超认为晚清民国时期"自觉"可分为三个阶段:先从器物上感觉不足,再从制度上感觉不足,最后从文化根本上感

---

① 杜威:《民主主义与教育》,王承绪译,人民教育出版社 2001 年版,第 325 页。

觉不足。① 在这种渐进式的自觉认知下,职业教育课程发展经历了传统教育内容的解构、传统教育制度的瓦解以及传统教育观念的革新三个历史阶段,反映了从外求走向内生、从模仿走向自立,并逐步挣脱教育传统束缚的发展过程。每个阶段国际化与本土化的冲突都是存在的,但冲突的范围和类型是不同的,冲突的激烈程度也依次增强。钱穆在《国史新论》中提出,政治建基在社会上,社会建基在文化上;政治易变、社会可变,而文化是根基,最具稳定性。近代中国,文化的冲突显得异常复杂,一方面是中西文化错时空的碰撞,另一方面是西化过程中孕育的新文化遭遇传统文化的抵触。中西文化的交融仍是在有限的范围之内,任何变革若触及暗礁往往又逆向回流,"在我国的文化情境中,寻找传统课程思想的现代形态,探析近代课程改革背后的文化冲突与选择,探索当代课程研究的中国化历程,通过课程史研究促进关于课程及课程研究的文化自觉,可能更具有现实意义"②。

---

① 梁启超:《五十年中国进化概论》,收录于《梁启超文选》(下),中国广播电视出版社 1992 年版,第532—533 页。
② 叶波:《课程史研究的若干理论问题探析——基于对西方学者相关研究的文献梳理》,《教育科学研究》2013(12):29。

第一章 职业教育课程史研究的理论审视与路径探寻

探讨职业教育课程史研究的理论基础,不得不从课程史研究的发展历程中去寻根。在 20 世纪 70 年代之前,课程史很少有连续性、专题性研究,大多数作为教育史的一部分内容给予关注。早在 1929 年我国就有徐雉《中国学校课程沿革史》出版,按照历史朝代总结了古代至民国初期课程发展特点。然而,仅仅运用编年体方式概述课程特点并不足以形成课程史研究领域。我国近代以来仅有的几部课程史专著并未跳出传统治史方式,虽丰富了教育史研究内容,但一直没有形成持续的研究氛围。

课程史作为独立的学术研究领域,是课程研究和课程开发迅速发展的一个结果,这一点在美国尤其明显,至 20 世纪 70 年代,美国学者开始转向用历史研究的路径来振兴课程理论的生命力。受教育史学研究转向和课程研究范式转型的双重影响,被传统教育史视为"黑箱"的学校课程内在运作机制成为课程史关注的首要对象,学者开始注重研究潜藏于课程背后的价值预设、利益争斗及知识控制等。由此看来,课程史研究离不开教育史学、课程论这两门学科发展的共同影响和相互作用。同样,作为课程史研究的特殊领域,职业教育课程史最核心的理论基础当属教育史学和课程论。审视两门学科在自身发展过程中对课程史研究带来的影响,如何扬长避短合理设计我国职业教育课程史的研究路径,成为本章的意旨所在。

一、教育史学视阈下课程史研究

早期课程史是附属于教育史领域的,即便今天,课程史也无意从教育史中独立出来形成一门学科,这一点在胡森主编的《教育大百科全书·课程》中有具体说明:课程史是(教育史的,笔者注)第三个领域,研究学校教育的内容和内部的一些方面。学校教育内在性的发展与变化只有通过历史研究才能确定。因此,课程史必须被看作教育史的一个重要方面,可以补充——而非代替——教育史领域中正在开展的其他研究。[①]

课程史研究范式的转向与教育史学是一脉相承的,两者不同程度地受到史学潮流的影响,某种意义上,教育史学转型更为直接地推动了课程史研究取向的转变,这在西方国家尤为明显。相应地,教育史学的困境也制约着课程史研究的发展。立足于我国实际,借鉴新兴的问题教育史范式,以问题分析补充传统记述,不失为课程史研究的重要出路。

第二次世界大战后受国际史学潮流影响,西方教育史学经历了两次重大转折——从传统教育史学转向社会科学教育史学,再到新文化教育史学,这种趋势深刻影响着课程史的研究视野、研究内容、理论架构以及方法选择等。有学者将 20 世纪西方课程史研究分为萌芽期、奠基期和多元发展期,从发展路径来看经历了社会取向和多元文化取向的转向,与教育史学是一致的(见表 1-1)。

表 1-1　西方课程史研究的演进及历史特性分析表[②]

分期	学科架构	理论取向	研究取向
萌芽期 (1926 年—20 世纪 70 年代末)	未定,偏向附属于教育史	未明	普遍将历史视为在找出证据,并且是以编年的方式对事件提供一般的解释
奠基期 (20 世纪 70 年代末—20 世纪 90 年代初)	引发要脱离教育史的争议,并有意识要成为独立的学术研究领域	开始构建理论,特别是社会学结构功能论和冲突论的论点	偏重去支持外在社会的诠释以及宏观课程理论的影响

---

① 胡森:《教育大百科全书·课程》,丛立新等译,西南师范大学出版社 2011 年版,第 189 页。

② 杨智颖:《课程史研究观点与分析取径探析:以 Kliebard 和 Goodson 为例》,高雄:高雄复文图书出版社 2008 年版,第 52 页。

分期	学科架构	理论取向	研究取向
多元发展期（20 世纪 90 年代至今）	跨越不同的学科领域	理论的多元发展	开始重视对不同的教育主体，以及对未出现或被扭曲的课程历史进行研究

（一）教育史学第一次转向推动课程史研究的形成

西方传统史学与我国有着相似的模式：注重研究政治史、军事史，关注历史重大事件，注重史料的考证和辨伪。至 19 世纪，西方传统史学进入鼎盛时期，形成了所谓的"兰克模式"，成为科学历史学的里程碑。在这一模式主导下，西方教育史学传统模式也逐渐形成，表现为"信奉直线进步史观，从自上而下的视角研究、以编年的方式描述由近代民族国家主导的学校教育制度尤其是公立学校制度的历史发展"[①]。这一时期，教育史学家力图客观公正地描述历史，研究内容上偏重于教育制度史和教育思想史，课程并没有获得额外的关注或重视，有关课程观念、理论常常淹没于教育思想中，有关课程实践、运动通常也包含于教育活动、教育制度中。可见，传统教育史学时期，课程史研究没有得到足够的重视，也没有形成不同于教育史的研究视野及方法，实质上是从属于教育史学的。

受历史进步论对普遍规律探寻的影响，传统教育史学具有形而上学的特征，难以突破拾级而上阶段论的枷锁，20 世纪中叶这种回避研究者主观作用以及遵循单一直线式进步路径的研究范式遭遇了前所未有的批判和质疑。史学家不再囿于哲学和历史哲学的范畴，尝试借鉴社会科学的理论和方法进行跨学科研究，并推动了国际史学从传统史学转向社会科学史学。史学转型深刻影响着第二次世界大战后西方教育史学的发展，20 世纪50 年代末从美国发端逐步传播至英国、法国、德国、意大利和澳大利亚等国，西方教育史学发生了第一次重大转向，即从传统教育史学转向社会科

---

① 周采：《多元化发展的战后西方教育史学》，《教育研究与实验》2009（5）：65。

学的教育史学。西方教育史学越来越重视方法论的建构,强调历史研究中的问题意识和当代价值取向;彰显人文性;大胆借鉴社会科学方法;提倡多元文化,加强比较历史研究,以提升教育史学科整体学术水平。[1] 以研究美国教育史见长的劳伦斯·A. 克雷明(Lawrence A. Cremin,1925—1990)所著的三卷本《美国教育》是这一时期的典型作品。他在教育史史料的选择上偏重于边缘史料,如布道词、诗、个人传记、档案甚至书信,突破了传统教育史学囿于官方档案、考古发现的史料来源;在教育史编纂上,试图综合叙述史学和问题史学两种方法,发展起一种面向问题的叙述史学写作模式,改变了传统教育史学注重客观描述的编纂方式,提倡带着问题研究历史、分析历史和解释历史。[2]

在追求提出问题的教育史学过程中,布鲁巴克(J. S. Brubacher)借鉴法国年鉴学派问题史学研究范式,于1947年出版了《教育问题史》(*A History of the Problems of Education*)。这是第一本以问题为研究主线的教育史著作,改变了传统教育史以时间为主线的研究范式。他基于现实提出了17个教育问题,分别涉及教育目的、教育与政治、教育与国家等,对每一个问题分别进行长时段历史考察,以加深对历史的了解和对问题的认识。

西方教育史学的第一次转向,提倡的是科学的历史研究,建立在提出问题、形成假设、回答问题、证实或证伪假设进而提出新的问题和假设这一程序的基础之上,新的研究范式也深刻影响着正逐步形成的课程史研究。与传统附属于教育史学的课程史相比,新兴的课程史研究体现了新的特点:对课程的理解基于某种主观假设;带着问题研究课程历史;注重方法论及分析框架的建构。美国课程史奠基人克利伯德和英国课程史专家古德森,开创了西方课程史宏观和微观两条重要的研究路径。下文以克利伯德和古德森为例,探讨这一时期课程史研究具体表现。

---

[1] 邓明言:《西方教育史方法论五题》,《华东师范大学学报(教育科学版)》2003(9):61—69。
[2] 武翠红:《劳伦斯·克雷明教育史学方法论述评》,《河北师范大学学报(教育科学版)》2011,13(1):51—56。

1. 课程变迁观

克利伯德是以美国课程历史脉络为主要研究范畴,关注的是重要课程学说和课程运动的历史发展,探讨各种利益团体和学派在这一过程中所进行的各种斗争与努力,偏向于宏观层面的课程史研究,代表作《1893—1958年的美国课程斗争》(*The Struggle for the American Curriculum*:*1893 - 1958*)。

他引用社会学术语"混重"来说明课程变迁过程中受到各种意识形态、教育主张或学说交织、混合影响的现象。这一观念是在反思、批判、解释课程钟摆效应和课程进步发展等结论的基础上逐步形成的。他认为课程变迁中的每一种改革都具有特殊性,不能简单地根据主流课程意识形态对改革本质进行单一的、整体的判断,持课程钟摆效应与进步主张的研究者忽视了改革的复杂性与不可预知性,因此他从"混重"观念出发诠释课程改革的复杂性,并在此基础上形成了自己的课程变迁观。

他以溪流为隐喻,将课程改革理解为"一种含有数股水流的溪流,一股又强过一股,从不会有哪股完全干涸,只有当气候和其他条件有利时,微弱或微小的川流才会取得更多的力量,而只有在促进新发现的条件不再盛行时,它才会式微"[1]。课程改革融合了各种努力,因而无法运用单一的尺度或标准去衡量。克利伯德不否认改革的进步取向,但是反对透过一种概念去判断是否进步。他提出"混合成功"的观点,主张以更为细致的方式考察课程改革过程中各种价值观,然后再分别探讨其对学校教育的实际影响,进而评估这些观念分别在哪个层面带来了进步或障碍。

他通过对国家层级的课程变迁、特定课程改革的组成内容,以及单一课程改革运动的变迁过程等方面的研究,发现了不同程度的混重化现象,故提出了"混重化"的课程变迁观。他进一步指出,课程混重的情形与学校的公共性质有内在的联系,随着学校教育的普及化,课程从私人领域转变

---

[1] H. Kliebard, *The Struggle for the American Curriculum 1893 - 1958*, Boston:Routledge & Kegan Paul,1986:208.

为公共领域,课程不再是某一特定团体或族群的专利,越来越多的利益团体或个人有权参与学校课程的建构。

古德森是以英国的课程历史脉络为背景,以学校科目演化过程为研究对象,基于生活史的视角将个别教师的生活历史与职业,和整体社会脉络和环境限制相联系,探讨彼此的互动对课程变迁所造成的影响,偏向于微观层面的课程史研究,代表作《学校科目和课程演进:课程史的研究》(*School Subject and Curriculum Change:Studies in Curriculum History*,中译本《环境教育的诞生:英国学校课程社会史的个案研究》)。

他提出社会建构的课程观,是建立在批判课程处方观以及传统教育史研究弊端的认识基础之上的。他质疑从科学实证主义发展而来的课程处方观,认为其只是发展了一种理想实际的模型,而缺少对课程现象进行充分的解释。他批判传统教育史研究课程发展,仅偏重教育外在因素,过度强调主流政治、社会力量对课程的绝对主导,而忽视了学校运作机制的内在制约。

古德森关于课程史的研究主要集中于学校层级的科目变迁。他认为学校科目是一个多维度多层面的概念,而以往研究常常采取哲学的观点,将其视为一种具备知识逻辑内在统一的学问,仅局限于学校科目演变描述既定事实,这是远远不够的。对学校科目的理解,也可以采取社会学的观点,将其视为一种社会系统,是特定时期的社会建构物。他指出,研究者在面对课程理论与实际时,要采取联结、对话和慎思的处理方式。课程的社会建构除了要关照被规定的课程是如何建构,也要探讨它们是如何在实际过程中被协商与实施的。换句话说,课程的社会建构要包括处方、实施、过程、反馈等方面,也要重视预设与生成、结构与主体,以及集体与个人的统整与对话。

2. 研究问题

在反思、批判早期工具理性价值观统摄下课程研究的基础上,克利伯德与古德森皆转向课程理解范式探讨特定历史时期的课程变迁,他们不再止于对"何时出现何种课程知识"或"谁的课程知识最重要"等问题的回答,而聚焦于"不同社会历史条件下课程知识是如何运作"这一基本问题的探讨。学者们不再纠缠于什么样的课程知识最科学,而是关注不同场域中课程知识实际的运作机制及演变过程。

具体而言,克利伯德所关注的课程史研究问题不只在于探讨何种知识是真实的或有效的,更重要的是要针对何时、何地、以何种方式、将何种知识纳入或排除于学校课程之中,以及在此过程中有哪些团体或人员参与其中,并发生哪些争执与辩论。他主张的课程变迁混重化,充分反映了课程历史现象,不仅是各种理念的混合,也隐含了不同利益团体与实力的混合。

古德森在《环境教育的诞生:英国学校课程社会史的个案研究》一书中提出了三个研究假设,也成为整个研究所需要论证的三个研究问题:第一,学校科目不是独立的个体,而是各种亚群体和传统的不断翻新的结合物。课程中的这些群体,影响和改变着科目的划分和地位;第二,在学校科目以及相关大学学科成立过程中,基础科目群表现出从陶冶性和实用性传统向学术性传统靠拢的倾向;第三,在案例研究中,很多课程争论可以用科目间围绕地位、资源、势力范围展开的冲突来解释。[1]

上述研究问题及假设的确立是来自研究范畴的,克利伯德主要关注利益团体之间的竞争对国家课程的影响,古德森则从教师生活史的角度探讨教师个体及群体与学校科目相互作用的过程。我们也可以发现,基于研究问题(或假设)展开的课程史研究,展示的是人类思维解决问题的逻辑推进过程,与传统按照时间线索叙述史料的研究逻辑是有本质区别的。

3. 分析路径

"结构"和"行动者"是社会学中的一对核心概念,一切社会问题的根源都可以归结为社会与个人的关系,课程变迁也不例外。在社会学发展史上,一直存在"强社会—弱个人"和"强个人—弱社会"的争论,体现在方法论上即整体与个体、客观与主观、宏观与微观之间的二元对立。社会学家

---

[1] 艾沃·F.古德森:《环境教育的诞生:英国学校课程社会史的个案研究》,贺晓星、仲鑫译,华东师范大学出版社2001年版,第3页。

布迪厄和吉登斯试图超越社会制约性与个体能动性对立的争论,从挖掘社会与个人的互动关系上寻求两者的关联性和一致性。布迪厄提出"惯习"概念将社会结构和行动者联系起来,"惯习是一种结构形塑机制,是社会行动者所具有的对应于其占据的特定位置的性情倾向,惯习是一种生成结构,不仅塑造、组织着实践,并且生产着历史"①。吉登斯提出"结构二重性"的观点,认为社会结构既是行动者实践的媒介,也是其结果。②

克利伯德和古德森也正是抓住了"结构与行动者"的互动关系来解释课程运作历史过程中所展现的动态辩证特性。克利伯德分析了美国20世纪各个特定的社会历史时期出现的各个不同利益团体是如何参与学校课程的争夺。他关注了教育场域中横向之间的结构与行动者的互动。古德森的分析路径则要复杂些,有横向互动,也有纵向互动。横向方面不仅关注了教育系统内部不同科目亚群体之间的互动,也关注了教育系统内部科目团体与外在行动者的互动;同时他还以官方课程为"结构",分析学校一级的行动者如何转化官方层级的课程,探讨了课程纵向的互动关系。

克利伯德关注横向之间的互动与其研究问题及研究对象是密不可分的,他在《1893—1958年的美国课程斗争》一书的序言中指出,其分析路径主要是以利益团体的理论架构诠释课程变迁背后的各种斗争。一是根据一致的意识形态及立场确定教育改革的利益团体,进而分析每一个利益团体对进步教育所做的诠释;二是在地位政略(status politics)的脉络下诠释各种利益团体是如何争夺学科课程内容及形式,以及他们所珍视的价值与信念多大程度上被认可。③ 我国台湾学者杨智颖在分析克利伯德其他作品的基础上,又补充了两条分析路径:一是政经社会结构和利益团体间互动

---

① 布迪厄、华康德:《实践与反思》,李猛、李康译,中央编译出版社1998年版。
② 安东尼·吉登斯:《社会的构成:结构化理论大纲》,李康、李猛译,生活、读书、新知三联书店1998年版。
③ H. Kliebard, *The Struggle for the American Curriculum 1893 - 1958*, Boston: Routledge & Kegan Paul,1986:1.

的关系,二是中央层级的课程方案与地方行动者间互动的关系。① 克利伯德认为,利益团体之间的竞争会架构在特定的社会历史脉络中,主流课程思潮的形成来自社会结构与利益团体之间的互动。虽然每一个历史阶段主流课程思潮的支持者都会企图去影响学校课程,但是并不会形成一种线性指导的关系。在学校场域中,学校行政人员通常会在彼此矛盾的课程取向中实施政治的权宜之计(political espedient)。

古德森在课程史领域研究的独树一帜与其对生活史视角的强调和方法的开发是分不开的。关注教师生活史,与他所持的社会建构课程观是一脉相承的。他意识到影响课程实施效果及发展过程的核心因素是教师群体,然而每一个教师都是不同的个体,不同的职业经历、生活阅历形成了教师具有差异的教学观念与教学行为。因此,课程研究不应单纯地关注教学内容、课程设置等公共性、静态文本,而需要紧密联系教师个人生活做动态分析。他批判传统社会学实证主义模式忽略了行动主体的声音,而互动论与人种志方法论又过于关注情境与场合,忽视了与历史过程的联系。他所提倡的生活史恰恰弥补了这些缺憾,通过对教师个人传记、观点和生活方式等方面的研究,并与历史、社会因素结合起来,形成了基于教师生活史个体观照基础上的学校科目社会史的视角与方法。他在《环境教育的诞生:英国学校课程社会史的个案研究》一书中,通过对担任"乡村学习"科目教学的教师卡森进行访谈,并结合他的信件、日记以及相关的一些会议记录、调查数据、文件档案等资料,研究了该教师生涯发展过程中所产生的各种观念和行为是如何影响所教科目变迁的,同时社会结构又是如何限制该教师决定的。

古德森所提倡的生活史视角,仍是基于结构与行动者动态辩证的方法论。他设计了三个层面:第一个层面是个人生活层面,演变的过程是透过个人生活史的偶发情节和长期社会化过程;第二个层面是团体或集体层面,主要视专业、范畴、科目或学科的演变为一种社会运动,它同样会影响

---

① 杨智颖:《课程史研究观点与分析取径探析:以 Klibard 和 Goodson 为例》,高雄:高雄复文图书出版社 2008 年版,第 82 页。

学校和教室中稳定和改变的形态;第三个层面是关系层面,针对不同时期,介于个人之间、团体之间,以及个人与团体之间关系的各种变动。① 古德森构思的分析路径,可以视为将社会史研究方法运用于学校科目变迁研究的一种尝试。社会史学者于尔根·科卡认为,社会史是结构史与经历史的结合,"关键在于将结构以及过程与行为以及经历之间的关系理解为在历史上变化的、相互折射但不相互吻合的关系"②。古德森关于教师生活史的分析路径始终是基于社会结构的大背景中,对两者动态辩证关系的探讨,目的在于了解学校科目被界定与建立的详细历史过程,同时为了验证、解释、修正所提出的研究假设。

(二)教育史学第二次转向促进课程史研究多元化发展

20 世纪 80 年代以来,新文化史的产生推动了教育史学的第二次转向,社会视角转向了文化视角、语言视角,为课程文化史研究的兴起提供了理论支撑。这一时期史学转向的主要特征是"以反抗结构主义的研究方法和纠正二战以后社会科学反历史的倾向,重视对历史、过程与情境的考察,偏重思想(心态)——文化史;侧重研究一定环境下生活的人们自身的主观状态;在考察规模上主要是微观的,即'微观史'和'日常生活史';在方法论上主要同人类学和心理学相联系,放弃了新史学所倚重的计量方法而主要依靠直观的分析判断来处理资料和形成解释;在历史编纂上放弃了新史学的分析方法或问题取向而回归叙述"。③

致力于教育史学文化转向的学者科亨(S. Cohen)于 1996 年发表了《后现代主义、新文化史、电影:教育反抗影像》(*Postmodernism, the New Cultural History, Film: Resisting Images of Education*)④。他采用文化

---

① 杨智颖:《课程史研究观点与分析取径探析:以 Klibard 和 Goodson 为例》,高雄:高雄复文图书出版社 2008 年版,第 121—122 页。

② 于尔根·科卡:《社会史:理论与实践》,景德祥译,上海人民出版社 2006 年版,第 84 页。

③ 周采:《多元化发展的战后西方教育史学》,《教育研究与实验》2009(5):66。

④ S. Cohen, "Postmodernism, the New Cultural History, Film: Resisting Images of Education", in *Paedagogica Historica: International Journal of the History of Education*, 1996, 32(2):395 - 420.

史研究方法,将电影文学作品作为核心史料,分析了20世纪80年代人们是如何认识并颠覆令人窒息的学校教学结构,为被压抑的情感寻求表达空间。时隔三年,他又出版专著《挑战正统:迈向新教育文化史》(*Challenging Orthodoxies：Toward a New Cultural History of Education*)[①]。除了继续强调电影作为新史料外,他引入文学评论、话语分析和文化人类学作为分析美国学校教学变革的理论工具,进一步拓展了教育文化史研究视野及方法。

教育文化史学对史料、分析工具的双重拓展深刻影响着课程文化史研究。托马斯·波克维茨(T. Popkewitz)联合富兰克林等15位学者推出了《文化史与教育:知识与教学的批判性文集》(*Cultural History and Education：Critical Essays on Knowledge and Schooling*)[②]。他们引入照片来反映真实的课程实践,他们的特殊贡献还在于运用福柯的知识权力理论分析微观领域的课程与教学。波普克维茨在《为灵魂而战》(*Stuggling for the Soul*)[③]一书中就运用福柯理论分析了教育知识作为权力如何使教师对儿童做出区分与建构。

深受福柯思想影响的波克维茨率领他的团队聚焦学校教育的话语模式,反映了语言学转向对课程史研究的影响。他们运用知识考古学、谱系学等理论工具,对"思维和理性的规则"进行考察,揭示学校教育的观念系统是如何变化的,又是如何与权力相联系的。

在多元文化主义影响下,课程史研究呈现了不同于以往的新特点,摒弃了关于"主体"和"进步"的假设,在原有研究主题及研究路径基础上,又呈现多元化发展趋势:

---

① S. Cohen, *Challenging Orthodoxies：Toward a New Cultural History of Education*, New York：Peter Lang, 1999.

② T. S. Popkewitz et al. eds., *Cultural History and Education：Critical Essays on Knowledge and Schooling*, New York：Routledge Falmer, 2001.

③ T. S. Popkewitz, *Stuggling for the Soul：The Politics of Schooling and the Construction of the Teacher*, New York：Teachers College Press, 1998.

①把课程史视为纪念和口述史。这种研究是对杰出课程学者的学术生涯的纪念或透过对某些人物的访谈建构对课程史的描述与看法。

②把课程史视为档案和文件的编辑。这种研究是对包括文字、图片和音像资料在内的各种课程档案和文件资料的保存、编辑与研究。

③把课程史视为传记研究。这种研究是在官方的课程架构下对教师的课程实践性知识及生活经验进行探讨，通过叙事的传记形式表达"生命的温度"，多数是短文小传的形式。

④把课程史视为不缄默的声音。这种研究是在后现代思潮影响下，探讨课程史文件中被剥夺、被忽视或被扭曲的声音，如黑人、女性、乡村教师等人的声音。①

第二次世界大战后西方教育史学经历了两次转向，呈现了三足鼎立的发展态势，传统教育史学、社会科学教育史学和新文化教育史学共同促进课程史研究多样化和多元化发展。"现代史学的进步，可以说所受的都是别种科学之赐"②，借鉴其他领域理论给史学带来了新的生命，也带来了新的问题。第一次转向，教育史学及课程史研究借鉴社会科学的理论和方法，采用了分析性的问题史，增强了历史研究的现实意义，但弱化了历史研究的时间轴线；第二次转向，教育史学及课程史研究借鉴文化学、后现代主义等，强调了语言独立性，却否定了评价史学研究的客观标准，关注微观而忽视宏观，虽打破了传统史学的局限，却造成了历史相对主义盛行和"碎化"危机。

二、课程论视阈下课程史研究

（一）重振课程理论：课程史研究的重要使命

课程史在美国兴起的主要背景是 20 世纪 60 年代中小学课程改革的主

---

① 陈华：《中国公民教育的诞生——课程史的研究》，华东师范大学博士论文，2012：21—22。
② 吕思勉：《历史研究法》，上海：永祥印书馆 1945 年版，第 24 页。

导权被学科专家所掌控,课程理论陷入发展危机,美国学者开始转向从历史研究的路径来振兴课程理论的生命力。相较于传统教育史学领域的课程历史研究而言,课程史研究的兴起肩负着重振课程理论的重要使命,因而研究目的不再局限于系统完整地重现过去的课程,而在于从历史的角度探寻课程本质。学者们深刻反省课程理论不重视历史研究的局限,开始充分借鉴社会科学的理论工具,多元视角理解课程内涵,赋予课程史研究新的研究任务与意义。

受概念重建运动的影响,当代课程领域发生了重大变化,从课程开发范式转向课程理解范式。经典的泰勒原理被指责为基于技术理性,潜存着工厂导向的特征,其课程思想的逻辑是输入—产出、手段—目的的推理方式。派纳(Pinar)等人曾谈到,"如果说传统领域的一个明显特征是它具有反理论和反历史的倾向,那么,经过概念重建的当代课程领域的一个明显特征就是其深远的历史性"①。为什么说传统的课程研究是反历史的? 当代课程领域又是如何促进课程史发展的呢?

20 世纪初,课程论诞生于崇尚技术理性和科学知识的时代,斯宾塞的"什么知识最有价值"之问掀起了课程科学化运动。从博比特的"活动分析法"到查特斯"工作分析法",再到"泰勒原理",课程论越来越苛求程序的科学性。受"最好的就是可重复"科学信念的影响,越有效的知识越期待着精确而严格的科学实验的检验。因此,派纳指出,这种依据预案和进步取向而概念化的课程开发范式最终是程序性的。对技术的崇尚以及对"进步"的信念,注定了早期课程领域强调未来,而不是过去。

概念重建运动使课程领域的同一性陷入了一场危机,却带来了新的生机。阿普尔转换了斯宾塞之问,提出"谁的知识最有价值",尖锐地批判了传统课程被掩盖的政治本质。他进而转换泰勒原理的四个问题,提出:这是谁的知识? 它是由谁来选择的? 为什么要这样组织知识并以这种方式

---

① 派纳、雷诺兹、斯莱特里等:《理解课程——历史与当代课程话语研究导论》上,张华等译,教育科学出版社 2003 年版,第 42 页。

来教？它对这个特定的群体是否有利？问题的转换，使课程知识选择从注重技术层面转向揭示课程背后的权力意志。课程不再作为理所当然的科学知识，而被视为一种"文本"而以不同的方式被确认和分析，这些方式包括政治的、种族的、性别的、现象学的、自传/传记的、后现代/后结构的、美学的、神学的、制度的和国际的等，而所有这些理解又都包含历史的向度。

可以说，课程理解范式促进了课程史的发展，不仅打开了研究视界，又拓展了研究目的和意义。受社会科学理论影响，课程史研究越来越关注不同群体和个人参与课程发展的协商、博弈与建构，对于课程实践而言，这样的研究似乎更鲜活和富有意义。古德森认为课程史研究不仅解释了课程动态发展的过程，也提供了一个分析学校和社会之间复杂关系的途径，因为学校科目变迁反映了社会文化选择是如何投射于学校的。课程史研究的潜在意义在于对学校教育有进一步的理解，而理论的建构也是重要目的之一。通过历史研究对现有理论进行检验与再建构，一方面体现在澄清对课程的界定、发展与变革的内部过程的理解，另一方面表现为检验用于解释课程历史发展的分析框架、工具理论的适用性。诚如古德森所言，课程史研究要能彰显历史是具备转化解释的潜能（potential of transform our account）[1]；历史研究的角色应该是质疑已有观点，并且提供证据，有时要协助理论的产生。[2]

课程史成为一个研究领域，得益于知识社会学、政治学等社会科学理论的支撑，学者们开始注重课程与社会、经济、政治等因素的相互作用，揭示课程改革背后根本的政治利益与动机，使得课程史研究有别于记载课程史实的传统模式，成为融合教育学、课程论、社会学、历史学等多学科的交叉研究领域。

---

[1] I. F. Goodson, "Subjects for Study: Towards a Social History of Curriculum", in S. Ball & I. Goodson (eds.), *Defining the Curriculum: Histories and Ethnographies*, London and Philadelphia: The Falmer Press, 1984:42.

[2] I. F. Goodson, *The Making of Curriculum* (2nd *ed.*), London: The Falmer Press, 1995:51.

（二）基于课程理解范式的课程史研究

如前所述，课程史研究秉持的是课程理解观，把课程视为社会建构的产物，注重对已经存在和发生的课程思想和课程实践从历史的、社会的、政治的、文化的等各个方面进行理解、解释和分析。综观已有课程史研究所关注的内容，主要是对重要的课程运动、特定课程领域、传统学科的历史变化、实际学校情境中的教育改革措施的起源等研究。京代姆（B. B. Gundem）总结了五种具有代表性的西方课程史研究领域，具体内容如下：[①]

1. 有关课程的观念、理论与运动的历史

这是课程史领域中历史最长、最为突出的一个研究领域，这一领域主要追溯了有关理想课程的观念与理论对课程实践的影响。代表人物有贝拉克（Bellack）、富兰克林、坦纳夫妇、克利伯德等，其中克利伯德的《1893—1958 年的美国课程斗争》以及坦纳夫妇的《学校课程史》两本专著最为著名，也代表了该领域研究的两个指向：前者是将课程视为一个整体，试图了解有关课程的某些观点是为什么和如何产生的，又是为什么和如何成为最为重要并得到认可的；后者主要研究美国主流课程思想的演变，探寻了某些思想是如何被错误解释、应用而遭到丢弃，时隔多年又如何成为"新"思想重新出现。

2. 作为课程编码史的课程史

受知识社会学特别是伯恩斯坦的编码理论影响，隆格伦开创了课程编码史。他认为在每一种教学大纲的背后都存在着基本的原则——某种课程编码，进而分析了不同历史时期国家课程的编码原则：古典的（经典的）、现实主义的、道德的和理性主义的。英格伦受其启发并进行了理论补充，特别关注了社会影响因素。

---

① 胡森：《教育大百科全书·课程》，丛立新等译，西南师范大学出版社，2011：189—193。

3. 作为学校科目史的课程史

该领域是课程史研究关注的焦点,将学校科目放置在更大范围的社会、文化和教育结构中,通过历史研究分析制约其发展的决定性因素。古德森的研究影响力最大,其作品及观点在前文中已有介绍,这里不再赘述。古德森提出了比较的观点,学者们开始对各国学校科目史进行国际比较研究。

4. 课程管理与课程指南的历史

该领域主要关注国家层面的课程管理与指导方针的发展,研究目的主要在于弄清楚哪些历史前提条件通过减少或提高课程开发与实施的可能性的方式,从而决定了目前的课程结构与内容。

5. 课程改革与实践的历史

该领域开始引起学者的关注,研究意义在于为了更好地了解学校教育领域导致课程稳定性与变化的原因。代表性研究成果有古班(Cuban)关于课堂教学中的稳定性与变化的教学法历史研究。

表 1-2　课程史研究主要领域、主题及代表

研究领域	研究主题	主要代表(作)
课程的观念、理论与运动的历史	1. 主流课程思想的演变 2. 不同利益群体对课程争夺	贝拉克;富兰克林;D. 坦纳和 L. 坦纳《学校课程史》;克利伯德《1893—1958 年的美国课程斗争》
课程编码史	古典课程编码、现实主义课程编码、道德的课程编码、理性主义课程编码	隆格伦;英格伦
学校科目史	学校科目的社会建构及其社会历史的性质	古德森《环境教育的诞生:英国学校课程社会史的个案研究》
课程管理与课程指南的历史	1. 课程管理史主要关注课程编制时的社会结构 2. 教学大纲中的学科内容的历史 3. 方法与教学的历史	德国科尔大学科学教育学院
课程改革与实践的历史	课程改革实施情况	古班关于教学法历史研究

基于课程理解范式的课程史研究呈现多元化的发展趋势,不仅表现在研究对象的多元化,也表现在所关注的研究问题多样化上。研究问题决定了研究对象、研究方法的选择,因此即便同一领域、同一主题的课程史研究,往往也因研究问题的不同,呈现出不一样的研究结果。目前课程史所关注的课程仍集中于主流的课程思想、国家课程或制度课程等,特别是对课程知识的发生史感兴趣,"集中在学校课程知识的出现、建立或衰落,重视学校知识之争夺本质的研究,同时指出不同利益集团在选择和界定所谓合适课程内容的过程中所扮演的角色"[1]。然而立足什么问题审视课程历史发展,成为当今课程史研究的内在要求。

三、问题史视角和研究设计

爬梳教育史学、课程论转型对课程史研究的影响,因借鉴不同学科理论而呈现多元化发展态势,对研究问题的日益关注却是不同取向课程史研究的共同特征。最早由法国年鉴学派倡导的问题史,是针对传统叙述史研究不足而提出的,即便当今叙述史重显复兴之势,仍是对基于问题研究的新史学方法的调整和完整。明晰我国教育史学因问题意识不足而导致的学术危机,借鉴问题史研究路径开展课程史研究显得尤为必要。

需要指出,年鉴学派的问题史更多的是由费弗尔和布洛赫所强调的,而在他们的后辈那里,问题史并没有得到足够重视。[2] 由此推断,早期年鉴学派代表费弗尔和布洛赫所强调的按照科学研究程序的基本范式[3]并没有

---

[1] 杨智颖:《课程史研究观点与分析取径探析:以 Klibard 和 Goodson 为例》,高雄:高雄复文图书出版社 2008 年版,第 124 页。

[2] 樊江宏:《法国年鉴学派研究》,首都师范大学论文,2013 年,第 76 页。

[3] 费弗尔在《为史学战斗》中指出"'在科学指导下的研究'这个程式涉及两个程序,这两个程序构成了所有现代科学工作的基础,这就是:提出问题和形成假设",可见,他们所倡导的科学的历史研究是建立在提出问题、形成假设、回答问题、证实或推翻假设又提出新的问题和假设这一程序的基础上的。参见樊江宏《法国年鉴学派研究》,首都师范大学论文,2013 年,第 71—77 页。

获得充分推广,抑或经后人进行了某种改良①,如应用于教育领域的教育问题史研究就对这一科学范式进行了调整:在问题选择上没有局限于一个核心问题而是选择多个主题;在叙述史料与分析问题上,有的偏重于历史叙述,有的则突出问题阐释。② 基于上述认识,笔者借鉴问题史研究的基本路径进行研究设计。

(一)问题史研究的视角与方法

1. 基于现实向史料提出问题

以问题为中心,是法国年鉴学派反驳传统史学以史料为中心而提出的主要观点。费弗尔认为,他所提出的不是一种让史料自己说话,而是由史学家提出问题的史学。③ 确切地说,他们提倡的历史研究是以问题导向的方式思考,即对如何认识史料提出问题。早期问题史学提倡者并不反对历史的描述和叙述,只是不满足于传统史学有意回避主观认识而强调史料的齐全和完整。在他们看来,"历史事实"是不能自我单独存在的,而是由历史学家对所提问题的探讨、分析、论证过程中揭示出来的;缺乏对历史学家主观认识的思考,会导致人们对历史的认识趋于平面化和表面化。当历史叙述以"问题"为核心展开后,传统史学的叙事史就转变成为新史学的问题史了。④

美国教育史学家克雷明试图综合传统编年体叙述方法和问题导向的分析方法,发展起一种面向问题的叙述史研究范式,他对"问题"重新进行

---

① 法国年鉴学派第二代代表人物布罗代尔的著作《地中海》因缺乏核心问题而受到指责,英国学者彼得·伯克指出:"若说该书没有围绕一个问题,假如有充分理由的话,那着实是充满讽刺意味的。因为费弗尔与布洛德对问题导向史学如此强调。"参见彼得·伯克《法国史学革命:年鉴学派,1929—1989》,刘永华译,北京大学出版社 2006 年版,第 33—37 页。
② 美国教育史学家布鲁巴克所著《教育问题史》选择了有关教育的 17 个专题,对每一个专题分别提出一系列问题,以教育目的为例,包括:教育目的是怎么样确定的,教育目的必须根据时间地点变化吗? 教育目的是否有其不变性,而这个不变性超出了时间和地点的限制? 有关教育目的的论述在什么样地点条件下受到了经济、政治、哲学、心理学等的影响等,偏重于问题探析。我国学者单中惠主编的《外国中小学教育问题史》《外国大学教育问题史》参照布鲁巴克研究范式,在各专题研究上注重对主导特征的历史脉络进行梳理,偏重历史叙述。
③ 雅克·勒高夫、诺拉:《新史学》,姚蒙编译,上海译文出版社 1989 年版,第 13 页。
④ 樊江宏:《法国年鉴学派研究》,首都师范大学博士论文,2013 年版,第 73 页。

了定位,问题产生不仅仅来自对已有历史结论的质疑,也来自当下实践中存在的现实问题。"教育史应有助于教育工作理解他们所要面对的问题。这些问题何以产生? 以往的经验教训是什么? 过去的哪些经验教训还在起作用? 面对未来,我们需要认真考虑什么? ……既然我们难以将过去发生的全部拿来为现实服务,那么就要采纳以为那些对于能够帮助解决现实问题的经验以为今用。……教育史不应按逐年的编年顺序或逐个世纪的叙述往事,而应该从现实问题出发,并且最终回到现实中来,帮助我们未来应做什么。"①克雷明将问题史学的价值取向指向当代,提倡立足现实问题研究历史,以提高历史研究的现代价值和指导意义。立足现实问题的历史研究,"打破了以往史学家从起源揭示事物本质的'起源偶像'"②。

然而,基于现实向史料提出问题,不是简单地用现实问题代替研究问题,而需要在通盘了解历史的基础上,带着对现实的关照去追问历史,因此确定研究问题是一个艰辛而漫长的过程。中国史学家钱穆先生认为:"即使我们要根据当前问题来推究,也得首先将此问题暂放一边,平心静气,仍从历史本身的通体来做研究,如此才能对你原有问题得出一正当的结论。我们当知,从研究历史用心,可以解决问题。若仅从解决某些问题上用心,却不一定能了解历史。这等于说,'明体'可以'达用',而求用心切,却不一定能明体。"③中国学者单中惠主编的《外国中小学教育问题史》和《外国大学教育问题史》,"对研究问题的选择主要考虑三个方面:一是中小学教育和大学教育的基本范畴;二是外国中小学教育和大学教育的发展历程;三是为我国中小学教育和大学教育的改革与发展提供现实的借鉴"④。基于此,他确定了学制、教育目的、课程论、教学模式、学业评估、师生观、学校管理、教师教育等八个方面作为研究外国中小学教育史的"问题",将大学教

---

① 武翠红:《劳伦斯·克雷明教育史学方法论述评》,《河北师范大学学报(教育科学版)》2011, 13(1):55。
② 张广智、张广勇:《现代西方史学》,复旦大学出版社1996年版,第86页。
③ 钱穆:《中国历史研究法》,九州出版社2012年版,第9页。
④ 单中惠:《一种值得重视的教育史研究范式——以〈外国中小学教育问题史〉〈外国大学教育问题史〉为例》,《河北大学学报(哲学社会科学版)》2008,33(3):24。

育功能、大学教育结构、大学课程、大学教学方法、大学管理、大学教育改革、女子大学教育、大学理念八个方面作为研究外国大学教育史的"问题"。对每一个问题的认识,力求做到"客观而又确切地把握每一个教育问题发展历史的主导特征","清晰地体现某个教育问题发展历史的内在逻辑联系"①,需要基于对外国中小学和大学教育发展历史、特征及规律进行全面考察和研究。研究问题的形成要建立在对所关注对象发展历史及特征全面考察和分析的基础上,"明体"后才能提出把握全局的问题、服务现实的真问题。

2. 围绕问题组织史料

问题史学强调以问题为中心,不仅表现在向史料提出问题,而且更重要的是围绕问题组织史料。虽然在如何依据问题组织史料上存在不同认识,但是学者一致反对以自然时间作为组织史料的唯一线索。

问题史学倡导者费弗尔等探索了一条科学研究的经典道路。他们汲取科学研究程序,按照提出问题、形成假设、回答问题、证实或推翻假设继而提出新问题和假设的问题解决路径开展历史研究,他们注重对问题的科学分析,史料成为论证观点的重要证据,因而对历史阶段的选择需要依据研究问题而定。布洛赫的《国王神迹》一书所确定的研究问题是,为何从中世纪一直到 17 世纪以来,普通民众信仰国王的触摸可以医治"瘰疬"病?他从宗教仪式、风俗习惯、卫生条件等方面进行跨学科研究,分析了民众信仰的产生、发展、延续的种种根源,充分回答了所提出的研究问题。同样,费弗尔所著《16 世纪的不信教问题:拉伯雷的宗教》是质疑史学家阿贝尔·勒弗兰克提出的拉伯雷是不信教者的观点,提出了 16 世纪无神论者之不可能的假设。他运用语义学分析了 16 世纪 30 年代认为拉伯雷是无神论者的群体语言,进而分析拉伯雷的宗教信念,又通过反证方法用史实证实了假设。可见,他们基于一个核心问题,遵循问题解决的思维过程组织史料,根据问题去寻找史料、挖掘史料、建构史料。

---

① 单中惠:《外国中小学教育问题史》,山东教育出版社 2005 年版,第 5 页。

克雷明、布鲁巴克将问题史学运用于教育史领域时,改良了遵循科学程序解决问题的研究范式。克雷明在三卷本《美国教育》著作中围绕"什么是教育?"这一核心问题,考察了不同历史时期美国教育结构的变化,阐明了教育与社会的相互影响以及个体与教育结构的相互作用等,按照时间轴重构了美国教育经历。布鲁巴克的《教育问题史》并没有一以贯之地研究问题,他根据教育学研究领域选择了 17 个问题,诸如教育目的、教育与政治、教育与国家、教育与心理学等,称之为"专题"或"主题"似乎更贴切。每一专题自成一章,研究框架大致为:首先基于现实提出问题,然后按照时间顺序梳理史料,考察了该专题及相关因素的发生、发展过程,以及历史上对相关问题的回答。用他的话说,"在每一章节中,都是以当前现实教育问题的始末为线索的,对每一个问题进行从过去到现在的论述。在选择和介绍教育史资料上,其标准是以帮助学生理解当前现实教育问题为依据的。……所以,学生可以在过去与现在之间不断地来回穿梭,以加深对教育史的研究"①。

可见,他们从梳理教育历史脉络中确定了教育发展的基本问题,这些问题决定了他们对史料的选择,而对这些问题的发生、发展过程主要是通过叙述的方式展示出来的。他们综合运用了问题史学和叙述史学的方法,展示了面向问题的具有叙述性风格的教育史编纂范式。这一范式也被我国教育史学界所采用,如单中惠主编的《外国中小学教育问题史》《外国大学教育问题史》,李剑萍所著《中国现代教育问题史论》及其主编的《中国现当代课程问题史论》等。单中惠认为,"教育问题史旨在以问题为主线,对教育发展的历史、特征及规律做一个全面的考察和研究;它改变了传统教育史以时间为主线的研究范式,进一步加强了教育历史和现实之间的紧密联系,以实现两者的交汇"②。

（二）研究设计

本书研究的是"中国近代职业教育课程史",采用问题史研究的视角与

---

① 约翰·布鲁巴克:《教育问题史》,单中惠、王强译,山东教育出版社 2012 年版,第 2 页。
② 单中惠:《一种值得重视的教育史研究范式——以〈外国中小学教育问题史〉〈外国大学教育问题史〉为例》,《河北大学学报(哲学社会科学版)》2008(3):23。

方法,因而选择什么样的研究问题成了关键。"问题"存在于事物的不同层面,从大处着眼关系到事物的基本矛盾,从小处着眼关系到具体事件的确认。是带着问题考察历史,还是从梳理历史中发现问题? 笔者从问题史研究方法中没有找到答案,也无从考证学者们是如何形成研究问题的。就个人研究经历来看,笔者选择的是后者。在最初史料搜集过程中,笔者并没有先入为主地研究问题,随着对研究对象的逐步认识,潜藏于脑海中的零散观念渐渐凝聚在一个焦点上,形成了对近代中国职业教育课程发展的初步判断。所以说,笔者是从研究对象的史料梳理中逐步明确了研究问题,进而选择问题史研究方法形成假设、论证观点。

1. 研究问题

今天中国职业教育课程的历史之源,是本书的研究对象。剖析这一研究对象需要明辨一对关系,即我国教育传统与职业教育课程发展的关系。具体而言,需要清楚地回答两个层面的问题:一是两者关系的历史表现,即我国教育传统是如何影响近代职业教育课程发展的;二是两者关系的内在实质,主要体现在近代职业教育课程发展的主要矛盾中。

(1) 探索教育传统影响职业教育课程发展的历史表现。

自人类有社会分工起就出现了具有职业性的教育,而专门的职业学校是近代大工业生产发展的产物。虽然我国古代职业教育对人类科技发展做出了很多重要贡献,但是近代职业学校课程发展一直在效仿西方资本主义国家。鸦片战争后,我国聘请英国、法国等外籍教师创办技术类洋务学堂,甲午战争后,我国又先后系统借鉴日本、美国学制发展实业教育、职业教育。然而近代我国职业教育课程似乎跟不上借鉴国课程改革的步伐,抓不住工业文明衍生下的职业教育特质,撇不开自身农业文明衍生下的传统教育灵魂。那么潜藏于背后的制约因素是什么呢?

近代以来,我国在追求物质文明走向现代化社会的进程中,教育经历了传统教育的解构过程,以及现代教育的建构过程,而职业教育正是教育现代化进程中的重要内容。一方面,中国教育传统深刻影响着职业教育课程发展,不同阶段、不同层面、不同程度地制约着人们对职业教育课程的认识与实践。传统教育内容是如何抵制西学课程的引入？传统教育制度是如何规约新学制的建构？传统教育观念是如何限制职业教育课程的实践？另一方面，近代我国被迫走上工业化发展道路，面对尖锐的社会问题、实践矛盾和课程冲突，传统教育内容、传统教育制度、传统教育观念逐步解构，由西学课程孕育而来的职业教育课程渐渐地挣脱了传统的束缚，寻求适合的发展道路。

（2）挖掘近代职业教育课程发展的主要矛盾。

毛泽东在《矛盾论》中指出："事物发展的根本原因，不是在事物的外部而是在事物的内部，在于事物内部的矛盾性。"[①]社会环境对职业教育的种种诉求为课程发展提供了条件，然而必须通过课程自身的内因起作用。内因即是课程内部固有的矛盾，它是课程发展的根本原因。爬梳我国职业教育课程发展历史，至少存在着如下三个方面的矛盾：

一是中西矛盾，主要体现于职业教育课程思想方面。作为"舶来品"的职业教育课程，一方面受制于传统观念下人们对西学课程的有限接受，另一方面受制于教育传统的内在抵制。在"中学"缓慢解构与"西学"有限建构过程中，中西文化的差异是如何影响我国职业教育课程演变的呢？

二是内外矛盾，主要表现在职业教育课程制度方面。我国近代社会工业化的进程客观上促进了职业教育制度的分化，"但其本身是无法为构建新的职业教育体系提供可依据的模式，职业教育制度的选择更多地只能依赖教育制度内部的变革"[②]。我国近代职业教育制度是传统科举制与西方教育制度相互博弈的产物，服务社会发展的新需求与维护国家意志之间的矛盾构成课程发展的"张力"。

三是上下矛盾，主要反映在职业教育课程实践方面。我国教育行政实施统一管理与学校实践多样化发展、差异化发展构成了矛盾关系，揭示了国家、地方、学校等不同课程权力主体之间的权力争夺与利益博弈。

---

① 毛泽东：《矛盾论》，人民出版社 1975 年版，第 4 版。
② 楼世洲：《我国近代工业化进程和职业教育制度嬗变的历史考察》，《教育学报》2007(1)：87。

2. 研究假设

（1）近代中国学校系统形成的逻辑，巩固了学术性知识而排斥了实用性、技术性知识，从而边缘化了职业教育课程。

我国第一部学制——癸卯学制是模仿日本而定的，学校体系、课程门类基本是复制了日本学校章程。然而，基本相同的学制在两国实施的路径以及受到的制约因素是迥异的。近代中国，科举虽废但精神难易，考试始终是学校教育的指挥棒，注重纸笔测试的方式始终占据了主要地位，虽考试内容有所改变，但无法动摇统一考试制度的延续，所以顺应这一逻辑，学校倾向于选择学术性知识。另外，近代学校是在书院改制的基础上形成体系的，原有书院的教学模式制约了职业教育课程内容的有效实施。近代中国最先建立起来的现代学堂是大学堂（或高等学堂），学校教育体系的建立经历了一个自上而下、高等向中初等延伸的过程。这一发展路径限制了职业教育课程的发展。

（2）中国职业教育课程主要受教育传统的制约。

职业教育是工业革命的产物，近代以封建农业文明著称的中国"被迫"走向了科技发展道路。西学孕育了我国近代职业教育课程雏形。从西语、西器、西政到西艺，在很长一段时间内，西学课程始终不能纳入科举而被迫抛弃，受科举"保护"的传统经学顽强地抵制西学课程的引入。职业教育在我国发展一直受到传统文化的制约与排斥，西学思想在近代飞速变迁的社会背景下也未得到深入发展，清末科举虽废，但科第精神仍存在于癸卯学制中将近十年，科举人才选拔体系变相成为学校升学体系，统一管理模式弱化了教育的丰富性和开放性。一直以来，"学而优则仕"的观念影响着祖祖辈辈对教育的期待，职业教育课程发展难以摆脱受人歧视的社会心理。

3. 核心概念

"概念是反映客观事物的思想，是人们认识的结果；而语词却是一些表示事物或表达概念的声音与笔画，是民族习惯的产物。不同的民族对同一事物的正确反映是相同的。但是，不同民族用来表示同一事物的语词却可以是不同的。"①概念不是语词本身,同一个概念可以用不同语词来表达,反之,在不同语境下同一个语词也可以表示不同的概念。因此,开展历史研究对概念的理解不能仅限于对现有语词所代表含义的理解,而应该从历史事实出发去探寻不同时期语词背后的思想。

(1)职业教育。

职业教育在不同时期、不同国家使用不同的名称,联合国教科文组织折中采用了"技术和职业教育与培训"(Vocational and Technical Education and Training,简称 TVET)一词,涵盖了职业学校教育、职业培训、技术教育等多个方面。作为近代工业革命的产物,职业教育随着科技的进步其边界有逐步扩大与模糊之势,然而等级文化依然顽固地影响着人们对"职业教育"概念的理解。

前工业时代,中西方职业教育有着相似的历史起点及发展轨迹。职业教育被视为与体力劳动有关、社会地位不高的一种教育(甚至不称其为教育),它经历了一个从父子传授(生产知识技能)到师徒传授(工业和专门知识技能)再到学校教育(文化知识)的进化过程。进入工业社会,职业教育在不同国家的发展呈现多样化的特征,这与每个国家的政治、经济、文化等众多因素影响密不可分,而"在这些因素中,等级文化和民主精神的对抗,以及这两种力量在不同社会中的表现形式,是最具有决定性的方面"②,它们形成了不同国家和社会对职业教育内涵理解的差异,造成了不同国家选择不同的模式来发展职业教育。

在德国习惯使用"职业教育"一词,由新教改革所形成的职业观与国家主义的意识形态相结合,使职业教育更多地和政治而非经济联系在一起。对德国职业教育决策发挥重要作用的是像凯兴斯泰纳这样具有政治倾向的教育家。而在英国习惯使用"技术教育"一词,绅士文化和自由放任主义使职业教育长期被排斥在正规的教育体系之外,在免于政治影响的环境中

① 金岳霖:《形式逻辑》,中国人民解放军炮兵学院马列主义基础教研室翻印,1981 年,第 11 页。
② 孟景舟:《职业教育基础概念的历史溯源》,天津大学论文,2012:198。

自然发展,主导它的力量是科学家和企业家。法国在形成自己民族的独特性过程中兼容了英国和德国的某些特征,主导社会发展的力量也起伏交错,"职业教育"与"技术教育"两词都曾流行一时。美国则表现出了和欧洲大陆不同的一面。由于它的民主主义、实用精神和缺乏等级文化的传统,在职业教育术语的选择上呈现了多样性和多变性的特征,20 世纪 90 年代后,美国人改用"生涯与技术教育"一词。对于我国而言,具有现代意义的职业教育是一个舶来品,在被迫进入工业化的过程中,我国职业教育内涵建设一直处于滞后状态。可以说,我国的"职业教育"概念在外来文化与传统文化的碰撞与融合中经历了一次次凤凰涅槃式的裂变。[①]

孟景舟认为,"在我国职业教育制度创立以来近百年里,曾经先后发生过三次大的名称之争,即 20 世纪初的'实业教育'和'职业教育'之争、20 世纪中叶的'技术教育'和'职业教育'之争、20 世纪末的'职业技术教育'和'职业教育'之争"[②]。彭荭、夏金星认为,"我国职业教育概念经历了西艺教育、实业教育、实利主义教育、职业教育、平民教育、生产教育、'半工半读,亦工亦农'、职业技术教育的历史流变"[③]。上述名称的变化,大致描绘了近代我国职业教育内涵演变的过程,也表现了研究者关注点的差异。前者立足于制度层面考察官方对职业教育的称谓变化,后者侧重于思想领域关注教育家对职业教育的本质阐释。应该说,不同历史时期,"职业教育"的概念在思想领域、制度领域、实践领域都有相应的表现。总体而言,由西方国家引渡而来的"职业教育",在近代中国的土壤上,最初从创办洋务学堂开始,逐步成为一种教育类型而纳入学制体系,至民国时期发展成为一种教育思潮。

从学理上来说,职业教育有广义和狭义之分。广义上的职业教育泛指为谋取或保持职业而准备、养成或增进从业者的知识、技能、态度的教育和训练,不仅包括技能性,还包括技术性;狭义上的职业教育仅指培养技术工

---

① 孟景舟:《职业教育基础概念的历史溯源》,天津大学博士论文,2012 年,第 203 页。
② 孟景舟:《回归本义:关于职业教育名称选择的思考与建议》,《职教论坛》2012(31):4。
③ 彭荭、夏金星:《近代中国职业教育概念体系及其选择与流变》,《职教论坛》2012(28):88—96。

人类的职业技能教育。① 本书对"职业教育"的理解主张从历史事实出发，分别考察不同历史时期思想领域、制度领域、实践领域的职业教育的具体表现，因而选择的是广义的职业教育概念。在研究对象的选择上，侧重于主流的职业教育，即在思想领域、制度领域、实践领域占主导地位、具有显著影响力的职业教育表现。近代我国教育发展经历了非制度化向制度化转变的过程，职业教育发展是在教育制度的规范下进行的。从这个意义上说，本书所指的"职业教育"主要是在教育制度框架体系下，培养为谋取或保持职业而准备、养成或增进从业者的知识、技能、态度的一类教育和训练。

（2）课程。

"课程"是现代教育学的一个基本概念，至今仍未形成一个确切的定义，因而所探讨的研究对象也往往不一致。不同学者基于不同的课程观，常常会形成不同的"课程"概念。至今已有十多种"课程"定义，施良方概括为六种具有代表性的"课程"定义：课程即教学学科；课程即有计划的教学活动；课程即预期的学习结果；课程即学习经验；课程即社会文化的再生产；课程即社会改造。② 另有学者综合我国 1979—1999 年课程论研究，归结为三种最具代表性的课程本质观：教学科目说、教学活动说和学习经验说。③ 不同的"课程"定义是学者对课程本质的不同认识，反映了各自不同的哲学立场。这些定义为本书明确研究对象提供了重要依据。

开展我国近代职业教育课程历史研究，明确课程所指称的研究对象是很有必要的，因此，需要先确立一个大多数教育学者都能接受的"课程"概念的基本界定。吕达在研究我国近代中学课程史时认为，"课程的基本含义是指学校课业内容及其进程"④。这一观点被研究我国近代课程概念史的章小谦所接受，他对课程定义稍做修正，即"教育内容及其进程"⑤。郑航

---

① 顾明远：《教育大辞典》，上海教育出版社 1998 年版，第 2032 页。
② 施良方：《课程理论：课程的基础、原理与问题》，教育科学出版社 1996 年版，第 3—7 页。
③ 李定仁、徐继存：《课程论研究二十年（1979—1999）》，人民教育出版社 2004 年版，第 6—9 页。
④ 吕达：《课程史论》，人民教育出版社 1999 年版，第 2 页。
⑤ 章小谦、杜成宪：《中国课程概念从传统到近代的演变》，《华东师范大学学报（教育科学版）》 2005，23（4）：65。

在《中国近代德育课程史》中将"课程"理解为"对儿童在教师指导下的学习和生活的系统组织与整体设计"①。可见,研究课程历史的学者对课程所指称的研究对象较为一致,一般包括教学内容及教学过程两个方面。

　　研究我国近代职业教育课程史,除了明确课程指称的研究对象,还需要明晰我国近代"课程"概念演进的基本过程以及与西方"课程"概念的差异。章小谦通过历史考证,发现近代中国"课程"概念是中国传统"课程"概念自身演变的产物。② 在我国,"课程"一词始见于唐代,孔颖达为《五经正义》"奕奕寝庙,君子作之"句注疏"教护课程,必君子监之,乃得依法制也";宋代朱熹《朱子全书·论学》也有"宽着期限、紧着课程""小立课程、大作功夫"等句。课程的含义为"课业的进程"。章小谦认为,这是传统课程和现代课程共有的最本质的含义,也是西方课程与中国课程最接近的基本含义。英国教育家斯宾塞(H. Spencer)最早使用"curriculum"一词表示课程,该词源于拉丁文"currere",包括"跑"和"道"两个方面,主要指"教学内容的系统组织",与我国传统课程含义基本一致。所不同的是,我国古代对课程的最初定义,主要从学程的安排上进行考量。西方对课程的争论往往集中于知识范畴、内容层面。curriculum 最早在斯宾塞《什么知识最有价值?》(1859)中出现,是从课程内容选择方面探讨科学知识的重要价值。这在美国课程发展史中体现得最为明显,"象美国人日渐认识到的那样,对课程的争论(关于劳作课是否要纳入公立学校的问题)越来越使他们确信:国家和政治的安定有赖于在自由讨论的教育气氛中来培养儿童。"③

　　基于上述认识,本书理解的"课程"主要指教学内容及其组织过程,表现在各个历史时期的主要问题,即美国学者布鲁巴克所说的,如何选择课程和如何组织课程。如果说,以工业化为标志实现了传统社会向近代社会

---

① 郑航:《中国近代德育课程史》,人民教育出版社 2004 年版,第 13 页。

② 章小谦、杜成宪:《中国课程概念从传统到近代的演变》,《华东师范大学学报(教育科学版)》2005 (12):65—74。

③ 布鲁巴克:《西方课程的历史发展》(上),丁证霖等译,收录于瞿葆奎《教育学文集·课程与教材》(上),人民教育出版社 1988 年版,第 70 页。

的转变，那么课程内容从经学转向近代自然科学、年级制和班级授课制取代个别教学形式等，则标志着"课程"概念实现了从传统到近代的转换。

（3）职业教育课程。

基于对"职业教育""课程"概念的理解，在探讨本书研究对象——职业教育课程时仍需要澄清一个问题：职业学校课程与职业教育课程的区别。理论上两者是不对等的，但在实践中常常混为一谈，在现有的相关历史研究中也常常忽视彼此差异。在严格意义上说，职业学校课程侧重于实践领域，偏重课程结构，涉及具体科目和内容等，需要审视学校类型的复杂性；而职业教育课程侧重于思想领域，关注课程宗旨、课程功能的定位，对职业教育课程基本问题、本质属性进行探讨，需要明辨与基础教育、高等教育等教育类型课程的关系。研究职业教育课程，对实践领域职业学校课程实施的研究往往是用来验证思想或理论的，同时根据实践的复杂性来不断修正、完善理论以更好地适用于实践发展。从这个意义上说，职业教育课程是职业学校课程的上位概念。

基于上述思路，本书选择"职业教育课程"这一语词，主要指向为培养技术技能型人才教育所设置的课程。借鉴古德莱德对课程五种层次的划分，包括理想的课程（ideological curriculum）、正式的课程（formal curriculum）、领悟的课程（perceived curriculum）、运作的课程（operational curriculum）、经验的课程（experiential curriculum）。本书研究的职业教育课程主要在三个层面：一是课程思想，处于理想课程层面，如课程宗旨、课程功能、课程知识等；二是课程制度，处于正式课程层面，如课程方案、课程标准、课程计划、教材等；三是课程实践，处于领悟、运作及经验课程层面，如专门实施职业教育学校的课程设置、课程目标、课程内容，也包括特定时期实施普通教育学校（如中小学等）中设置的职业类课程。[1]

---

[1] 这里的所指的实施普通教育学校中的职业类课程主要是指民国时期在黄炎培所倡导的"大职业教育主义"思想影响下，将课程类别分为两大类，即"普通科"和"职业科"，其中职业科存在于五种形式中：高级中学职业科；初级中学职业科；职业学校；大学职业专修科；小学职业准备科。因此，本书将这一时期实施基础教育、高等教育学校所开设的"职业科"也作为考察对象。

（4）教育传统。

美国社会学家爱德华·希尔斯在《论传统》一书中认为"传统"（tradition）一词最明显、最基本的含义"仅只是世代相传的东西，即任何从过去延传至今或相传至今的东西"[①]。可以认为，传统是一种经过长期实践检验为人们所接受的观念和事物，无形中规约着人们的行为，维系着社会的稳定。我国教育史学者孙培青认为，传统有积极的一面，也有消极的一面，积极性的传统对社会的发展起促进作用，而消极性的传统则对社会发展起阻碍作用。[②] 循此推演，教育传统自然也是由过去延续至今的与教育有关的东西，具体而言是一个国家或民族经过长期实践积累而形成的相对稳定的教育观念、制度、内容和行为等，既有历史合理性，又有现实制约性。

认识教育传统，自然会联系传统教育。教育传统与传统教育虽然都指历史上形成的关于教育的东西，但实质上是有区别的。所以，可以从辨析教育传统与传统教育的区别与联系，进一步把握教育传统的基本含义。从研究对象来看，传统教育是指过去的教育思想、教育制度及教育行为方式等，所指对象相对具体；而教育传统所指对象相对抽象，一般指某一国家或民族流传至今的教育精神、价值观念或某种倾向等。换句话说，教育传统不是过去某种具体的教育思想、制度和行为方式等，而是一种支配和维系这些教育思想、制度和行为方式的内在力量。

从研究指向来看，传统教育主要指向过去，总是指一种旧的教育体系。它是指从历史上承袭下来的教育思想、制度和行为方式，即在过去教育实践中形成并得以流传的具有一定特色的教育体系。而讨论教育传统，通常更多地与变革相联系，虽然也指一个国家或一个民族特有的教育体系，但它包含了该国或该民族的传统教育的因素，同时又具有现时代的新的因素。[③] 简言之，传统教育是指向过去的教育存在，而教育传统是"活跃于现

---

① 爱德华·希尔斯：《论传统》，傅铿、吕乐译，上海人民出版社1991年版，第15页。
② 孙培青：《教育改革与优秀教育传统的继承》，《沈阳师范大学学报（社会科学版）》2005,29(6):1—6。
③ 顾明远：《中国高等教育传统的演变和形成》，《高等教育研究》2001,23(1):9—16。

实中的动态的流变体"①,是延传至今、不断生成的教育精神。

从两者联系来看,传统教育孕育了教育传统,教育传统是传统教育的"积淀物"②,抽象的教育传统是从具体的传统教育中概括出来的,体现在各种教育思想学说、教育制度与行为方式中。因此,需要通过对具体的传统教育研究与整合,才能有效地认识教育传统。从这个意义上说,教育传统是人们以现在为参照点对过去教育建构的产物,经过不断地诠释和理解赋予其新的意义。

有学者提出,"认识教育传统可以从教育观念、教育技术(包括教育手段、方法、设施等物质性的东西)以及教育制度三个维度进行分析"。③ 这里所指的三个维度,实则也是传统教育的主要表现。如前文所述,研究教育传统需要从具体的传统教育入手,一般都涉及教育思想、教育制度和教育行为等方面,这也构成了教育传统的三大表现形式。

教育思想形成于日常生活,是教育经验的积累和系统化提炼。应该说,教育思想是各种教育活动、技术和教育制度的基础;没有教育思想,教育活动、教育技术或教育制度都缺乏思想支柱。教育思想处于核心地位,研究教育传统时对教育思想重点研究本不为过,但不能简单地囿于这一范围。中华人民共和国成立后,我国学界对教育传统的探讨集中于教育思想传统,甚至把它当成先于或外在于教育现代化的某种"流传物",研究目的也主要是清算陈腐的传统教育思想及危害。上述对我国教育传统不合理的理解主要来自认识上的种种局限。首先将教育传统简单地等同于教育思想传统,失去了广阔而丰富的教育实践领域的整体观照。进而对教育思想的认识局限于某些思想家或教育家的教育观念所构成的教育传统,忽视了广泛被人们实践的教育观念。有学者称之为教育传统的"大传统"和"小传统",即所谓的

---

① 丁钢:《历史与现实之间:中国教育传统的理论探索》,教育科学出版社2002年版,第8页。
② 胡金平认为,教育传统是过去教育的积淀物,也是一个民族传统教育特色的体现。参见胡金平《教育传统:教育现代化无法割断的联系》,《华东师范大学学报(教育科学版)》2001(2):85。
③ 郭法奇:《论现代教育与教育传统》,《华中师范大学学报(人文社会科学版)》2014,53(1):156。

"上层精英文化"(或"雅文化")和"底层大众文化"(或"俗文化")①,由此所形成的结论往往以偏概全,对教育实践的改造缺乏实效。因此,对教育思想传统的考察,需要关注那些对教育实践产生作用,发挥影响的思想、学说或观念,整体观照"大传统"和"小传统"的有机联系。

相较于教育思想,教育制度是一种诉诸外在权威、具有强制性的表现形式。从树立新的教育理念、明确新的教育目标、设计新的制度及措施方面来说,教育制度直接规范教育实践者的行为方式,影响他们的教育观念。通常意义上,"教育制度的改变比教育思想的改变要容易得多"②。我国近代教育的每一次变迁,都是从改革教育制度入手的,从废止科举制到颁布新学制,从实业教育制度到职业教育制度,政府凭借自身行政力量支配教育改革。历史实践证明,教育制度可以以断裂的方式,由新的制度取代旧的制度,如我国近代新学制取代科举制,选人机制转向育人机制,发生了根本性的转变。然而制度体系的更迭不等于制度背后的思想从此绝迹,如清末科举制度废止,但科举思想仍在很长一段时间内禁锢人们的头脑,影响人们的教育行为。因此,教育制度若没有从根本上触及教育行为的改变、教育思想的转变,仅凭借制度本身,其影响效果是十分有限的。

民间大众及教育工作者所持有的教育观念和行为方式所构成的教育传统,其表现形式往往以风尚习俗、生活礼仪等有关教育的实践行为居多。这些方式有些是对某种教育思想的行为转化,有些是某种教育制度的具体实施,更多的是来自日常行为的模仿、传统礼仪的传承和生活经验的积淀。以教育行为体现的教育传统,除了非系统化等特点外,还表现为潜在性、缄默性的特点。传统的教育习俗、道德观念及教育秩序潜移默化地成为社会成员的约束机制,人们在一定的教育传统中自然养成了与之相适应的思维方式和行为方式。可以说,挖掘教育传统的教育行为层面的丰富内容,可以弥补以书面文献资料所展现的教育思想观念、教育制度体系的不足,有

---

① 程亮:《论教育传统》,《教育发展研究》2005(6):54—58。
② 顾明远:《论教育的传统与变革》,《中国社会科学》1987(4):126。

利于我们对中国教育传统进行全面与深层的把握,有利于我们深入挖掘中国教育的自身特点。

4. 研究方法

根据已确定的研究目标,围绕上述两大研究问题,本书采取明、暗两条线索展开历史研究。一条明线是近代我国职业教育课程演变的具体表现,分别从思想层面、制度层面、实践层面考察不同历史时期职业教育课程发展的主要内容;一条暗线是对教育传统影响近代我国职业教育课程发展的问题探寻,寻找课程发展的主要矛盾及历史逻辑。

本书主要采取如下几种研究方法:

(1) 历史研究法:采用历史研究法对直接或间接影响我国近代职业教育课程发展的历史事件、运动、人物及其背后的政治、经济、文化因素进行史料分析,特别是中西方文化的冲突与交融对职业教育课程发展的显在与潜在的影响。

(2) 比较研究法:采用横向和纵向两种维度,横向比较主要表现在对同一时期关于职业教育课程的不同思想、制度以及实践之间的不同表现以及历史遭遇的对比,从中找出主要的影响因素;纵向比较主要表现在不同历史时期职业教育课程发展的异同,从中总结历史发展的变化规律。

(3) 文献研究法:主要经历了两个过程。一是由大到小,搜集中国近现代社会变迁、文化变迁、思潮变迁、制度变迁等相关文献,在把握社会总体发展路径的基础上,提出职业教育课程演变的关注焦点,进而集中搜集教育领域、课程领域等相关文献。二是由小到大,聚焦中国职业教育课程发展方面的文献,从课程演变的主要矛盾入手提出影响因素、发展路径等有关假设,进而扩展文献搜集范围至文化领域、经济领域、政治领域等,寻求依据、修正假设。

5. 历史时段划分

梁启超认为晚清民国时期的自觉认知可分为三个阶段:第一阶段是"先从器物上感觉不足",第二阶段是"从制度上感觉不足",第三阶段是"从文化根本上感觉不足"。① 比照我国近代职业教育课程发展,大致也经历了从感知教育内容的不足、教育制度的不足到教育观念的不足三个阶段。

李兆良研究我国近代职业教育课程设置的演变,提出"旧中国的职业教育可分实业教育与职业教育两个时期,前者为 1867 年—1916 年,后者为 1917 年—1949 年"②,其中 1867 年是"旧中国最早的实业学堂福建船政学堂"创办,而"以 1917 年中华职业教育社为起点,旧中国的实业教育进入职业教育时期。中华职业教育社以改进实业教育、大力宣传与推广职业教育为根本宗旨"③。刘桂林研究我国近代职业教育思想发展,将历史时期主要划分为三个阶段:第一次职业教育思潮萌生于 19 世纪 60 年代,在 19 世纪 90 年代得到发展,并于 20 世纪初年和民国时期初达到高潮,这次思潮形成了我国近代实业教育制度。第二次职业教育思潮以黄炎培《学校教育采用实用主义商榷》一文为酝酿兴起的标志,在 20 世纪 20 年代初中期达到高潮,它促进了职业教育制度的建立。第三次职业教育思潮是伴随 20 世纪 20 年代末 30 年代初的生产教育思潮而兴起的,在 20 世纪 30 年代中期达到高潮,我国的职业教育制度在这次思潮中得到调整。④ 相较于李兆良的时段划分,刘桂林对于每个阶段虽然没有指定具体年份,但是明确提到实业教育制度的建立,一般以 1904 年我国第一部学制——癸卯学制颁布为主要标志。

基于上述研究对我国职业教育课程历史阶段的划分,本书所指的"近代"主要是 1867—1949 年间,研究范围主要是这一时期我国职业教育课程在思想领域、制度领域、实践领域的发展情况。以重大事件为主要标志,历史时期划分为三个阶段:第一阶段(1867—1903)以福州船政学堂创办为标志,主要探讨传统教育内容解构过程中技艺教育课程的孕育;第二阶段

---

① 梁启超:《五十年中国进化概论》,收录于《梁启超文选》(下),中国广播电视出版社 1992 年版,第 532—533 页。

② 李兆良:《中国近代职业教育课程设置探寻》,收录于杨玉厚《中国课程变革研究》,陕西人民教育出版社 1993 年版,第 221 页。

③ 同上书,第 231 页。

④ 刘桂林:《中国近代职业教育思想研究》,高等教育出版社 1997 年版,第 5 页。

(1904—1916)以癸卯学制颁布为标志,主要探讨传统教育制度瓦解过程中实业教育课程的发展;第三阶段(1917—1949)以中华职业教育社成立为标志,主要探讨传统教育观念革新过程中职业教育课程的本土化实践。

第二章　模仿与规顺：传统教育内容解构中孕育技艺教育课程

近代中国，第一所具有职业教育性质的学校是同治六年(1867)建成的福州船政学堂，这并非来自经济社会发展的必然要求，而是经历了鸦片战争失利后的形势所迫，在内忧外患的双重危机下，清朝政府为了保全自身统治地位而效仿"泰西"的无奈选择，"政府不得不讲求西学，…… 不得不兴设学校，研究斯术以图自强"[①]。近代职业教育不是中国社会自然演变的产物，而是在移植西方学校教育的基础上形成的。与西方工业化进程推动下的职业教育发展路径相比，我国近代职业教育不是继承传统师徒制发展而来，而是经历了对西学的抵制、争辩、澄清的过程，从教育体系中分化出来的。这一过程在有着悠久历史文化的中华大地上竟相持了半个世纪之久。

一、发展背景：西学引入前我国教育状况

生产劳动是教育产生的直接和必要条件，而教育作为独立的社会活动专门化以后，学校教育与生产劳动却逐渐疏远，在中国逐步形成了培养士大夫的学校教育和培养百工的师徒制。中国传统教育注重培养士大夫，百工教育未正式纳入封建教育体系，一定程度上造成了近代职业教育注重对传统教育的更新，而忽视了保存于师徒制中的古代生产技艺教育的传承。

（一）传统学校教育与师徒制的隔离

在我国2000多年的教育体制中，儒家士大夫教育与百工教育是两种

---

① 蔡芹香：《中国学制史》，世界书局1933年版，第91页。

不同的教育类型,其功能地位、培养目标、教育内容、教育方式都存在着显著的差异,前者占据着主流地位。士大夫教育目的是培育民族精神,淳化时俗世风,涵养心灵素质,达到一种真善美统一和谐的境界。百工教育需要依靠运用制造器物的操作法,潜移默化地在劳作中锤炼技术。

自汉代确立"独尊儒术"的文教政策后,师徒传承技术的百工教育遭到了贬低和排斥,"巫医乐师百工之人,君子不齿"。在"学而优则仕""劳心者治人,劳力者治于人"的封建教育思想影响下,学校以传授儒家经术为正宗,不屑于生产技艺、劳动技术。隋代科举制的施行进一步加剧了学校教育与师徒制的隔离,特别是明清八股取士将读书人牢牢限制在四书五经范围内,而百工则是被科举所遗弃并困于手工劳作中。"工"既不能僭越入"士"的行列,"士"也不屑与"工"沟通。"中国封建制度是高度严格的等级制,它判断一个社会成员是否合格,首先要看其对于封建伦理纲常持何种态度,有无技术是无关紧要的。至于工艺发明、技术创新则只不过是奇巧淫技,难登大雅之堂,更不屑与纲常名教相提并论。自给自足的封建经济和强大的一以贯之的封建伦理专制制度,形成了古代中国独特的社会政治经济及思想结构,窒息了人们探求生产规律的欲望承袭和传播生产技艺的职业教育当然也无足轻重。"[1]

这种轻自然、斥技艺的封建传统,成为近代职业教育发展的最大障碍,不仅割裂了传承师徒制的天然纽带,而且官府通过垄断技术的方式切断了民间精湛技艺的流传。秦朝发展了西周"学在官府"的思想,实行"以吏为师""以法为教"的职官教育制度,通过严禁私学,变本加厉地阻碍民间家庭作坊教育,以及建立在家族联合基础上的行会教育。然而官学并不意味着职业教育地位的提升,师傅只能称其为"匠",其技术称为"艺",徒弟称为"艺徒",因此我国古代的师徒制又称"艺徒制"。相较于家庭作坊教育,官府艺匠教育具有显著的集权特征。在人力资源上,借助皇权的威力征调各地能工巧匠;在财力、物力资源上,官府几乎不考虑经济利益、成本问题,很

---

① 徐家林等:《中国职业教育发展史论》,光明日报出版社 2009 年版,第 33 页。

少受到材料、工具的制约;其主要职能是服务于朝廷贵族的生活需要及偏好。因此,官府作坊集全国之力培养专门人才,将技艺锤炼至登峰造极的地步,却限制了民间技艺教育的普及发展。

由此可见,在封建集权统治下,受制约的民间手工业并不需要发展近代职业教育。明清时期引入西学发展而来的职业教育,某种程度上则是对传统教育的改良。

(二)传统学校教育面临发展危机

著名的"李约瑟难题"①道出了中国儒家学术传统注重仁义道德忽视自然科学的特点,各持两端的"西学"与"中学"被鸦片战争打破了平衡,中国从此遭遇前所未有的割地、赔款、战争,同时也开启了中国新式教育的进程。

鸦片战争后,一批先觉者开始认识到,传统教育目标、内容和方法已经不能适应时代发展的需要。龚自珍在《病梅馆记》一文中以隐喻的方式痛斥了传统教育禁锢人们思想的种种弊端。魏源对空疏陈腐的封建教育内容同样做了抨击,他指出当时学校里教授的学问"上不足制国用,外不足靖疆圉,下不足苏民困",要求在四书五经之外增加经世致用的知识,如西方先进的科学技术知识,军事技术等,"以实事程实功,以实功程实事"。②

国难当头,仁者志士们寻找救国自强之路,"师夷制夷"的呼声蔚然成风。一方面国人对西学课程的认识在各派学者辩论中由浅入深逐步丰富,另一方面通过推行新式学堂,课程开设逐步分类化、层次化,构建起不同类型、不同层次的学校教育。这一进程中,具有职业教育性质的学校逐步从传统书院中分离出来。

---

① 英国著名学者李约瑟(Joseph Needham,1900—1995)在其编著的 15 卷《中国科学技术史》中提出"尽管中国古代对人类科技发展做出了很多重要贡献,但为什么科学和工业革命没有在近代的中国发生?"他从科学方法的角度得到的答案是:一是中国没有具备宜于科学成长的自然观;二是中国人太讲究实用,很多发现滞留在了经验阶段;三是中国的科举制度扼杀了人们对自然规律探索的兴趣,思想被束缚在古书和名利上,"学而优则仕"成了读书人的第一追求。
② 吕达:《课程史论》,人民教育出版社 1999 年版,第 16—17 页。

二、思想及制度领域:西学引入进程中技艺教育的形成

清代末期,一些开明官吏、有识之士自觉学习西学课程以求自强。由于儒学传统根基深厚,西学课程的引入曲折而艰辛,人们总是不自觉地从自身传统文化中类比西学,这种认识局限使得西学历经漫长的争辩、澄清过程。同时,为了获取合法地位,西学课程不得不跻身于科举制度。清政府认可的"中体西用"原则在一定程度上保障了西学的引入,然而这种嫁接方式始终绕不开"体"与"用"、"中"与"西"的博弈。

总体看来,清代末期引入西学课程主要经历了四个阶段:第一阶段因中外交涉频增,需要懂外国语言的人才,故开设西文课程,将西学理解为"翻译之学";第二阶段迫于敌强我弱的军备实力,故开设技术课程以培养军事人才,将西学理解为"制器之学";第三阶段甲午战败震惊于日本明治维新的效力,故重视引入西政课程以求变法革新,称为"政治之学";第四阶段对洋务学堂所学无用的反思以及因战乱民不聊生的社会困境,故转而引入西艺课程振兴实业,称为"技艺之学"。

(一)翻译之学

西学课程最早引入中国,始于 1839 年美国传教士布朗在澳门创办的第一所教会学校——马礼逊学校。由于清政府的严加管制,加之民间也未开化,教会学校发展缓慢,但造就了中国第一位留美博士——容闳。他在晚年所著的回忆录《西学东渐记》中这样描绘当时所学课程:"校中教科为初等之算术、地文及英文。英文教科列在上午,国文教科则在下午。予惟英文一科与其余五人同时授课,读音颇正确,进步亦速。予等六人为开校之创始班,予年最幼。"[①]据容闳本人推测,其父将他送至教会学校主要是为了学习英文,因为预测到中外交流日趋发展,翻译人才日后必有大发展。[②]

当时在通商口岸地区,学习英文是有一定需求的,而唯有教会学校提

---

① 容闳:《西学东渐记》,徐凤石译,上海:商务印书馆 1915 年版,第 7 页。
② 另一原因容闳并未提及,却也是事实,当时教会学校提供食宿,并且可以免费就读。

供英文课程。然而教会学校以传播教义为主要目的，其宣扬的宗教文化却与中国儒学文化格格不入，因而常常因招不到学生而难以维持。在中国的社会现实面前，传教士不得不改变策略，以英文教学以及有限的科学知识为诱饵吸引学生。

> 英语学习乃是作为吸引中国学生的香诱。如果学生到我们学校念英文，他们也不得不念其他科目，这些科目在不知不觉之中比英语更为重要。教给学生宗教的知识是我们学校最终的目的，英语不过是宗教药丸的糖衣而已。[①]

教会学校西学课程的开设并没有达到使中国人皈依西方宗教的目的，却促使了一批知识分子的觉醒，催化了中国近代课程的萌生。鸦片战争后，清政府被迫与多国签订一系列不平等条约，开放更多的通商口岸，交涉礼节频繁，而熟悉外国语言文字的人才尤为稀缺。1862年，总理衙门倡议在北京设立同文馆，奏设京师同文馆疏说"……欲悉各国情形，必谙其语言文字，方不受人欺蒙，各国皆以重资聘请中国人讲解文艺，而中国迄无熟悉外国语言文字之人，恐无以悉其底蕴"[②]。同文馆起初只为了培养翻译人才，对西学课程的引入仅限于"西文"并明令不准传教，早期开设了英文、法文、俄文、德文。随后一年，上海广方言馆、广州同文馆也纷纷创办。

《清会典》关于同文馆教授西文课程内容的记载："凡文字，先考其母以别异同……次审其音，以分清轻重之殊……次审其比合为体以成文……设汉洋教习以分导之。立总教习以合语而董成之……"按照学习语言的基本规律，由浅入深，循序渐进，并且汉文与西文同时教授，"学生每日午前诣汉教习学习汉文功课。午后诣洋教习学习洋文功课"[③]。

西文作为认识西学的首要工具，成为清代末期开办新式学堂的第一要

---

① 陈景磐：《中国近代教育史》，人民教育出版社1979年版，第64页。
② 舒新城：《近代中国教育思想史》，福建教育出版社2007年版，第16页。
③《清学典》关于同文馆各科课程内容的记载，见高时良、黄仁贤《中国近代教育史资料汇编：洋务运动时期教育》，上海教育出版社2007年版，第93—94页。

务。当时一些开明官吏认识到西文学习远不止于翻译之用,其更远大的目的在于翻译科学、传播科学以图自强。李鸿章奏设外国语言文字学馆疏说:"彼西人所擅长者推算之学,格物之理,制器尚象之法,无不专精务实,渤有成书,经译者十才一二;必能尽阅其未译之书,方可探赜索隐,由粗浅而入精微。我中华智巧聪明,岂出西人之下,果有精熟西文者,转相传习,一切轮船火器等巧技,当可有渐通晓。于中国自强之道,似有裨助。"①他不仅公开承认自然科学的技与理两个层面,而且明确指出,只有认真系统学习,才能由浅入深、循序渐进地掌握。由制器之技到格物致知之理,构成对西学认识进展的一个重要环节,也提出了引进西式教育、拓展西学课程的必要性。因此,上海广方言馆设于江南制造局,翻译不再作为学习西学课程的主要目的,西文课程作为学习西方"轮船火器巧技"的手段。从此,西学课程的功效从翻译拓展至制器,同文馆、广方言馆等新式学堂开设课程也从西文逐步扩展为门类众多的科学课程、机械课程、军备课程等。

(二)制器之学

1. 天文、算学等自然科学课程的引入

探究西学课程的制器功效迫于西方船舰利炮的武力征服,我国欲自强,绝非培养懂西语的交涉人才所能奏效,必得以其人之道还治其人之身。所以,同文馆创设之初,对西学的认识不止于西文的思想即已存在。早期改良派冯桂芬的《采西学议》(1861)中提到"一切西学皆从算学出,西人十岁外无人不学算,今欲采西学,自不可不学算,或师西人,或师内地人之算者俱可。……由是而历算之术,而格致之理,而制器尚象之法,兼综条贯,轮船火器之外,正非一端"②。将西学之源认定为算学,并可由中国传统文化而来,这一观念受明末清初"西学中源"思想的影响。康熙帝说:夫算法之理,皆出自《易经》。即西洋算法亦善,原系中国算法,彼称为"阿尔朱巴

---

① 李鸿章《请设外国语言文学学馆折》,见高时良、黄仁贤《中国近代教育史资料汇编:洋务运动时期教育》,上海教育出版社 2007 年版,第 183—184 页。

② 《冯桂芬采西学议》,收录于高时良、黄仁贤《中国近代教育史资料汇编:洋务运动时期教育》,上海教育出版社 2007 年版,第 6—7 页。

尔"（Algebra，代数）。"阿尔朱巴尔"者，传自东方之谓也。在统治者的倡导之下，"西学中源"说不仅成为定论，而且成为当时知识界看待西学和中西文化关系的主流观点。然而中国传统教育是相对封闭的，科举盛行 1300 多年，四书五经一统天下。即便统治阶级有限接纳西方文化也不代表除经学以外的其他课程，特别是西学课程可以堂而皇之引入学堂，要打破这一局面必定引发一场前所未有的争辩。

有学者认为，京师同文馆于 1866 年增添"天文算学馆"才算真正开始研究西学①，为此引发了一场关于礼仪之学与技艺之学的论争。恭亲王奕訢等奏《同文馆添设天文算学一馆折（附清单）》中论及：

> 窃臣等前因制造机器、火器必须讲求天文、算学，议于同文馆内添设一馆，……臣等伏查此次招考天文、算学之议，并非矜持好异，震于西人术数之学也。盖以西人制器之法，无不由度数而生，今中国议欲讲求制作轮船、机器诸法，苟不藉西士为先导，俾讲明机巧之原，制作之本，窃恐师心自用，徒费钱粮，仍无裨于实际，是以臣等衡量再三而有此奏。②

将西学之源归结为天文、算学课程，而将学习西学的主要目的限定为制作洋器以自强，代表了早期洋务派的基本态度。然而清朝政府中守旧势力对于这宗改革是极力反对的，为首的是大学士倭任，他认为中国人学习天文、算学是一种耻辱，这是君子所不齿的"技艺"罢了，立国之道在于人心不在技艺，国人所知较外人精，不得以西人为师。③ 这一思想迎合了儒家学术传统，在封建礼教禁锢千年的中国，代表了大部分人的心声，或者拒绝西学，或者认为西学源于中学，即便早期改良派郑观应在《盛世危言》中也认为西洋各种科学，例如化学、重学、光学、气学、电学等，都是我国所固有的，

---

① 舒新城：《近代中国教育思想史》，福建教育出版社 2007 年版，第 41 页。
② 奕訢等：《同文馆添设天文算学一馆折》（附清单），收录于高时良、黄仁贤《中国近代教育史资料汇编：洋务运动时期教育》，上海教育出版社 2007 年版，第 48—49 页。
③ 倭仁：《奏请罢同文馆用正途人员习天算折》，收录于高时良、黄仁贤《中国近代教育史资料汇编：洋务运动时期教育》，上海教育出版社 2007 年版，第 11 页。

都属于中学;所谓西学,不外乎西洋的语言文字而已。"泰西之强强于学,非强于人也。然则欲与之争强,非徒在枪炮战舰也,强在学中国之学,而又学其所学也。"①可以推测,早期国人对西学课程的认识是相当模糊的,因清朝政府并未打开留学之门,国人对西学的认识仅限于教会学校开设的西文课程、自然科学课程等,或知识分子所翻译的有限书籍。

守旧势力全盘认定西学乃"技艺之学",遭到了洋务派的强烈反对,然而深受传统文化影响的洋务派也未能突破"义理"与"艺事"二元对立的束缚,他们在极力辩护西学课程属于"义理"范畴。"或谓制造乃工匠之事,儒者不屑为之;臣等尤有说焉。查《周礼·考工》一记,所载皆梓匠轮舆之事,数千百年,黉序奉为经术,其故何也? 盖匠人习其事,儒者明其理,理明而用宏焉。今日之学,学其理也,乃儒者格物致知之事,并非强学士大夫以亲执艺事也,又何疑乎?"②恭亲王努力辩驳天文、算学的重要意义,却将其归属于"义理",而非"艺事",明确将需要动手操作的艺事归为匠人所为,而非儒者所为,一定程度上迎合了士大夫追求传统学问之道的内在需求,而对西学课程二元对立的理解也表现出认识上的局限。船政大臣左宗棠奏《请试造轮船》一折中却表达了不同的观点:"均是人也,聪明睿智相近者性,而所习不能无殊。中国之睿知远于虚,外国之聪明寄于实。中国以义理为本,艺事为末;外国以艺事为重,义理为轻。彼此各是其是,两不相逾,姑置弗论可耳,谓执艺事者舍其精,讲义理者必遗其粗不可也。"③他提倡艺事与义理兼学,尤其重视艺事,这一思想在他的办学实践中得到了充分印证。

天文、算学馆的设立标志着我国最早开创的新式学校在办学方向和课程设置上的重大突破。至此,同文馆逐步开设自然科学课程(见表 2-1),由一个翻译学校拓展为一个实用科学的学校。除了算学由晚清数学家李善兰教授外,其余各科都聘请外国教习。

---

① 郑观应:《盛世危言》,郑州:中州古籍出版社 1998 年版,第 73—77 页。
② 奕䜣等:《奏同文馆添设天文算学一馆折》(附清单),收录于高时良、黄仁贤《中国近代教育史资料汇编:洋务运动时期教育》,上海教育出版社 2007 年版,第 50 页。
③ 左宗棠:《试造轮船先陈大概情形折》,收录于高时良、黄仁贤《中国近代教育史资料汇编:洋务运动时期教育》,上海教育出版社 2007 年版,第 294 页。

表 2-1 1866—1879 年间同文馆新设课程目录①

时间	科目	教习	课程内容
1866	化学	法国人毕利干 (M. A. Billequin)	以原行之质为本。原质入养气有生酸者,有生反酸者。反酸与酸相合为盐类。凡矿产备诸质,验质必以化分。有分金银铅三质法。有炼铁、炼铜、炼银、炼金、炼铂之法
1868	算学	李善兰	加减乘除为入门。次九章。次八线。次则测量。次则中法之四元术,西法之代数术
1869	万国公法	美国人丁韪良 (Martin, 同文馆校长)	公法有军宾二例,军例,战时之例也。宾例,平日之例也。即军宾二体所资以办交涉也
1871	医学生理	英国人德贞 (Dr. Dudgeon)	至于医学未列课程者,盖非诸生必由之径,或随时涉于体骨等论,以广学识,或佚堂宪谕令而专习之皆可
1877	天文	美国人海灵敦 (Harrington), 费礼饬 (Dr. Fritsche)	必测七政以立法。象以仪器,窥以远镜。由新法推步,得地自传行之证二。广其法以推行星,得例三。谓之公例,测距度以得行星不尽之数
1879	物理 (格致)	英国人欧礼菲 (C. H. Oliver)	一曰力学,审吸压之理以利于用。一曰水学,审动静之性以利于用。一曰声学,审响应之微以利于用。一曰气学,审蒸化之方以利于用。一曰火学,审腾热之力以利于用。一曰光学,审回返之理以利于用。一曰电学,审触引之捷以利于用。至于考动物之学以教树畜长地力、藩物类、节人工,则皆格致之属焉

①《清学典〉关于同文馆各科课程内容的记载》,收录于高时良、黄仁贤《中国近代教育史资料汇编:洋务运动时期教育》,上海教育出版社 2007 年版,第 93—99 页。

2. 技术学堂的创办

得益于洋务派在同文馆增设天文算学馆一事的胜利，新式教育得以大踏步发展。1866年另一件具有划时代意义的事件是，同治帝谕旨左宗棠"坚定办理船政"，虽历经中外势力种种阻挠，终在中国大地上创办了第一家船厂，并同时设立第一所具有职业教育性质的船政学堂。船政学堂的最初名称为"求是堂艺局"。左宗棠在《详议创设船政学堂章程购器募匠教习折》中提及：

> 一面开设学堂，延致熟习中外语言文字洋师，教习英法两国语言文字、算法、画法，名曰求是堂艺局，挑选本地资性聪颖粗通文字子弟入局肄习……兹局之设，所重在学造西洋机器以成轮船，俾中国得转相授受为永远智力也，非如雇买轮船之徒取济一时可比……①

左宗棠聘请法国海军军官日意格和德克碑为船政正、副监督，约定以5年为期（实际上为1869年2月—1873年7月），完成一批造船和育才任务。当时，采用高薪雇用外国技术人员进行包教包会，并通过合同方式明确中方和外方在建设期间的责、权、利的做法，是一种新的尝试，也属非常之举。起初，左宗棠只要求办一个学堂，接管的船政大臣沈葆桢从实际出发，经过深入研究，决定创办两个学堂：前学堂（又称法文学堂），专习法语和制造；后学堂（又称英文学堂），专习掌轮驾驶和英语。

船政学堂作为培养工程师和技术工人的学校雏形，成功开启了引入西式学校教育模式的征程。而推动这一进程的主要原因是清政府在被动应战局面中的仓促之举，当时以培养一批翻译人才和专业技术人才为当务之急，才能同外国人打交道和制造坚船利炮。随后，福州电报学堂（1876）、天津水师学堂（1880）、广东水师学堂（1891）、江南制造局工艺学堂（1898）等纷纷建立。然而，主要依靠大量经费投入办学的方式并不是长久之计，洋务学堂培养翻译、军备技术等专门人才并不足以波及全社会而产生大影

---

① 舒新城：《近代中国教育思想史》，福建教育出版社2007年版，第130页。

响;但其积极意义在于人们对西学课程的认知从部分内容到整体制度的探求,如提出废武科,特设经济科等科举制度变革的建议,特别是甲午战争战败后,掀起了一股学习日本明治维新变法的浪潮,对西学课程的呼声聚焦到"政治"上来。

(三) 政治之学

甲午战争以前,识时务者已主张仿照西洋制度寻求变法,但是并没有人主张彻底废科举兴学,当时对于西学的认识还只限于表面上的军备制造等项。薛福成于光绪十一年(1885)发表《筹洋刍议》,其"变法"中论及:

> 若夫西洋诸国,恃智力以相竞,我中国与之并峙:商政矿务宜筹也,不变则彼富而我贫;考工制器宜精也,不变则彼巧而我拙;火轮舟车电报宜兴也,不变则彼捷而我迟;约章之利病,使人之优绌,兵制阵法之变化宜讲也,不变则彼协而我孤,彼坚而我脆。[①]

甲午战争以后,国人才开始意识到西洋诸国不独以技艺胜人,其政治亦有其特点而可以效仿,于是"西政"从"西学"概念中逐步发展。梁启超在光绪二十二年(1896)发表的《西学书目表》中提及:

> 西学各书,分类最难;凡一切政皆出于学,则政与学不能分;非通群学不能成一学,非合庶政不能举一政,则某学与某政之门不能分……西政之属以通知四国为第一义,故史志居首;官制学校,政所自出,故次之,法律所以治天下,故次之;能富而后能强,故农工商矿次之,而兵居末焉。农者地面之产,矿者地中之产,工以作之,作此二者也,商以行之,行此三者也:此四端之先后也。船政与海军相关,故附其后。[②]

他将"西政"摆在了首位,政学一体的思想愈加强调了西学所具有的政治特性,也暗示了西政教育是波及政治制度与社会组织整体改革的。这一

---

① 《筹洋刍议——薛福成集》,徐素华选注,辽宁人民出版社1994年版,第89页。
② 梁启超:《西学书目表》,北京:朝华出版社2018年版,第6—7页。

思想在求变以自强的特定年代特别受到改革者的首肯,具体表现在办学宗旨及课程设置的转变。盛宣怀于光绪二十四年(1898)《奏筹集商捐开办南洋公学折》中提到"设学宗旨"为"公学所教,以通达中国经史大义厚植根柢为基础,以西国政治家日本法部文部为指归,略仿法国国政学堂之意。……其在公学始终卒业者,则以专学政治家之学为断"。在课程安排方面主要是在效仿的基础上尝试调整,"公学课程,参酌东西之法,惟其中层累曲折之利弊,必历试而后能周匝"①。

人们对政治重要性的认识,源于见证了日本明治维新后的国富民强,而对政治内涵的深入理解源于"西政"与"西艺"的比较。因此,毋宁说是对西政的重视,实则也关注了西艺的发展,为日后技艺思想的兴盛奠定了基础。张之洞《劝学篇》(1898)中《设学》说:

> 一曰政艺兼学。学校、地理、度支、赋税、武备、律例、劝工、通商,西政也。算、绘、矿、医、声、光、化、电,西艺也。才识远大而年长者,宜西政,心思精敏而年少者,亦西艺。小学堂先艺后政,大中学堂先政而后艺。西艺必专门,非十年不成;西政可兼通数事,三年可得要领。大抵救时之计,谋国之方,政尤急于艺。然讲西政者,亦宜略考西艺之功用,始知西政之用意。②

从上述所列项来看,西政主要指向社会科学,西艺主要指向自然科学及应用科学,因西政易学、西艺难成,故从变法时局需求出发提倡西政课程优于西艺课程。梁启超在《学校余论》(1896)中也同样提及:"今日之学,当以政学为主义,以艺学为附庸。政学之成较易,艺学之成较难,政学之用较广,艺学之用较狭,使其国有政才而无艺才也,则行政之人,振兴艺事,直易易耳。"③政艺二分的课程思想,在光绪二十七年(1902)张百熙制定的我国

---

① 盛宣怀:《筹集商捐开办南洋公学折》,收录于舒新城《中国近代教育史资料》(上册),人民教育出版社1961年版,第153—157页。
② 张之洞:《劝学篇》,上海书店出版社2002年版,第41页。
③ 梁启超:《学校余论》,收录于高时良、黄仁贤《中国近代教育史资料汇编:洋务运动时期教育》,上海教育出版社2007年版,第368—382页。

第一部学制《钦定京师大学堂章程》(又称《壬寅学制》)中就有具体体现。他将大学预备科课程以及高等学堂课程分为政、艺两科:

> 习政科者卒业后升入政治、文学、商务分科;习艺科者,卒业后升入农业、格致、工艺、医术分科。……政科科目包括:伦理、经学、诸子、词章、算学、中外史学、中外舆地、外国文、物理、名学、法学、理财学、体操;艺科科目包括:伦理、中外史学、外国文、算学、物理、化学、动植物学、地质及矿产学、图画、体操。①

上述课程安排较好地体现了张之洞提倡的"新旧兼学、政艺兼学"的课程思想,"政科"与"艺科"都包含一些共同的科目,诸如伦理、中外史学、外国文、物理等,其他科目为专门课程。"通识类＋专业类"的课程组合方式成为一种基本结构。对政治课程的认识还源于对日本学堂的考察,一些官吏将其列在了所有学科的首位。时任两广总督陶模在《奏请变通科举折》中提到:

> 考泰西日本诸学堂,科目繁多。今之所急莫如政治,宜专重政治一科,内分两门:一曰内政,所以学为理事亲民之官也;一曰外政,所以学为交涉专对之官也。学中颁发应用书籍,内政以中国经史、性理、掌故、历代贤哲所论修齐治平之道,及现行典章律例为纲,而参考各国政治诸书;外政以各国政体武备之法、条约、地志、史乘为纲,而参以中国古今学术政令。若夫天文、地舆、算学、测绘、各国语言文字,未易一一编习,无论内外政,皆许自认一项兼习之。②

由此可见,他们虽提倡政治课程,但仍是用"士者治人"的眼光去看待,并不理解西洋政治中民治与专业的精神,数十年新式学堂所培养的人才大多数仍选择"为官"这一条出路。政治课程随着变法思潮而起,亦随着变法

---

① 《钦定京师大学堂章程》,收录于璩鑫圭、唐良炎《中国近代教育史资料汇编:学制演变》,上海教育出版社1991年版,第237—238页。
② 两广总督陶模、广东巡抚德寿《奏请变通科举折》,收录于璩鑫圭、唐良炎《中国近代教育史资料汇编:学制演变》,上海教育出版社1991年版,第24页。

失败而落。戊戌变法失败后,慈禧太后下令停办所有新式学堂(当时仅保留京师大学堂),却遏制不了社会讲求实用的思想形成,言新政者转而以发达实业为主题,故对西学课程的价值认识转向了"技艺之学"。

(四) 技艺之学

对西学课程的最初认识,即因"技艺"论而遭到守旧派的强烈反对,又因"西学中源"论而掩盖了西学的本质。然而经过了洋务学堂的种种尝试,人们逐步意识到西洋物质文明之所以发达是由于工艺发达。另外,清末洋务学堂大量经费投入与无裨实用的剧烈反差,促使技艺之学逐步取代政治之学而兴盛起来。

最早倡议"技艺之学"的事件是光绪二十一年(1895)康有为率同梁启超等1300多名举人联名上书,这就是著名的"公车上书"。他们主张废武科设艺学:

> 同治元年(1862),前督臣沈葆桢请废武科,近年词臣潘衍桐请开艺学,今宜改武科为艺科,今各省州县,偏开艺学书院,凡天文、地矿、医律、光、重、化、电、机器、武备、驾驶,分立学堂,而测量、图绘、语言、文字皆学之。[1]

可见,他们提出的艺学范围与当时提倡的西学内容无大差异,并且主张广设书院、分立学堂、普及科学教育。他们指出"泰西之所以富强不在炮械军兵,而在穷理劝学",直指洋务派对西洋物质文明仅停留于船政、制造等表面皮毛上是远远不够的。所以,维新派一旦登上历史舞台,即通过组织学会、兴办学校、设立报馆全方位推进传统教育革新与科学教育普及。"技艺之学"取代"政治之学"是在国内经济因战乱日渐亏竭时发生的,富国裕民成为社会发展的当务之急,所以谋国者开始主张多设实业学堂,对留学生也要求专门学习实业。光绪二十五年(1899)谕令改习实学令:

> 向来出洋学生学习水陆武备外,大抵专意语言文字,其余各种学

---

[1] 舒新城:《近代中国教育思想史》,福建教育出版社 2007 年版,第 61—62 页。

问均未能涉及。即如农工商矿务等项,泰西各国讲求有素,凤擅专长,中国风气未开,绝少精于各种学问之人。嗣后出洋学生,应如何分入各国农工商等学堂专门肄业,以备回华传授之处。

随后,总理各国事务衙门议覆:

> 夫中国自来以农战立国,近年始趋重商政。泰西素以商战立国,而近来农学大兴。臣等间尝考校中中西农学,互有短长,泰西农家新法,多从格致化学中出,有与中法同者,有与中法异者,有可行之中国者,有不可行之中国者。[①]

他们本着"强本利用之根基",开始重视兴国之本的农业。他们议定的六条章程中,要求派遣学生出国学习专门之学,选择翻译农工商矿之书,学成归国后根据优劣授予官职,委任各省农工等艺学堂"以开风气"等。据学者考证[②],我国近代第一所农业职业学校即诞生于这一时期。光绪二十三年(1897),杭州知府林迪臣创办了浙江蚕学馆,同年《农学报》创刊号即以"蚕学将兴"报道了此事。面对被日本赶超后国内蚕丝业日趋不振的局面,他于是效仿日本首创养蚕学堂,以改良蚕种和养蚕技术。

技艺思想的兴盛不同于之前任何一种思想,其主导因素来自社会经济发展的内在要求,因此其影响下的学校教育始终与发展实业紧密联系,课程内容以解决实际问题为标准,强调针对性、实用性。农业教育首次作为学习西学的重要任务,一方面通过规定留学生的学习重点,另一方面通过鼓励兴办农业学堂,有效引导全民关注农业发展,科学提高生产力,切实解决经济窘迫的社会问题。可见,政治课程的短暂兴盛主要源于政治驱动

---

① 舒新城:《中国近代教育史资料》上册,人民教育出版社1961年版,第174—178页。

② 黄炎培先生在《三十五年来中国之职业教育》一文记载"光绪二十二年(1896年)江西高安创设蚕桑学堂"为后人多次引用。因比浙江蚕学馆早一年创办,一些人误认为是我国近代第一所农业职业学校。南京农业大学饶锡鸿、蒋美伦经过两年多的历史资料查阅和实地调查,证实了该所学堂并未办成。参见饶锡鸿、蒋美伦《关于中国近代农业教育起点问题的探讨——高安蚕桑学堂并未创办起来》,《南京农业大学学报》1985(6):107—113。另见尹良莹《中国蚕业史》,国立中央大学蚕桑学会与大学农学院编辑室,1931年。

力,然而政治虽能直接支配教育,但时效甚短,一定程度上还抑制了技艺课程的发展。技艺课程兴盛主要源于社会需要,其优势在于不会因政治之变而变,能够获得社会民众的广泛支持,因而影响较久远。

人们对西学课程内涵理解的逐步深入,还体现在新式学堂的创办思路和课程建设中。不同于传统私塾、书院,创办新式学堂的动机主要是迫于外力以求民族自强。故在近代第一部学制颁布以前,新式学堂"纯以实用为主,而不顾到普及,亦无一定之普遍制度。各种学校均立于通都大邑及海口通商之地,以视我国广阔之幅员,正如晨星之寥落"①。受中国传统文化特别是科举制度的制约,虽然新式学堂对社会产生的影响是极其有限的,却是近代中国学习西方文化、效仿西方教育的有益尝试,开启了中国新教育的进程。这时期,中国自主创办新式学堂的发展可以分为两个阶段:第一阶段,代表统治阶级利益的洋务派创办新式学堂(且称为"洋务学堂")及其西学课程移植;第二阶段,代表资产阶级利益的维新派广推学校(且称为"维新学堂")及其课程改革。

三、实践领域(上):洋务时期专业技术学堂课程的形神分离

以研究中国近代史见长的美国汉学家毕乃德(Knight Biggerstaff)于1961年所著《洋务学堂》(英文版:*The Earliest Modern Government Schools in China*)一书中总结了1861—1894年由中国官办的新式学堂的七种类型:① 训练翻译人员和外交事务专门人才的学校,如北京、上海、广东设立的同文馆(上海同文馆后改为广方言馆);② 为新的船厂、兵工厂培养工程师和技术工人的学校,如福州船政学堂法文学堂、江南制造局工艺学堂和天津制造局枪炮学堂、广东西学馆(后改为实学馆)等;③ 训练新式海军的驾驶和轮机人员的水师学堂,如福州船政学堂英文学堂、天津水师学堂、北京昆明湖水师学堂、南洋水师学堂、山东威海卫水师学堂等;④ 训练军官的武备学堂,如天津武备学堂、广东水路师学堂等;⑤ 训练电报管理人员的学堂,

---

① 蔡芹香:《中国学制史》,上海:世界书局1933年版,第91页。

如天津、上海、福州、广州相继开办的电报学堂；⑥ 海陆军医学堂，如天津医药堂；⑦ 采矿学堂，如湖北矿务局工程学堂、南京矿物铁路学堂等。① 这些类型基本囊括了洋务运动时期围绕国防大事而设的各种新式学堂②，有学者将其归结为三种性质：一是外国语学堂，二是专业技术学堂，三是军事学堂。③ 专业技术学堂被认为具有职业教育性质的学校④，其中，福州船政学堂以及江南制造总局附属的教育机构对近代新教育运动影响最为突出。

（一）福州船政学堂课程实施

1860 年后，洋务学堂的第二和第三种类型的学校是以福州船政局建立的一所附属学校（即福州船政学堂）的两个部分为原型的。一部分是引入当时最先进的造船技术，依赖法国工程师开设法文学堂；另一部分是引入当时最先进的驾驶技术，依赖英国工程师开设英文学堂。每个学堂又分设了三个专业，分别在法文学堂设置了造船（制造学堂或前学堂）、设计（绘事院）和艺圃（艺徒），在英文学堂设置了航海理论（驾驶学堂或后学堂）、航海实际（练船）和轮机房（管轮学堂）。如果说京师同文馆是我国近代教育史上课程设置的开始，那么福州船政学堂则是首次设置专业，开创了培养专业人才的先河。然而这一做法并未得到及时推广，几十年间新式学堂不设专业仍旧非常普遍，从清朝礼部尚书李端棻《请推广学校折》(1896)归结学堂弊病可见一斑，"格致制造诸学，非终身执业，聚众讲求，不能精致。今除湖北学堂外，其余诸馆，学业不分斋院，生徒不重专门，其未尽二也"⑤。

福州船政学堂虽比京师同文馆晚了 5 年，但创建方案在左宗棠心中已

---

① 毕乃德：《洋务学堂》，曾钜生译，杭州大学出版社 1993 年版，第 24 页。

② 另有铁路学堂、实业学堂等，统称"洋务学堂"。

③ 吕达：《课程史论》，人民教育出版社 1999 年版，第 71 页。

④ 黄炎培的《三十五年来中国之职业教育》一文梳理我国职业教育开端时，认为"学制初未颁布，大中小各级学堂都未成立，乃竟有具有职业教育性质之学校率先举办，且其门类包括农、工、商、铁路、电报各种"，他列举了福州船政学堂、天津电报学堂、上海电报学堂、湖北自强学堂、北洋武备学堂附设铁路班、江南陆军学堂附设铁路班等。参见庄俞、贺圣鼎《最近三十五年之中国教育》，上海：商务印书馆 1931 年版。

⑤ 李端棻：《请推广学校折》，收录于舒新城《中国近代教育史资料》上册，人民教育出版社 1961 年版，第 144 页。

酝酿了 3 年之久,其整体规划思路及具体筹备策略更为周密、可行。最初创建京师同文馆仅是出于培养外交人才,而福州船政学堂的创建是与船厂一并建设,且"船厂根本在于学堂",标志着新式学堂人才培养方式的革新,不再成为科举的附庸。在课程方面主要有如下特点:

第一,义理与艺事兼学,接近于今天所提倡的理论与实践相结合。前文提到左宗棠比较中学与西学差异时,提倡效仿西学重视艺事之实学,他十分支持外国教习将英、法海军学校的课程移植到船政学堂来(见表 2-2)。所以,沈葆桢在办学过程中除了要求开设几门经学课程外,绝大部分课程都由正监督日意格及副监督德克碑全权负责设计,并聘请外国教习来教授。

表 2-2 船政学堂专业课程设置(1867—1873)①

学堂	专业	课程目标	理论课程	实习课程
法文学堂	造船	能依靠推理、计算来理解蒸汽机各部件的功能、尺寸,能够设计、制造各个零件,能够计算、设计木船船体,并在放样棚里按实际尺寸划样	法文、算术、集合、几何作图、物理、静力学、机械学、三角、解析几何、微积分等	蒸汽机制造实习课,船体建造实习课等(每天进行数小时的体力劳动,熟悉车间工作,并逐步培养指挥工人的能力)
	设计(绘事院)	能绘制生产所需要的图纸	法文、算术、平面几何、几何作图、轮机课程、绘制机器及说明书	有 8 个月的时间,学生每天用几小时在工厂学习与工人相处并熟悉机器的零件和工具

---

① 日意格于 1873 年 11 月 18 日向船政大臣沈葆桢提交一份关于过去 7 年中"欧洲雇员对中国雇员和学生进行理论和实际教学的结果"报告,具体介绍了船政学堂的课程设置。参见毕乃德《洋务学堂》,曾钜生译,杭州大学出版社 1993 年版,第 165—172 页;"《日意格于洋务运动》记船政学堂课程设置","日意格:船政学堂教学状况记",参见高时良、黄仁贤《中国近代教育史资料汇编:洋务运动时期教育》,上海教育出版社 2006 年版,第 368—382 页;沈岩:《船政学堂》,科学出版社 2007 年版,第 55—57 页。

续表

学堂	专业	课程目标	理论课程	实习课程
法文学堂	艺圃	能够识图、作图,计算蒸汽机各种形状,部件的体积、重量,达到在各自所在车间应具有的技术水平;培养领班	法文、算术、几何、几何作图、代数、设计和蒸汽机构造课	上午在车间工作,晚上学习一个半小时(自1868年12月,增加了上午的一个半小时学习)
英文学堂	航海理论	能够驾驶船厂所制造船只;作为一个船长所必需的理论与实际知识	英文、算术、几何、代数、直线、球面三角、航海天文、航海技术、地理	(除部分留任当教员和译员外,其余转入航海实际专业继续学习)
	航海实际		航海术、射击术和指挥能力	巡航、记录演习
	轮机	掌握蒸汽机的理论和实践知识	英文、算术、几何、设计蒸汽机结构、操纵维修船用蒸汽机、使用仪表和盐分计等	在不同型号的船只上安装蒸汽机、安装锅炉

可以看出,船政学堂课程安排除了几门"中学"课程外,绝大部分都按照西方技术人才培养方式进行,根据不同的培养目标设置不同的课程,讲求理论与实践相结合,注重理论应用和技术训练,特别是分设理论课和实习课在当时是具有先进意义的。这一模式在今天的职业学校课程结构中仍在不同程度上得以体现。

第二,中学与西学兼学,实则"中学"课程日渐式微。沈葆桢认为学习西方技艺需要头脑聪明,但聪明者如果心术不正则容易误入歧途,而愚钝者往往遵守规矩而难有创新,故"以中国之心思通外国之技巧可也,以外国之习气变中国之性情不可也"。一方面,他在招考学生时主要考察道德品质。有记载①他亲自出题《大孝终生慕父母》,考取第一名者为日后成为一

---

① 唐耀华:《清末船政大臣沈葆桢》,上海大学出版社2007年版,第153页。

代思想家、翻译家的严复。另一方面,他要求学生每日课外诵读《圣谕广训》《孝经》和策论,以明义理。然而,据当时外国工程师访问记录来看,传统课程的学习深度是相当有限的。蒂博代(Thibaudier)工程师于 1868 年访问船政局后写道:

> 当学堂刚开办的那段时间,他们要求学生是已参加过各种科举的考试,而且是榜上有名的人。……可是在后来一段时间,他们放弃了这种要求,他们比较喜欢招收年轻、温顺的学生,……这样就比较容易安排他们接受新的科学,因为这些学生并未接触到中国的传统学术。[1]

在外国教习掌管教学工作的学堂中,推行传统课程不会受到重视,学生学习的主要精力在于西语(英语或法语)及技术课程。

第三,游学经历及在职训练。福州船政学堂的教育不局限于学堂,不仅在于船厂与学堂共同创建的有利条件,不同专业的学生除了课堂学习知识,都有相当长的时间在各个车间或者船舰上应用理论知识、训练各项技能。特别是艺圃的艺徒,白天基本在车间工作,晚上学习。起初按照艺徒在船厂工作的情况分班,实行两年后又根据艺徒的学习进展情况重新分班。工作期间,注重在职训练,对船厂各部门工人和艺徒训练每人从事工作所必需的技术,还训练他们识图,使他们学会按照图纸施工。另外,挑选学堂中特别优秀的学生分批派送到英、法两国留学深造,1877 年、1881 年、1885 年先后选派了三批近 80 位学生。

船政学堂是中国较为完整地引入西方近代学校教育的第一块"试验田",开创了实施技术课程、实习课程以及按分专业培养技术人才的先河。在沈葆桢主持的 9 年中,福州船厂创造了中国造船史上的奇迹[2],也树立了中外合作办学、厂校合体创办的典范。随后,各地水师学堂、武备学堂、电报学堂、铁路学堂、矿务学堂等纷纷效仿创建。

---

[1] 毕乃德:《洋务学堂》,曾钜生译,杭州大学出版社 1993 年版,第 188 页。
[2] 从同治六年(1867)开工到宣统三年(1911)40 多年中,福州船厂共造船 40 艘,其中半数为沈葆桢执政 7 年间所建。参见唐耀华《清末船政大臣——沈葆桢》,上海大学出版社 2007 年版,第 155 页。

(二)江南制造局附属教育机构课程实施

江南制造局建立于 1865 年,是由曾国藩、李鸿章等在上海创办的一座机器制造厂,起初是通过雇用外国机械工程师和机械操作工人进行生产制造的。为创建此局赴美购买大批先进机器的容闳向曾国藩建议,制造局内应附设一所机械学校,以教授学生机械工程原理和实验,这样就可以不依赖外国人进行独立生产工作。讲求务实的曾国藩极为赞许,于 1867—1868 年建立了一所学堂,以"习翻译、为制造之根本",首先开设了翻译馆,聘请外国人专门翻译有关制造类的书籍。因"译习外国书籍,与广方言馆是属相类,自应归并一处,以期一起贯串"。1869 年上海广方言馆并入制造局,其课程也逐步向机械、制造、航海等专门方向拓展,规定了好几个种类和不同水平的教育或训练,大体是强调实际知识。

第一,在职训练。制造局的机器厂、船厂和军火厂的工人由外国工程师和机工教授如何操作新式机器。第二,学校设立夜校。制造局工人和船上的船员们可以到夜校学习,提高技术知识。第三,广方言馆的课程要扩充一些科学和工程学。最后,有翻译馆。在江南制造局取得知识的途径有多种,可以"在学校里学习,在车间工作时学习,在船上学习,将来可以到外国深造"。不仅如此,在课程安排上开始分年设置课程,第一年安排通识类课程,经考核合格后方可开始学习专业类课程,涉及矿务、机械、航海、军事等方面(见表 2-3)。

表 2-3 江南制造局广方言馆三年课程安排(1870)①

学习年限	课程门类	备注
第一年	一、经学、中国史学、哲学、写作;二、算学,包括代数、几何、三角、天文、力学和《算经十书》;三、公法和地理、绘图;四、外国语	考试合格后方可开始新设课程学习
第二年至第三年	一、矿物学、冶金学;二、金属铸件和锻件;三、木器和铁器制造;四、机器的设计与制造;五、航海;六、水陆攻战;七、外国语言文字、风俗习惯和制度	第一年开设的课程继续学习

① 毕乃德:《洋务学堂》,曾钜生译,杭州大学出版社 1993 年版。

受军备思想影响,1874 年设立操炮学堂,为学习军事工程的学堂,课程有汉文、外文、算学、绘事、军事、炮法等,1881 年改为炮队营。1899 年,正当西艺思想盛行,在江南制造局总办林志道的奏请下,裁并广方言馆和炮队营,改设工艺学堂。林志道意识到学堂规划的课程必须要与制造局密切相关,才可能相互促进、交相为用。他在考察日本工业学校课程设置的基础上提出了改进思路:

> 查日本工业学校遍设郡县,要其命意约有二宗:一为关系国家制造之工艺,一为关系民生之工艺,各不相混,立法至周。至其科目,巨细不遗,亦分二大纲:一曰化学工艺,一曰机器工艺。理法纷纭,二者实尽之矣。……课程除汉文、英文、算学、画图四事仍照图房旧章办理外,其余拟请仿照日本大阪工业学校章程,设立化学、机器两科,一专教分化物质诸理法,一专教重力汽热诸理法,而以本局各厂制造就诸生所学为实习实验之地,庶几学有实际。[①]

与设局之初相比,对工艺的认识从国家制造机器拓展至关系民生之用,不得不说是一种自我突破。而这一认识并未获得广泛的认同,精英教育模式注定了民用思想的无疾而终。章程可复制,课程可移植,但实践很艰难。与同时期的福州船政学堂相比,江南制造局在设立学堂之初并没有校厂整体创建规划,其重心在于机器的建造、兴办实业,所以颁布的学堂章程虽详备,但是否都执行,没有可靠的资料佐证。[②]

(三)洋务时期专业技术学堂课程实施的特点评析

不同于教会学校,由清朝政府官员创办的洋务学堂没有试图通过西方文化来简单代替中国文化,或者用西方教育制度来代替中国的教育制度。

---

① 林志道:《禀创办工艺学堂(1898)》,收录于高时良、黄仁贤《中国近代教育史资料汇编:洋务运动时期教育》,上海教育出版社 2006 年版,第 537—538 页。

② 毕乃德:《洋务学堂》,曾钜生译,杭州大学出版社 1993 年版,第 35—37 页。

号称为洋务运动理论纲领的《校邠庐抗议》①,其作者冯桂芬在《采西学议》一文中提出的"以中国之伦常名教为原本,辅以诸国富强之术"观点受到洋务派官员的普遍肯定,这种思想发展至1898年张之洞《劝学篇》中概括为"中学为体,西学为用"的课程模式。"中体西用"是洋务派进行教育改革的指导思想,然而统治阶级囿于自身立场,尽力效仿西学之用而难以自揭"中体"之弊。由曾国藩、左宗棠、李鸿章、张之洞、丁日昌等大臣创办的几十所洋务学堂绝大部分是应时事所需,很大程度上受制于创办者对洋务事业的现实需求,以及对西洋教育的有限认识,因此洋务学堂创办及课程实施差异显著,缺少统筹与整体规划。"见人以外交强,故设同文馆;见人以海军强,故设水师船政学堂;见人以制造强,故设机器学堂;见人以陆军强,故设武备学堂;见人以科学强,故设实学馆。"②如果考虑在传统教育根深蒂固的国土上开办新教育所面临的巨大困难,洋务学堂无疑是成功的,虽然大部分学堂维持不到10年,但昙花一现为20世纪革命性教育改革准备了条件。

第一,洋务学堂特别注重训练军事方面的专门人才,但无力挣脱"学而优则仕"的传统观念。洋务学堂出现在近代中国社会发生重大变化的时期,人们的传统观念被迫发生了变化,先觉的洋务派虽然意识到天朝旧梦不能继续下去,却并没有形成主动、明晰的改革意识。他们坚信除了大炮、铁路和机器外,中国的政治和教育制度以及中国的文化和习惯都比西方国家优越。③ 洋务派认识到中国传统的经学教育远不能抵挡外国的坚船利炮,然而在保守的士大夫阶级普遍反对任何种类改革的压力下,以培养造就与近代军事工业有关的技术人才,巩固国防,维护清王朝统治,成为获准开办洋务学堂的唯一正当理由。孙子"知己知彼、百战不殆"这句警言常被引用来证明诸如建立驻外使馆、学习外国语和派遣留学生等措施是正确

---

① 冯桂芬在《校邠庐抗议》一书中"制洋器","采西学",以及开设同文馆等建议都在洋务派官员们的改革中付诸实践。

② 陶行知:《中国建设新学制的历史》,收录于璩鑫圭、唐良炎《中国近代教育史资料汇编:学制演变》,上海教育出版社1991年版,第1052页。

③ 邓嗣禹、费正清在《中国对西方的反应》中所说。转引自毕乃德《洋务学堂》,曾钜生译,杭州大学出版社1993年版,第55页。

的。要掌握西方制造武器的科学基础,常常被列为鼓励中国人学习现代数学和科学的理由。洋务学堂引入西学课程并不能减少或替换中学课程,教育内容只做加法不做减法使学生背负了沉重的学习负担,学习效果很难保证。然而科举只考经学不考西学的局限,使得青年学子不敢冒着丢弃仕途晋升的机会去学习西学课程。因此,同治时期进步的政治家企望培养一部分中西兼通的年轻官吏进行现代化的尝试,终成泡影。

第二,洋务学堂仍受到科举选拔模式的影响,传统的教学方法影响了西学课程实施成效。考试制度的发达单一化了学校功能,旧式书院定期举行科举考试的模拟。通常每月举行两次,一次由政府官员出题主考,叫做"官课";另一次由书院院长出题,叫"斋课"。注重考试,在洋务学堂课程实施中得以延续,从各所学堂章程中可以发现,考试一般分有月课、季考、岁试、大考。如京师同文馆,月课季考一般于月终进行,由提调总教习等监场;岁试一般安排在封印前,由堂宪监场。大考每届三年举行,优者保升官阶,次则记优留馆,劣者除名。京师同文馆1866—1867年报考天文算学馆的有98人,只录取30人,但因程度太差,半年后竟然退学20人,剩下10人不得不并入旧有各馆。曾在上海广方言馆求学的张君劢回忆当时课程和教学情况:

> 我们那时上课,与现在迥然不同。象诸位现在有功课表,一天就有好几样功课,每科一小时或二小时;而我们当时都是四天读英文,三天读国文。……在四天读英文的时间,并不完全读英文,而是包括了数学、化学、物理、外国历史等都属于英文。每一科都好象读四书五经似的,全要读熟。以上指的是在四天的上午。至于下午,先生就改课本(按指作业),学生就自修,或者上体操。三天读国文,就由先生指导看三《通考》,弄点掌故,作论文等功课。[1]

讲求运用观察、实验等方法开展的科学课程,却机械地沿用熟读经书

---

[1] 王世瑛:《张君劢先生年谱》,转引自吕达《课程史论》,人民教育出版社1999年版,第66页。

的方法进行教学。然而在科学未普及、国民未开化的传统社会，人们运用习以为常的方法认知新事物，较难超越时代局限。

京师同文馆自 1865 年起聘任美国传教士丁韪良担任英文教习，到 1869 年担任总教习才开始改变这一局面。早期洋务学堂开设的自然科学和技术课程，中国教师能胜任的不多，大部分得依赖外籍教师，因此洋人便获得了学校教学及实习的管理权。不同于中国传统以考定教的教育模式，洋教习一般都从建立新的课程体系着手，系统规划人才培养方案。如丁韪良按照分年课程设置的思路，拟定了"由洋文而及诸学"的八年制课程计划和"仅借译本而求诸学"的五年制课程计划。前者兼修外国语文和科学课程，后者是为"年齿稍长，无暇肆及洋文"的学生安排，只学习汉文的科学课程。福州船政学堂也由洋教习担任总教习，全权负责课程与教学的设计与实施，课程分理论课和实践课，学习与操练交错进行，注重培养学生实用技术与能力，这种课程模式相较于中国传统教育，是具有先进性和科学性的。当清朝政府官员聘用国人担任洋务学堂总教习后，虽开设的仍是大量的西学课程，然而驾驭教学内容的方法却是中国骨子里的"科举"。一方面表现在课业学习依次进行，摒弃了螺旋上升的课程模式。如《北洋海军章程》中提及："且每一学生，髫年受学，计其在堂、在船、依次练习，非十年不能成就。……凡学生在堂肄业四年，由北洋大臣大考，择其中式者，派上练船。"[①]另一方面表现在传统考核方式替代了西学课程评价。清朝政府官员对洋务学堂学生的学业考核，往往沿用传统科举的方法，仅关注学生知识考量来评定教学成效，不得不说是一种制约与落后。封建时代的士大夫们尽管在思想上有一些杰出的见解，但是见诸行动的实践又不可能超越社会现实的束缚。

第三，洋务学堂所开设的西学课程难以成为科举考核范畴而受到冷遇，课程实施面临的客观困境阻碍了学堂的发展。在课程学习方面，外国

---

① 《〈北洋海军章程〉招考学生例》，收录于高时良、黄仁贤《中国近代教育史资料汇编：洋务运动时期教育》，上海教育出版社 2006 年版，第 452—458 页。

语成为洋务学堂学生学习的"拦路虎"。由于大部分洋教习不懂中文,开设的技术课程、科学课程都是外文教授。中国学生首先要学习听懂英语、法语或德语,才能听取这些课程的讲授,这是个缓慢过程。洋务学堂试图短期培养专门人才的计划不得不搁浅,学生在校期间主要学习外国语。加之中学、西学课程通学的不切实际,专门性课程局限于技能训练等问题,大部分毕业生与培养要求相去甚远,除少部分心智聪慧的学生以外,如福州船政学堂的严复,天津水师学堂的黎元洪、张伯苓,天津武备学堂的冯玉祥、吴佩孚等。在制度方面,科举制迟迟未接纳新式教育内容,使得洋务学堂招收不到聪慧有才的学生,成为主要障碍。虽然洋务学堂通过提供大量的生活津贴吸引学子,但是正统的科举选拔仍然笼络了绝大部分有才干的人。创办学堂的大臣们即便为学生请奖封官,但是局部的措施仍然无法解决毕业生学无所用的现实窘境。洋务学生没有统一、正规的任用制度造成了人才的浪费。洋务官僚对所培养的学生往往直接派入所附属的洋务事业中任职,由于各地洋务大臣互不统属、畛域分明、各自为政,造成一面是洋务官僚"乏才"的呼声,一面又是人才浪费。洋务学生高昂的培养代价与毕业生的学非所用形成了鲜明对照,虽然洋务官僚频频扼腕惋惜,但是一旦涉及人才任用政策的改革,甚至是国家制度的改革,他们就缺少了自我革新的勇气和力量。

四、实践领域(下):维新时期学堂课程的中西博弈

清末维新运动是对洋务运动的否定和超越,是早期改良思想的继承和发展。如果说洋务官僚创办的洋务学堂第一次对封建教育制度挖掘了一个缺口,那么随着先觉知识分子了解西方文化的逐步深入,他们开始冲破封建传统观念的藩篱,在中西教育强烈的对比中萌生出彻底改革传统教育制度、系统构建学校的意识与观念。

审视洋务学堂存在的问题,李端棻的观点最具代表性。他认为问题至少表现在五个方面:一是重学西文而轻学治国之道、富强之原;二是学业不分斋院,生徒不分重门,所致学业不精;三是缺少仪器设备,轻实验、少游

历;四是学习急功近利;五是教育未有普及。总理衙门采纳了他的意见,提出了改革教育的两条路径:一是原有书院,量加课程;二是另建书院,肄习专门。在新立学堂中,李端棻提出的"藏书楼、仪器院、译书馆"要一并建设。特别是在西方报刊的选用上要注重翻译艺学之报,"时务之报,译者尚多,艺学之报,译者聊聊,而为用甚广,亦不妨令学堂中选择译之,以收知新之助"①。

(一)大批书院课程革新与教学传统

在书院改学堂的浪潮中,主要针对传统书院的教育内容进行改革,其焦点在于增加西学的实用学科,摒除制艺帖括等空疏无用的内容。"查近日书院之弊,或空谈讲学,或溺志词章",改革者主张酌减诗文等课,保留经义、史事,并"参考时务,兼习算学,凡天文、地舆、农务、兵事,与夫一切有用之学,统归格致之中,分门探讨,务臻其奥"②。礼部采纳了翰林院侍讲学士秦绶章提出的整顿书院的三种措施:定课程、重师道、核经费。其中,"定课程"仿照北宋胡瑗以经义、治事两斋的分斋教学法,将课程分为六类:"曰经学,经说、讲义、训诂附焉;曰史学,时务附焉;曰掌故之学,洋务、条约、税则附焉;曰舆地之学,测量、图绘附焉;曰算学,格致、制造附焉;曰译学,各国语言文字附焉。"③书院生徒可以自由选择,或专攻一艺,或兼习数艺。随后,各地书院纷纷开始革新课程,湖南校经书院于 1897 年增添了算学课程,1898 年又由原定的经学、史学、理学、算学、时务、词章 6 科斟酌裁改,定为经学、史学、算学、掌故、舆地和译学 6 门,去除了词章。类似改革的还有岳麓书院、广雅书院、福州苍霞精舍等。旧式书院改革前后课程对比,见表 2-4。

---

① 总理衙门:《议复李端棻推广学校折》,收录于高时良、黄仁贤《中国近代教育史资料汇编:洋务运动时期教育》,上海教育出版社 2007 年版,第 725 页。

② 胡聘之:《请变通书院章程并课天算格致等学折》,收录于高时良、黄仁贤《中国近代教育史资料汇编:洋务运动时期教育》,上海教育出版社 2007 年版,第 728—729 页。

③ 礼部:《议复秦绶章奏请整理各省书院折》,收录于高时良、黄仁贤《中国近代教育史资料汇编:洋务运动时期教育》,上海教育出版社 2007 年版,第 726 页。

表2-4　旧式书院改革前后课程对比

书院名称	改革前课程	改革后课程	备注
两湖书院	经学、史学、理学、文学、算学、经济(经世济时之学)	经学、史学、舆地学(附图学)、算学;后陆续增加天文、地图、格致、体操;地图后来又改为兵法、分兵法史略学、兵法测绘学和兵法制造学	取消理学、文学两门
湖北自强学堂	方言、算学、格致、商务	方言、汉文、数学、历史、体操、兵操、理科、地理	格致、商务并没有真正实施
广雅书院	经学、史学、理学、经济	增设了译学、算学等	
岳麓书院	经学、史学等	增设了译学、算学等	
湖南校经书院	经学、史学、理学、算学、时务、词章	经学、史学、算学、掌故、舆地、译学	取消了词章
福州苍霞精舍	经学、史学、时务、算学、地理	增加了英文	

在新式书院创办中,上海格致书院①是较早推行西学课程的。早期维新人士认为,西学有两端,一是西国语言文字,二是算学、化学、矿学、机器等格致实学。格致书院与旧式书院不同,教学内容以西方格致之学为主体,兼顾经济、政治、时务、文化教育等经世之学。从开设课程看,傅兰雅于1894年翻译并编制了一份西学讲授计划,分为矿务、电务、测绘、工程、汽机、制造6个专业,学生可以"任取某学,逐次讲习"。每个专业分为"全课"与"专课"两个教育层次。其中全课课程有矿务专业17门、电务专业17门、测绘专业10门;专课课程方面,矿务按照开煤、开金类矿、矿务机器3个专业方向分别设置,电务按照电气机器、电业2个专业方向分别设置,工程按照铁路工程、造桥工程2个专业方向设置。

---

① 上海格致书院开办于1876年,由当时在江南制造局翻译馆任职的中国学者徐寿和英国学者傅兰雅发起成立,王韬担任校长(当时叫"山人")。

从考课内容看,1886—1894 年,上海格致书院共命题 88 道,既有数学、物理、化学、地理、气象、历法、医学、电学、热学等理论性问题,又有贸易、税收、货币银行、矿冶、制造、农田改造、人才培养、学校建设等现实问题,但基本不涉及纯粹道德性问题。① 不同于官办的洋务学堂,上海格致书院是由中西官绅、商人、学者、传教士等各界人士共同捐资创建的私立学堂,设立目的是使"中国士商深悉西国之事,彼此更敦和好。……令中国便于考究西国格致之学、工艺之法、制造之理"②。从《格致书院西学课程》和《格致书院课艺》来看,上海格致书院已建成以西学为主、旁及时事洋务的新型课程体系;采取公共讲座、分班教学的形式③,授课教师经常配合讲授进行各种科学实验及演示,与旧式书院形成了鲜明对比。仿照创办的还有厦门博闻书院(1875)、宁波格致书院(1884)、陕西崇实书院(1897)等。

表 2－5　上海格致书院西学课程设置④

专业		课程
矿务	全课	① 数学　② 洞内通风法　③ 煤之地学　④ 求煤各法　⑤ 开煤井煤洞法　⑥ 开各类金矿法　⑦ 测绘煤与各金类矿井洞法　⑧ 机器学　⑨ 画图学　⑩ 西医伤害初用各法　⑪ 开煤开矿各国律例　⑫ 开煤开矿管账法　⑬ 吹火筒辨试各矿法　⑭ 矿学　⑮ 试验各矿法　⑯ 金类矿之地学　⑰ 相地求矿法。
	专课	(一) 开煤课(共 22 课) (二) 开金类矿课(共 21 课) (三) 矿物机器课(共 16 课)

---

① 郝秉键、李志军:《19 世纪晚期中国民间知识分子的思想——以上海格致书院为例》,中国人民大学出版社 2005 年版,第 30 页。
②《上海格致书院第一次记录》,收录于高时良、黄仁贤《中国近代教育史资料汇编:洋务运动时期教育》,上海教育出版社 2007 年版,第 761—763 页。
③ 开办过初级教育班、科技学习班、数学预科班三种类型的班级。
④ 傅兰雅:《格致书院会讲西学章程》,收录于《格致书院西学课程》,上海格致书院刊印本(光绪二十一年)。

续表

专业		课程
电务	全课	① 数学　② 代数学　③ 几何与三角学　④ 重学略法　⑤ 水重学　⑥ 气学　⑦ 热学　⑧ 运规画图法　⑨ 汽机学　⑩ 材料坚固学　⑪ 机器重学　⑫ 锅炉法　⑬ 配机器样式法　⑭ 电气学　⑮ 用电各器　⑯ 吸钱电机器配式样尺寸法　⑰ 通电燃灯或传力法。
	专课	（一）电气机器课（共 18 课） （二）电业课（共 12 课）
测绘	全课	① 数学　② 代数学　③ 几何学　④ 重学略法　⑤ 水重学　⑥ 气学　⑦ 运规画图法　⑧ 测量各法　⑨ 测国分地界法　⑩ 画地图各法
工程	专课	（一）开铁路工程课：① 数学　② 代数学　③ 几何学　④ 重学略法　⑤ 水重学　⑥ 气学　⑦ 静重学画图法　⑧ 材料坚固学　⑨ 测量各法　⑩ 画地图各法　⑪ 开铁路定方向法　⑫ 开铁路各工法　⑬ 安铁条各工法　⑭ 铁路建造各务法 （二）造桥工程课：① 数学　② 代数学　③ 几何学　④ 重学略法　⑤ 水重学　⑥ 气学　⑦ 运规画图法　⑧ 绘画桥图法　⑨ 静重学画图法　⑩ 推算桥各处任力法　⑪ 材料坚固学　⑫ 配材料尺寸法　⑬ 造桥各件尺寸与样式法
汽机制造		（傅兰雅《格致书院西学课程》序："……拟课程六学：一矿务、二电务、三测绘、四工程、五汽机、六制造。前四学已印成篇附列于后，末二学现不及译，俟后补印。"）

对于格致的认识，中西知识分子理解是有差异的，这种差异也表现在格致书院的课程设置中。"格致之学，中西儒学皆以之为治平之本，但名虽同，而实则异也。盖中国仅言其理，而西国兼究其法也。"[1]英国傅兰雅认为格物诸学有赖于算学，虽然算为中国古学，然而若"粗习中算古法，即可学等畴人。不知叩其实际，考其真能，则无以应"[2]，所以格致之学无法通过传统诵读方式而明理，需要通过实验、应用等途径去实现。上海格致

---

① 《申报〈书格致汇编〉后》，收录于高时良、黄仁贤《中国近代教育史资料汇编：洋务运动时期教育》，上海教育出版社 2006 年版，第 771 页。
② 傅兰雅：《格致书院西学课程序》，收录于高时良、黄仁贤《中国近代教育史资料汇编：洋务运动时期教育》，上海教育出版社 2006 年版，第 777 页。

书院西学课程中,除算学为各科之首外,各门课程注重实用方法的掌握与应用。

相较而言,由旧式书院肄业举人所创办的陕西崇实书院(又称"陕西格致实学书院")虽分为四斋,但仍以中学为主体,附之西学内容,学习的方式也较为传统。"每日早起讲习中学二时,考求西学又二时,中有所得,则以其余闲撰为札记,朔望送山长校阅。"①刘光蕡对这一课程设置提出了担忧,他认为若不从实际出发,不讲求实用,空谈格物,其弊病超过八股,"八股虽空谈,尚有一二道义语,可以维持人心。若以依稀惝恍之词,谈光化电热之事,其流弊更何所纪极哉!"②

表 2-6 陕西崇实书院课程设置③

四斋	中学	西学
致道斋	《周易》、"四书"、《孝经》为本,先儒性理诸书附之	外国教务、风俗、人情
学古斋	《书经》、《春秋》、三《传》为本,历代史鉴纪事附之	外国古今时局政治并一切刑律功法条约
求志斋	三《传》《礼》为本,正续三通及国朝一切掌故之书附之	外国水陆兵法、地舆、农学、矿物
兴艺斋	《诗经》《尔雅》为本,周秦诸子及训诂考据诸书附之	外国语言文字,并推算测量以递及汽化声光各学

由此可见,书院改革讲求时务,崇尚实用之学,其影响虽大于洋务学堂,然而对实用之学内涵认识及人才培养方式却不如它。其一,这一时期仅仅停留于增设实用之学的课程门类,如算学、天文、地理等,然而教学方

---

① 魏光焘等:《奏陈陕西格致实学书院创办情形折》,收录于高时良、黄仁贤《中国近代教育史资料汇编:洋务运动时期教育》,上海教育出版社 2007 年版,第 830 页。

② 刘光蕡:《与叶伯皋学政书》,收录于高时良、黄仁贤《中国近代教育史资料汇编:洋务运动时期教育》,上海教育出版社 2007 年版,第 833—834 页。

③ 魏光焘等:《奏陈陕西格致实学书院创办情形折》,收录于高时良、黄仁贤《中国近代教育史资料汇编:洋务运动时期教育》,上海教育出版社 2007 年版,第 829 页。

法没有大的改观,很大程度上限制了这些课程的实施效果。其二,一些课程缺少教材,国内也缺乏可胜任的教师,使得所设实用课程并没有真正实施,如湖北自强学堂"商务""格致"两科。其三,虽引进西学课程教材,又受限于文人译书的水平而不得要领。"惟近来中国所译西书,多出自文人润色之笔,论藻缋则有余,考实际或不足,且以一人兼译各学,既非其专门名家,其余要眇精微之处,究不免貌合而神离。"①

(二)农务学堂课程实施尝试与突破

与书院改学堂的发展方式相比,地方创办农务学堂似乎少了一些来自传统教育的束缚,开明官吏较多关注西方通过科技带动农业发展,在他们看来这是解决我国传统农业生产方式所致发展落后的良方。

西方的产业革命带动了农业科技革命,近代的科学技术如显微镜技术、遗传科学、生物科学等被应用于农业科技和教育领域,创造了建立在科学实验基础上的近代农学体系——试验农学。事实证明,科技是振兴农业的重要因素。法国在 19 世纪中叶发生蚕疫,面临着蚕种灭亡的危险,后因创设养蚕学堂,研究养蚕新法,结果改良了蚕种,重新振兴了蚕业。从 18 世纪到 19 世纪,西方大力兴办农业教育,重视农业科学研究,强化农业高效的社会服务功能。相比之下,中国古代传统以经验传承为主要内容的农业教育方式和农业技术的生产方式都已远远落后于西方国家,在国力衰败和农业危机的双重压力下,中国近代农业教育的产生成为历史的必然。

维新派在学习西政以求变法的过程中,也看到了西方先进的农业科技,因而大力疾呼农务为富国之本,通过创办农学会、翻译西书、创办农学报进行农业改革。虽然其领导的教育改革,书院改学堂是主流,但提倡科技兴农的思想为农业教育提供了前提条件。一些士绅阶级从振兴地方农业经济出发,主动学习西方农业科技,创办农务学堂。最早是由杭州知府

---

① 龙湛霖:《奏陈江苏南菁书院办理情形折》,收录于高时良、黄仁贤《中国近代教育史资料汇编:洋务运动时期教育》,上海教育出版社 2007 年版,第 835 页。

林启(字迪臣)创办的浙江蚕学馆,短短几年间大幅度提高了当地蚕业的经济效益,于是周边地区纷纷效仿,全国各地农务学堂迅速成立。振兴实业创办农务学堂成为一股支流汇集至讲求实用的教育浪潮中。

《中国蚕业史》这样记载:

> 迨光绪二十四年,杭州太守林迪臣氏,深感我国蚕业不振,丝茧产额,日趋于减少,国计民生,逐见诸艰窘。为提倡蚕业学术智识计,遂首创蚕学馆于西湖金沙巷。初聘江生金为教师,招集生徒,教以养蚕制种缫丝等新法。继又聘日人前岛轰木及西原诸氏以输进海外之新学识,讲授蚕业专门科学。实开我国蚕业教育上之一大新纪元。班次渐扩,学徒日众,由浙省而苏省,再而及于国内。各省往学者,颇不乏人。我国蚕业教育,至是始告有雏形焉。[①]

林启在《请筹款创办养蚕学堂禀》中明确了创设蚕学馆的宗旨在于消除蚕种微粒子病,制造良种,精求饲育,传授学生,推广民间。蚕学馆房屋建造均仿照东西洋蚕房样式,设有前考种楼饲蚕所、蚕室、后考种楼公廨、储叶处,另建有斋舍、关庙屋等。可见,蚕学馆教学与养蚕于一体,在课程设置上可见一斑。

林启经日本驻杭领事速水君介绍,聘请了轰木长担任总教习,前岛次郎担任副教习,随后西原德太郎以及学堂培养的第一批优秀毕业生宣布泽、丁祖训,先后继任总教习。课程设置主要效仿日本蚕学堂课程,共开 19门课:物理学、化学、数学、植物学、动物学、气象学、土壤论、桑树栽培法、桑树除害学、蚕体生理、蚕体病理、蚕体解剖、养蚕法、缫丝法、显微镜使用法、蚕茧和生丝检查法、器械学、肥料论和害菌论等。以上课程,包括实习在内,2 年授完毕业,共分 4 个学期。

---

① 尹良莹:《中国蚕业史》,国立中央大学蚕桑学会,1931 年,第 59—60 页。

表 2-7 浙江蚕学馆课程设置及安排情况①

科目＼课时	第一学年第一学期		第一学年第二学期		第二学年第一学期		第二学年第二学期		两年总授课时
	总课时	周课时	总课时	周课时	总课时	周课时	总课时	周课时	
动物学	92	4							92
植物学	92	4							92
物理学	69	3	30	3					92
化学	46	2	20	2	46	2			99
数学	69	3	30	3					112
蚕体解剖	69	3	30	3					99
显微镜使用法	69	3	20	2					89
蚕体生理	46	2	20	2	69	3			135
养蚕法			30	3	46	2	30	3	106
缫丝法			20	2	46	2			66
蚕茧和生丝检查法			20	2					20
器械学					46	2			66
气象学					46	2	30	3	76
肥料学					46	2	40	4	86
桑树栽培法					46	2	30	3	76
土壤学					46	2	30	3	76
蚕体病理					69	3	40	4	109
桑树除害学					46	2			46
害菌学							40	4	40
实习	253	11	110	11	253	11	110	11	726
合计	805	35	350	35	805	35	350	35	2310

　　上述课程并没有按照中体西用的课程逻辑来组织，而是根据科学养蚕的方法来设计，或许是因为招收"二十岁左右的举贡生童"已具备国学基础。没有传统教育的束缚，讲求科学之理、实用之法的原则在这一课程框

---

① 吴佩琳、季玉章：《关于中国近代农业教育起点问题的探讨——浙江蚕学馆是我国近代最早的一所农业职业学校》，《南京农业大学学报》1985(3)：104—113。

架中贯彻得非常彻底。教学配合养蚕的过程,每一年的第二学期正当春夏育蚕之时,故实际授课比第一学期要少些,而饲蚕实习的时间要长些。归纳蚕学馆的课程特点,有许多类同于福州船政学堂的地方,如理论与实践相结合、注重实习等,探其缘由,可能源于两个方面:一是实业与学堂于一体,不论是船厂与学堂于一体,还是蚕业与学馆于一体,学校教育为振兴实业服务的宗旨是有别于传统书院培养士大夫阶层的目的,重新赋予了教育促进社会经济发展的功能。二是新式学堂由外国人担任总教习,科学思想与实用主义在课程与教学中得以充分体现。然而,蚕学馆比船政学堂的影响力更为深远,因为它扎实地推进了地方经济的发展。经过几年的努力,浙江蚕学馆在防治蚕病、精制蚕种等先进科学技术方面已获显著成效,培养的一批学生在全国养蚕制丝业界发挥了很大作用。

随后,陆续又有一批农桑学堂、农艺学堂建立,以此为滥觞,创设农务学堂之势蔚然成风。其中,比较知名的有张之洞于 1898 年建立的湖北农务学堂,从美国聘请康奈尔大学白雷尔(Brill)任教习,购西式农具佳种,讲授种植、畜牧、茶务、蚕务等,务使诸生识别土宜,研究物性。该学堂聘用了浙江蚕学馆毕业生徐祝鼎,后来又有四川蚕桑学社、钱塘县蚕桑初级师范学堂等也纷纷聘请该学馆的毕业生担任教习。

(三)维新学堂课程改革的特点评析

从洋务学堂到维新学堂,中国人改革传统教育的信念越来越坚定,思路也越来越清晰。虽然新式学堂在当时看来是正统的教育观念和制度之外的东西,由于不被认同而成效有限,但其深远意义在于播下了"新"的种子,这一股力量直到民国时期才真正迸发出来。

维新派以变法入手,"洋务"逐步向"时务"转变,这一时期课程改革呈现出如下特点:一是办学者身份较前大有不同,办学宗旨、办学思路迥异。洋务派的先锋和中坚力量是曾国藩、李鸿章、左宗棠等与太平军作战中新兴起的汉族地方实力官僚。他们创办洋务学堂是服务于各自管辖的军事事业的,因此大部分学堂是附属于某个特定的洋务企业或机构,培养的洋务学生具有私属性。维新派的牵头人是代表资产阶级利益的康有为、梁启超、严复等，身份的不同赋予了他们革新的勇气。他们认为西方优越的教育制度是导致其富强的重要因素，并将我国甲午之战败给蕞尔小国日本的原因归结为教育问题"非其将相兵士能胜我也，其国遍设各学，才艺足用，实能胜我也"。① 因此将推广学校教育作为一项民族振兴的事业，成为维新派革新社会的重要使命。

二是实施改革组合拳。维新派广推学校、组建学会、创办报馆，全方位进行思想宣传，力图依靠更广大的社会力量实施变法。1896—1898 年间，由他们发起推动和组织的学堂、学会和报馆多至 300 余所，主要分布在江苏、湖南、广东、湖北等省，在当时广大的知识分子中产生了很大影响。创办的新式学堂中，以康有为 1891—1894 年在广州创办的"万木草堂"为最早，另有梁启超、谭嗣同等在长沙创办的"湖南时务学堂"和严复、张元济在北京创办的"通艺学堂"等比较著名。

三是效仿西方近代教育制度，建立大、中、小学堂及蒙学堂，力在推广普通教育，兼而培养专门之才。维新派将西方国家富强的原因归结为"穷理劝学"，因此推广学校，以开民智成为第一急务。康有为设想的公教制度，包括了小学院（6—10 岁）、中学院（11—15 岁）和大学院（16—20 岁）等三级学校体系。他认为中学是打好"一生之学根本"阶段，一般学习内容为小学基础上的"高等普通学"，而大学是普通之学基础上的专门之学。

> 专门者，凡农商矿林及其工程驾驶，凡人间一事一艺者，皆有学，皆为专门也。凡中学专门学卒业者皆可入大学……小学中学者，所教为国民，以为己国之用，皆人民之普通学也。高等专门学者，教人民之应用，以为执业者也。大学者，犹高等学也，磨之砻之，精之深之，以为长为师，为士大夫者也。

同样，严复也将"实业教育"定位于中等教育以上的专门教育。实业教

---

① 康有为：《请开学校折》，收录于汤志钧、陈祖恩《中国近代教育史资料汇编：戊戌时期教育》，上海教育出版社 1993 年版，第 51 页。

育是专门教育,继普通教育而后施。康有为、梁启超、严复等维新知识分子对欧美以及日本等国教育体系的考察的重点放在了学校体系的构建;在比较中西教育的过程中,集中关注教育内容的差异,而较少关注西方不同教育类型的不同培养方式,如处于工业革命时代的欧美国家以提高识字率为标志的扫盲教育,为培养技术工人提供多种形式的教育与培训,如英国的星期日学校等。从1901年书院改制诏令的颁布到民国时期,先后有700多所书院参与,其中的绝大多数改为普通教育学堂,改为高等学堂的仅有20所。[①] 因此,书院改制主要推动了我国近代普通中小学校的发展,在一定程度上解决了大学堂无合格生源的问题,为全面实施统一而有系统的、上下衔接的近代学校教育铺平了道路。在这一进程中,一些讲求实用主义的改革者也身体力行地推动了职业教育课程雏形的形成,然而传统教育的积习滞缓了近代学校教育内涵发展的步伐。

从这个意义上说,洋务学堂依托洋教习实施的西式教育是领先于维新学堂的,不仅在课程内容的选择与组织上注重科学知识,更关键的是在人才培养方式上遵循人才成长的科学规律。然而主要从培养储备专门人才的角度来接受西式教育,其意义毕竟是有限的,梁启超认识到:

> 是故西学之学校不兴,其害小,中学之学校不兴,其害大。西学不兴,其一二浅末之新法,犹能任洋员以举之,中学不兴、宁能尽各部之堂局,各省之长属,而概用洋员以承其乏也,此则可为流涕者也。[②]

于是,维新派担负起振兴中华民族教育的重任,废科举、兴学校,从根本上挣脱了束缚中国近代教育发展的沉重枷锁,普及基础教育、培养大量专门人才。虽然全面改革的过程必然会经历波澜起伏和迂回折返,但是可以肯定的是,洋务派在审视、认识西方及其文化仅仅局限于“为用”的角度,从实用、功利的目的出发,只注重培养清朝政府所缺的工商、军事、科技等

---

① 刘少雪:《书院改制与中国高等教育近代化》,上海交通大学出版社2004年版,第87页。
② 梁启超:《学校总论》,收录于汤志钧、陈祖恩《中国近代教育史资料汇编:戊戌时期教育》上海教育出版社1993年版,第6页。

方面的专门人才。在引入西学课程的态度上遵从的是"中体西用"观,认为中国的三纲五常是神圣不可动摇的,坚决维护封建专制政体。而维新知识分子进一步探究西方人才之盛,不限于少数领域,而是各方面皆有优秀人才;西学之价值不仅仅在于实用,而在于背后所隐含的西方思想、价值观念等深层文化,如严复大力宣传和阐释达尔文和斯宾塞等人的进化学说,成为变革社会的理论基础。因此,维新派推崇的是一种"不中不西、即中即西"的新学,透过表面坚船利炮,看到了政治体制的问题;但是这种新学是不成熟的,在对待新与旧、中学与西学问题上,仍受限于二元价值观的困扰,表现出思想上乃至行动上的矛盾与混乱。

五、小结

职业教育是西方近代工业革命的产物,传统学徒制无法满足大工业生产发展而遭受全面崩溃,理论技术的出现促使人们探索通过学校教育来培养技术工人。工业革命的现实需求使得"第一次有必要期望学校把这个'孤儿'(职业教育课程)收容到它的课程中去","有必要把职业训练提高到正轨的学校学科的地位上去了"。[①] 可见,西方职业教育课程的产生不仅继承了传统学徒制教育内容,并且按照学校学科建设的要求不断追求其科学性。

相较而言,我国近代职业教育不是在充分大规模工业化基础上产生的,而是引入西方教育的结果。西学的侵入切断了我国近代职业教育传承古代师徒制的进化路径,虽然孕育了中国近代职业教育课程雏形,但是这种断裂模式舍弃了课程发展所需要的社会经济发展环境。在我国,传统师徒制不仅没有被职业教育所替代,而且传统师徒制的演变与职业教育的形成和发展过程同步发生,与手工业和近代工业的关系一样,形成一种"二元

---

① 布鲁巴克:《西方课程的历史发展》(上),收录于瞿葆奎《教育学文集·课程与教材》(上册),人民教育出版社 1988 年版,第 75 页。

化"的格局①。因此,由西学孕育的职业教育课程,实质上是嫁接于士大夫教育的新枝,作为解决空疏陈腐的传统教育弊端的重要途径。从这个意义上说,我国近代职业教育课程发展依然延续传统教育观念,特别是在课程组织、教学方式、考试评价等方面,人们更习惯于沿用科举制度下书院教育模式,重记诵、轻实践,从洋务学堂到维新学堂都难以逾越这一模式。

我国近代职业教育首先从具有高等技术教育特色的洋务学堂开始的,肇始于福州船政学堂,有学者认为这是"一种由高层面'分化'和'变异'的演变模式,而不是一种由低层次向高层次发展的'进化'模式"②。职业教育高位起点的发展方式再一次证明了与传统师徒制的断裂,可以想象,受制于科举选人制度的思维方式,清末统治阶级引入西学课程只是换了一种方式培养"士",对西方资本主义国家职业教育课程本质的认识是有局限的。近代中国社会是一个变迁飞速的特定时代,无形中又造成了对西学、职业教育课程认识的不彻底。从封建专制主义政治到近代资产阶级政治思想的产生,西方社会经历了几百年的发展历程,而在中国被压缩为短短的几十年。这一期间,极其纷繁复杂的社会思想和急促短暂的行程往往造成一种应接不暇的感觉。一种思想理论从出现到被另一种理论代替,常常只有一二十年甚至更短,便完成了它的历史使命。所以,对西学课程不断更迭的认识在近代中国教育发展过程中往往并不彻底,也不完全,甚至是相互矛盾的。主观认识的不彻底限制了职业教育发展的步伐,历经半个世纪的实践探索并未形成彻底革新传统教育的燎原之势。

因此,我国职业教育课程发展呈现为滞后的状态,一方面来自对西学课程认识的不彻底,另一方面受制于旧体制下形成的深厚根基及其社会意识形态机制运作的惯性影响,在相当一段时间内无法形成一种自觉意义上与传统教育相抗衡的力量。

---

① 楼世洲:《我国近代工业化进程和职业教育制度嬗变的历史考察》,《教育学报》2007(1):82。
② 同上文,同上刊,第83页。

第三章　挣扎与妥协：传统教育制度瓦解中建构实业教育课程

　　鸦片战争后中国人开始向西方学习，然而"中体西用"的思想仍牢牢禁锢西学课程的引入与借鉴。甲午之战让中国人见证了曾经的蕞尔小国日本学习欧洲教育体制所带来的国家富强，彻底解除了中国人抵制西学的最后防线。清朝政府官吏、士绅阶级从过去对西学课程的关注，开始转变为全面重视各国教育体制、学校类型、教育方法等。清末民初中国人选择了日本模式，"它与连续几届政府的独裁精神很相吻合，舆论也引人注目地予以支持，认为它对振兴国家、重组社会、培养人民为公众献身的精神的任务，很为适合"[①]。在政府的推动下，教育界、工商界等精英纷纷游学日本考察教育，形成了发展实业教育课程的基本主张。随着《奏定学堂章程》（又称"癸卯学制"）的颁布以及科举制度的废止，实业教育课程体系第一次在国家教育制度中明确了地位，并在全国范围内的学校建设中落实于课程实践。这一时期，实业教育课程是在新学制的设计、颁布、执行、监督中发展演变的，然而新教育制度不是继承传统科举制的自然演变，而是效仿日本教育制度的学习成果，因此教育制度断裂成为我国近代实业教育课程发展的重要前提。与第一次师徒制分道扬镳相比，第二次在制度层面则表现了与传统制度的外在断裂与内在延续，科举虽废其精神依旧，这也成为清末民初实业教育课程发展的"中国特色"。

[①] 巴斯蒂：《是奴役还是解放——记1840年以来外国教育实践及制度引入中国的过程》，收录于许美德、巴斯蒂《中外比较教育史》，上海人民出版社1990年版，第12页。

一、发展背景:科举废止、学制建立

癸卯学制颁行后一年,盛行 1300 多年的科举制作为妨碍学校改革的唯一障碍被彻底清除了。然而科举废止所引发的社会结构巨变,绝非革新者所能预料,原先激烈抨击科举流弊的文人志士反过头来也追悔莫及。实质上新学推行并没有因为与旧制决裂而立刻改头换面,甚至被外国人质疑为"新瓶装旧酒"[①]。中国新教育制度是迫于外力所产生的,并不是所有改革者都真正洞悉旧教育的缺点和新教育的优点。"科举废止了,它遗传下来的科第精神,仍然借尸还魂而附在学堂奖励章程中间复活了近十年(自光绪二十九年 1903 至宣统三年 1911)"[②],新旧教育制度虽然在形式上依次更迭,但其内在精神难以转变。

科举制不单单是一项教育制度,它影响了我国教育的发展。对于封建社会而言,它是"一项集文化、教育、政治、社会等多方面功能的基本建制,它上及官方之政教,下系士人之耕读,使整个社会处于一种循环的流动之中,在中国社会结构中起着重要的中介和维系作用"[③]。故自隋朝建立科举制度以来,每个朝代考试科目虽在变化,而制度本身一直在延续,形成了迥异于西方教育发展的"东方模式"。科举的废止,可以视为与新式教育较量的结果,然而远非形式上谁废谁立的角逐,而是近代中国教育从抢才走向育才、从选拔官吏到普及教育的根本转型。科举的让道,为实业教育课程发展提供了合法空间;而休克式停废科举引发的社会震荡以及科举遗风,又扰乱了实业教育课程发展的秩序。社会环境错综复杂地影响了实业教育课程发展。

[①] 日本学者市古宙三搜集了多方面的证据质疑清末新政时期教育改革的成效,暗示新式教育仍是"新瓶装旧酒"。参见[美]费正清《剑桥中国晚清史》(下卷),中国社会科学出版社 1985 年版,第 440—443 页。

[②] 舒新城:《近代中国教育思想史》,福建教育出版社 2007 年版,第 82 页。

[③] 罗志田:《科举制废除在乡村中的社会后果》,《中国社会科学》2006(1):191。

（一）科举废止初期实业教育课程发展环境

1. 民间对新教育的认识偏差

科举废除虽在新学制实行之后，然而学堂体制设计缺陷，以及民间并未做好接受新教育的准备，主客观多重因素造成了学堂教育发展受阻，特别是乡民对学堂传授"知识"的怀疑，制约了科学知识的传播和实业教育课程的发展。一是决策者对西学认识的偏差导致新教育观的错位。不论是顽固派、洋务派还是维新派，包括早期的改良人士，对西学的认识停留在"用"的层面，"尽管维新派提升到政学层面，也还是用的变形"[①]。这一认识偏差使得推行新教育者并未真正理解科学的真谛，而仅仅求于科举之人才转而求于学堂。二是新教育费用昂贵，贫寒子弟失学多。"今一旦废科举而兴学校，其所学者必科学也。一器之费千万金，一师之俸数千金，此断非数家之力所能及，不能不合一具之力成之。"[②]新教育虽意在平民化教育，但其结果导致了贵族化教育，贫寒家庭的子弟失学愈来愈普遍，增加了乡民对新教育的抵触心理。三是士人观念深得人心，新学不受重视。科举制度盛行千年，士人在乡村具有相当的权威，传统教育所推崇的知识对老百姓未必实用，但深得他们的信任，而新学没有这样的基础。山西五台县永兴村的乡民即说："娃们念的书，今年这样，明年那样，换的真热闹，也不见念成一个。看人家前清时候，书房里念的书，不只是哥哥念了兄弟还能念，就是爹爹念了儿还能念，爷爷念了孙子还能念哩。书老不换，人家还进秀才、中举人；现在书倒换的勤，也不见念成一个呀！"[③]民间"学而优则仕"观念的根深蒂固，使得老百姓对"新学"在很长一段时间内抱怀疑的态度，这种不信任促使学堂学生在乡村不受重视。

---

① 桑兵：《晚清学堂学生与社会变迁》，学林出版社1995年版，第44页。
② 《论废科举后补救之法》，《东方杂志》第2年第11期第253页。转引自罗志田《科举制废除在乡村中的社会后果》，《中国社会科学》2006(1)：192。
③ 马儒行：《述吾乡之小学教育及民众教育》，《乡治》第2卷第2期。转引自罗志田《科举制废除在乡村中的社会后果》，《中国社会科学》2006(1)：198。

2. 科举流变衍生出考试模式

科举无法代替学校,抡才不能等同于育才,尽管这已然成为清末士人的共识,但是制度设计者却顺理成章地将科举选拔人才的功能转嫁到学校身上,试图纳科举于学校。"凡科举抡才之法,皆以括诸学堂奖励之中。然则并非废罢科举,实乃将科举学堂合并为一而已。"①以学堂考试、奖励出身等方式将科举功能投射于学堂,在当时看来不失为一种用心良苦的中庸之策,然而其带来的实际后果远非设计者所能预料。科举作为甄别选拔人才是其最有价值之处,然而程式化考试模式不利于学校课程,特别是实业学校课程发展:一方面不易考察学生的实际水准和能力,另一方面很难容纳社会需要的所谓实学。因此,科举虽废而考试依旧,崇尚科学、实验、实用的实业学校课程难以通过传统的考试反映实际的追求。因此,教育与实业因考试的阻隔而相互脱节,形成教育自教育、实业自实业、教育不能振兴实业、实业不能沟通教育的尴尬局面。

3. "礼"的规约转向"物"的教育

作为维系社会秩序的重要制度,明清科举制度至少具有六种功能:① 选拔做官的人才;② 教育;③ 以举业为职业;④ 价值内化;⑤ 道德教化;⑥ 文化传承。对前三项功能,清朝政府在废科举时设计了相应措施,而后三项疏于关照。②新学制取代科举制后,除读经讲经作为首要内容列入学校课程知识外,以往科考内容留存无几。与清末应变求存的现实相适应,新式学堂更注重"做事"能力的培养。科举制所承担的道德教化和文化传承在新式学堂教育中有所弱化,较难做到体用兼顾。新教育取代旧教育,在教育追求上从功名转向了利益;在教育内容上,道德层面的"礼"转向了智识层面的"物",人们对专业的知识与技能日趋重视,对修身的道德品行却逐渐漠视。

---

① 张百熙、荣庆、张之洞:《奏请递减科举注重学堂片》,收录于璩鑫圭、唐良炎《中国近代教育史资料汇编:学制演变》,上海教育出版社 1991 年版,第 528 页。

② 关晓红:《终结科举制的设计与遗留问题》,《中山大学学报(社会科学版)》2011(5):16。

（二）新学制建立对实业教育课程发展的促进作用

1. 合法性知识的重新界定，使实业教育课程知识登入大雅之堂

实业教育的最初形态可以追溯到原始社会，人类赖以生存的生产劳动技术需要通过师徒方式得以传承。然而，教育作为独立的专门化社会活动后，却远离了生产劳动，成为"闲暇教育"。在中国，"劳心者治人，劳力者治于人"的观念使得生产劳动教育一直游离于学校机构，长期停留于经验传承的原始状态。统治阶级施行科举制，促使传统书院、私塾成为政治意识形态合法化的重要机构。"在皇权与科举的夹缝中，教育不过是礼制的一部分。"①一方面，统治阶级强力通过科考内容规约合法性知识的选择与传授，使得维护统治阶级利益的意识形态在"明人伦"的教育目的掩盖下得以维持和扩展。另一方面，以四书五经为代表的合法化课程知识对受教育者进行训练与控制，使莘莘学子成为意识形态所要求的社会成员。

从隋朝至清末，科举考试科目呈现单一化的发展趋势。明清的八股取士使学校教育内容局限于学作八股文，而历代科考所涉及的天文、历算、经史、舆地、税赋、河工等实学被束之高阁。科举自身演变的僵化以及效仿西学的新式学堂逐步壮大，形成内外双重力量，动摇了科举所规约的合法化知识。1864 年，李鸿章提出专设一科取士，以试天文、算学、格致翻译学，与科甲正途并重。1879 年他又大力声援"开艺科，课西学"。1884 年国子监司业潘衍同上《奏开艺学科折》。1887 年，御史陈秀莹奏请将明习算学人员量予科甲出身。1903 年袁世凯、张之洞《奏请递减科举折》，直至 1905 年正式停废科举。持续半个世纪的争论，从改科举到废科举，意味着传统合法性知识的彻底解构，占据主导地位的维新派通过整体性移植西方学制重新建构了新的合法性知识。实业教育课程知识随着科学实用的西学内容一同步入学校教育的殿堂。特别是在"实业救国"的主流思潮下，"实业教育"一跃成为清末民初学校教育的代名词。一方面在中小学教育中开设了许

---

① 关晓红:《晚清学部研究》,广东教育出版社 2000 年版,第 28 页。

多实用类课程，另一方面通过高级、中级、初级实业学堂（包括女子实业学堂）的建立，农工商矿等专业课程逐步体系化。新学制保障了实业教育课程知识的合法性地位，然而要获得民间的身份认同及信任需要一个漫长的接受过程。

2. 选官向育人功能的转变，促进实业教育课程体系的构建

作为文官的选拔制度，科举制度的设计堪称精妙绝伦，世界多国曾一度效仿推行。然而，和所有标准化的测试一样，高度程式化的科举考试容易出现流于形式的弊端。日本经历了明治维新后，毅然放弃科举之路转向效仿西方近代学校教育制度。曾被鄙夷为"蕞尔小国"的日本，其迅速转型的成功案例引起了中国人震惊与非理智的追捧。深陷内忧外患之困境中的清王朝不得不考虑调整人才选拔的方式。新式学堂的创建就是效仿西方寻求实用人才培养的一种尝试。福州船政学堂全面引入西方军事人才培养模式所取得的成就，愈加反衬了科举在培育技术人才、实用人才方面的薄弱。

在废科举、兴学校的改革浪潮中，学堂课程突破了儒学的藩篱，开始引入大量近代西方自然科学和社会科学课程，逐步建立较为完整的课程体系。通过移植西方学制，我国实业教育课程走上了制度化发展的道路。《奏定实业学堂通则》构建了不同类别、不同等级的实业学堂，包括高、中、初等农、工、商实业学堂、商船学堂，以及实业教员传习所和艺徒学堂等，规定了各实业学堂开设的课程内容，主要包括通识类课程、专业类课程及实习。在制度性框架下，各地纷纷开设实业学堂及课程，实业教育课程发展获得突破性进展。

3. 教育经费渠道拓宽，民间绅商捐资办学促进实业教育服务地方经济

今天看来，科举制度的终结不仅意味着实业教育挣脱了制度上的束缚，更为关键的是推动了民间工商业的发展，并为实业教育发展提供了必要的物质条件，从而实现了实业教育与地方经济的相互促进。清朝政府颁布新学制后，面临的最大问题就是办学经费不足。洋务学堂全凭朝廷、官府银两支持的模式无法推广，也不易持久。一方面，政府呼吁并奖励绅商

捐资办学，《奏定实业学堂通则》中有"各省官员绅富，有能慷捐巨款报充兴办实业学堂经费者……应量其捐资之多寡，分别奏请从优奖励，以为好义急公者劝"。另一方面，早期绅商具有强烈的爱国思想和社会责任感，使得他们创办企业不单纯是为了积资生利，而在于振兴实业教育。有学者认为，具有知识涵养的绅商，一方面将知识结构的支点建立在具有悠久文化传统的中学"致用"基础上，另一方面将另一个支点搭架在西学"实用"价值上，从而发挥了沟通中西的桥梁作用，也为他们投身于资本主义工商业做了理论与知识上的准备。[①] 民间绅商及行业组织所办的实业学堂，其课程知识与实业紧密联系，其教学过程与生产实际密切相关，这是官学所不能企及的。

二、思想领域：赴日考察官商的实业教育课程观

清末大批官商赴日考察教育，对推进实业教育影响深远，不仅在我国第一部学制中明确了实业教育的地位，而且在国内掀起了实业教育思潮。据统计，1898 年至 1911 年我国赴日考察人数有 1200 人左右，大部分为公费派遣的各级地方政府官吏、学校以及事业团体的负责人，少数为自费的实业家等。[②] 相较于大批留日学生而言，他们身居要职，在实业教育推进过程中发挥了举足轻重的作用。然而，研究中日关系史的学者吕顺长指出，关于清末中国人赴日参观考察的研究还很薄弱，直至近年才逐渐引起学界广泛重视。[③] 因此，从学术研究的角度来看，探讨清末赴日官商实业教育课程观具有较大的研究空间。

通过考察赴日官商留下的大量"东游日记"，笔者发现官吏和绅商对日本实业教育课程考察视角不同，对发展国内实业教育课程的主张也各异，他们所针对的国内问题往往决定了他们所看到的国外参照物。受清末推

---

① 阎广芬：《经商与办学——近代商人教育研究》，河北教育出版社 2001 年版。
② 汪婉：《清末中国对日教育视察之研究》，收录于吕顺长《清末中日教育文化交流之研究》，北京：商务印书馆 2012 年版，第 111 页。
③ 吕顺长：《晚清中国人日本考察记集成·教育考察记》（上），杭州大学出版社 1999 年版，总序。

行新政运动影响,由政府派遣的官吏往往以考察日本学制、学校章程等为要,如吴汝纶《东游丛录》、姚锡光《东瀛学校举概》、罗振玉《扶桑两月记》等记录了他们对日本学校制度及管理机制的所见所闻,对实业教育课程的考察常常置于学校体系中。而绅商立足于社会实业考察实业教育课程内容,他们跳出了教育的范畴研究实业与教育的关系、社会与学校的关系,如张謇《癸卯东游日记》和周学熙《东游日记》等不仅记录了日本教育机构状况,还包括工商业单位的情形。两类群体、两种视角演绎了两种实业教育课程发展的逻辑,对清末实业教育课程实践产生了不同影响。

(一)官吏的实业教育课程观

1. 姚锡光——人才任用视域下的课程观

姚锡光是近代中国派官员专程考察日本学校的第一人,他所撰写的《东瀛学校举概》大致将日本学校分为三大类:普通学校、陆军学校、专门学校。其中,专门学校共有六科:文、法、理、工、农、医。在他看来,实施实业教育的学校归属于"专门学校"的类别中,除文、法科主要培养官员外,理科"实为百工技艺之源",工、农、医科相应于高等阶段的实业教育;他还特别提到了工业学校、徒手学校,作为大学校工科之"胼枝"。可见,姚锡光并没有按照学科分类逻辑认识日本专门学校,在"义理"与"艺事"二元对立的传统文化观念下,他似乎顺理成章地划分为"官吏之学"与"百工之学"。研究中国近代教育史的法国学者巴斯蒂曾指出,中国人确实可能由于面临外国统治的现实而被迫朝外看,但这从来也没有在中国人进行教育借鉴时支配他们的选择。[①] 因此,对日本实业教育课程的认识,姚锡光更习惯于从人才任用的角度去区分课程等级及类别。

在学校定位上,他从人才培养层次上进行区分,如在工科方面:"大学校"培养"官民各厂技师";"工业学校"培养"各厂二等技师";"技手学校"培养"犹华语所谓工头也"。学校层级划分相应于人才的等级,暗合了特定的

---

① 巴斯蒂:《是奴役还是解放——记 1840 年以来外国教育实践及制度引入中国的过程》,收录于许美德、巴斯蒂《中外比较教育史》,上海人民出版社 1990 年版,第 12 页。

社会秩序。在课程设置上,他将人才任用所需与学校开设课程门类紧密关联起来。

> (大学校)工科之中凡应用电学、应用化学、土木学、桥梁学、铁道学、造船学、机器学、采矿学、兵器制造学皆属焉,出而为官民各厂技师(即中国各厂之总监工)、司大调度。农科之中凡树艺学、林木学、畜牧学、兽医学、蚕学及培灌之方、去虫之法、土质之宜,一切新法皆属焉,出而为农商务省及各农务试验所技师并通国农学校教习。①

2. 罗振玉——知识功用视域下的课程观

罗振玉以湖北农务局总理兼农务学堂总监督的身份赴日考察,其撰写的《扶桑两月记》中考察日本实业学校有:高等工业学校、私立女子职业学校、农科大学等。他对于实业教育的认识是基于普及教育之上的。比照日本,他认为"中国今日尤当以普及教育为主义,预定义务教育年限,先普通而后高等。考东西小学教育,所授为道德教育,国民教育之基础,及人生必须之知识技能,此最为中国今日之急务"。② 这一观点在其所写的《学制私议》中也有相关阐释。关于实业教育课程,他纵观各国实业学校,从知识功用上区分为两类课程,分别是学理研究和实际应用。

> 论实业教育,列国大略分为两途:一为学理上之研究,一为作业上之应用。上者以发明新理,改良旧法,下者以熟练知识,研习技能。二者虽非画为二途,然设教之宗旨已殊,故受教者之成材亦异。国家视二者本不偏重,然究以作业之应用多,故义主普及,教育之为此者多,此职工手工补习艺徒诸学校之所由众也。③

可见,罗振玉是依据科学技术知识的实用价值来理解实业教育课程

---

① 姚锡光:《东瀛学校举概》,收录于吕顺长《晚清中国人日本考察记集成·教育考察记》(上),杭州大学出版社 1999 年版,第 11—12 页。

② 罗振玉:《日本教育大旨》,收录于吕顺长《晚清中国人日本考察记集成·教育考察记》(上),杭州大学出版社 1999 年版,第 234 页。

③ 罗振玉:《论兴实业教育之法》,收录于璩鑫圭、童富勇、张守智《中国近代教育史资料汇编:实业教育·师范教育》,上海教育出版社 2007 年版,第 40—41 页。

的,无论是学理性的理论课程,还是应用性的实践课程,都是置于"用"的位置上进行内容的选择。从实用价值来决定实业教育课程内容的取舍,使得蕴含在西方近代科学技术知识中的科学精神,以及由此决定的科学价值观念和科学思想方法,未得到充分的认识,一定程度上束缚了清末实业教育课程发展。

3. 吴汝纶——中西比照视域下的课程观

时任京师大学堂总教习的吴汝纶,在花甲之年赴日四月有余,所著《东游丛录》对日本教育制度、学校运营等方面进行了最为细致的描述。他在看待日本西式教育过程中常常以中学为参照,且悲观地认为"中学西学不可兼存"。他所见的日本实业学校是没有教科书的,教学不重言传而重实习,迥异于我国书院教育。

> 实业学校无教科书,尽用讲义。课程皆须实地练习。如商业须演习商肆,银行学须演习银行,公司学须演习公司。有商品陈列馆,考究各种标本。农学有农田试验,林学有演习林。札幌农学校卒业,与大学同,可任农学士。高等商业研究生,或一年,或二年,卒业可任商学士。[①]

他并不认可日本学校开设门类过多的课程,因为容易导致学习效果不佳,他不同意张之洞提出的"新旧兼学","西学但重讲说,不须记诵,吾学则必倍诵温习,此不可并在一堂。合四五十生徒同受业,则不能与西学混同分科;若西学毕课再授吾学,则学徒脑力势不能胜。此鄙议所谓不能两存者也"[②],他担心会出现"西学未兴、吾学先亡"的后果。他看到西学课程无法适用于中学的教法,固有其保守之一面,但实质上指出了教育改革所面临的课程问题与教学矛盾,对现实状况的认识十分深刻。

---

① 吴汝纶:《东游丛录》,收录于吕顺长《晚清中国人日本考察记集成·教育考察记》(上),杭州大学出版社1999年版,第250页。

② 吴汝纶:《答贺松坡》,收录于《吴汝纶全集》(三),施培毅、徐寿凯校,黄山书社2002年版,第406—407页。

(二)绅商的实业教育课程观

1. 张謇——"政、学、业"协调理念下的课程观

在访日之前,身为通州(今南通)大生纱厂董事的张謇,已形成了"实业与教育迭相为用"的思想,他认为实业与教育是相辅相成的,并且形象地比喻为"父实业、母教育",以实业辅助教育,以教育改良实业,一直是他进行教育改革的指导思想,他所兴办的各类学校在很大程度上是依靠他所创办的实业所得资金为基础的,而学校所培养的各类人才充实并改善了实业的发展。

不同于官吏受命考察日本学校,张謇自主联系、自行安排,关注日本实业需求下的学校发展。短短70天,他考察了35处教育机构和30个农、工、商场所,而且每日必问,每问必记,每记必思,所著《癸卯东游日记》与一般附庸风雅的趋时之作有很大的区别。张謇感慨于日本上下一心,合力次第仿行西法,无论是兴实业还是兴教育,都离不开政、学、业三方的共同努力。

> 就所知者,评其次第,则教育第一,工业第二,兵第三,农第四,商最下,此皆合政、学、业程度言之。政者君相之事,学者士大夫之事,业者农工商之事。政虚而业实,政因而业果,学兼虚实为用,而通因果为权。士大夫生育民间,而不远与君相,然则消息其间,非士大夫之责而谁责哉?孔子言:以不教民战,是为弃之。夫不教之民,宁止不可用为兵而已,为农、为工、为商,殆无一可者。然则图存救亡,舍教育无由。而非广兴实业,何所取资以为挹注,是尤士大夫所当兢兢者矣。[①]

张謇对日本教育的考察置于社会发展的大环境中,教育的发展需要与政治、经济、文化等因素相协调。日本广兴实业与教育是以政府政策支持为前提的,而这一点在张謇看来恰恰是中国最为缺乏的。因此,他修正了"实业与教育的迭相为用"的思想,将"政"作为发展实业与教育的首要前提,而自身实践也进一步证实了缺乏"君相"的作为,"业"与"学"的发展都

---

① 章开沅:《张謇传》,中华工商联合出版社2000年版,第170页。

步履艰难。张謇将发展教育实业作为"士大夫"的重要使命,这里所说的士大夫已不是保守顽固的科举文人,而是锐意改革发展近代实业、教育的开明士绅,发挥着联结君与民的桥梁作用,承担着广兴实业、普及教育的历史重任。

张謇将日本明治维新的成功归结为"有知识,能定去向"的政府能够"以予为取",这种崇尚务实的精神充分体现在发展实业与教育中,也成为学校课程选择的主要价值取向。借鉴日本军国民教育思想,他认为"国家思想、实业知识、武备精神三种,为教育之大纲,而我邦之缺憾。"①其中,实业知识作为课程选择的根本要义,在各类学校中均须落实,并非一般意义理解的实业学校所独有。如在义务教育阶段普设农工商学院,训练儿童职业观念,培养儿童学以致用的习惯;在师范教育中开设随意科,如政治、经济学、农艺、化学等,又根据社会需要开办测绘、蚕桑、农、工等科。值得一提的是,张謇并非一味效法日本,而是警惕于实业与教育发展中的道德问题。"嗟乎! 日人谋教育三十年,春间教科书狱发,牵连校长、教谕等近百人。今察其工商业中私德之腐溃又如此,以是见教育真实普及之难。"②在道义和功利之间寻求协调是张謇进行课程选择的重要原则。

2. 周学熙——"工学并举"理念下的课程观

清末与张謇齐名,并称"南张北周"的另一位实业家、教育家是北洋工艺局(又名直隶工艺总局)总办周学熙。与张謇经历不同,周学熙深得直隶总督袁世凯的信任,加之家族世交、联姻关系等因素,他开创工商实业、举办教育事业获得了北洋政府的鼎力支持。因此,他没有遇到张謇所面临的"官智未开"所带来的创业阻力,相反,在袁世凯倡导"新政"的直隶省实现了由洋务运动时期"官督商办"发展为官商一体化、共同关注企业发展的紧密联盟。③ 在这样的背景下,周学熙开工厂、办学校具备了得天独厚的有利条件。

---

① 章开沅:《张謇传》,中华工商联合出版社 2000 年版,第 158 页。

② 张謇:《癸卯东游日记》,收录于吕顺长《晚清中国人日本考察记集成·教育考察记》(下),杭州大学出版社 1999 年版,第 549 页。

③ 冯云琴:《官商之间——从周学熙与袁世凯北洋政权的关系看启新内部的官商关系》,《河北师范大学学报(哲学社会科学版)》2003(4):127—132。

1903年,袁世凯派周学熙赴日考察3个月,周学熙认为"日本维新最注意者,练兵、兴学、制造三事","其练兵事专恃国家之力,固无论己,而日本的学校、工厂由于民间之自谋者居多",从而决定"兴学办厂"①。周学熙兴办的学校并没有像张謇一样,从师范教育抓起,从普及教育做起,受袁世凯委任,他主要从事工业建设,也立志振兴工业,因此兴办的教育集中于培养工业技术人才。访日归来,周学熙将日本的富强归结为工业振兴"国非富不强,富非工不张"②,并欲将考察所得付诸实践,他所闻所见日本推行实业补习学校、徒工学校、展销会等种种经验做法在日后创办的北洋工艺总局中都一一得到了转化与应用。周学熙进一步坚定了"工非学不兴、学非工不显"之教育理念。基于此,他逐步形成了"工学并举"的课程观,主要包括:一是工与学的紧密结合。兴学之初,周学熙直指过去工业学堂人才培养存在的主要弊病在于"因习其理而不习其器,则终无真切之心得"③。他所创办的高等工业学堂要求师生除了课堂讲习以外,均需要实地练习、躬亲试验。为了保障"习理"与"习器"的有机结合,周学熙将工业学堂与实习工场"联络一气","兼以工场为工业学生试验、制造之所,而学堂各科教习,即可为工场工徒讲课之师,相辅相行,收效较速"。④ 二是注重科学知识。周学熙深知发展实业需要依靠技术人才,而人才培养离不开科学知识。效仿日本工业学校,周学熙创办的高等工业学堂课程设置以理化为基础,以实用技术为主要内容,主干课程包括数、理、化、机器学。为了保证课程知识的科学性,周学熙不惜重金聘请日本、英国教习,所付佣金是中国教习的10倍甚至是20倍。

(三)两种实业教育课程发展逻辑及对实践的影响

从上文列举的赴日官商的课程观来看,两类群体对实业教育课程的期待是不同的,深受中国传统文化熏陶的官吏在认识日本实业学校课程时摆

---

① 唐少君:《周学熙与北洋工艺局》,《安徽史学》1987(4):41。
② 刘宏:《周学熙与清末直隶实业教育》,《经济论坛》2004(3):158。
③ 甘厚慈辑:《北洋公牍类纂(卷十六)》,台湾:文海出版社1967年版,第3页。
④ 李楠夫:《周学熙实业教育活动述论》,《历史教学》2000(8):20。

脱不了教化思想的影响,对实业教育课程的认识囿于人才选拔的政治规约;而经营社会实业的绅商能够从发展实业的根本探寻技术人才、专门人才培养方式及规律。两类群体的课程观演绎了清末实业教育课程发展的两种逻辑,在不同领域对课程实践产生影响。姚锡光、罗振玉、吴汝纶等直接或间接参与清末新学制的制定,他们的思想不仅左右了新学制对实业教育课程的定位与选择,也影响了清末学部推进实业教育课程的方式,占据主流地位。而张謇、周学熙等实业家经营企业、创办学校,扎根于实践领域自行探索实业教育课程发展路径,其影响范围局限于地方。

1. 基于教化传统的实业学校课程发展逻辑及命运

自古以来中国人就把教育置于政治、社会的概念中,将教化视为一种国家的职能,由国家来执掌。清末随着学校体系的建立,逐渐形成了以学校为中心的教化传统。对于浸染于这种环境中的中国人来说,在看待异域的教育经验时,不免带着中国传统教化的眼光去理解西式教育的新面孔,特别是对于接受了传统教化又成为教化国人的中国官吏来说,他们对实业教育课程的制度设计常限于政教合一的定式中。

癸卯学制以日本学制为蓝本,但是在推进实业学校课程建设上,清末学部以学校体系建构为首要目的,忽视了社会实业发展需求对实业教育的要求,这一逻辑巩固了知识体系在学校教育中的循环、封闭。经过这种课程模式培养出来的毕业生多数进入机关或教育部门,而他们对于未来的期待或为升学或为讲学,仍旧局限于实业教育自身的圈子。学堂教育自成体系的形成,受制于教育政策引导,同时也与当时社会经济、文化相吻合,"社会生产事业极不发达,人民思想又重视文字教育,轻视技术教育"①。因此,缺少实业的支撑和诉求,加上传统教化思想的限制,实业学校课程的选择更多倾向于与升学制度相匹配的知识体系。实业学校课程强调课程知识的衔接,弱化了与外部实业的联系。虽然学部也反复强调实习的重要并加

---

① 钟道赞:《现代中国职业教育之产生与其发展》,收录于璩鑫圭、童富勇、张守智《中国近代教育史资料汇编:实业教育・师范教育》,上海教育出版社 2007 年版,第 560 页。

大了实习的课时比例,但局限于理论验证的学堂实习仍未有效地建立与社会实业的稳固联系。因此,实业学校课程封闭体系的形成在所难免。这一情形至民国初年仍未得到改善,实业学校规模扩张掩盖了课程发展的问题,历经 10 年,当大批实业学校毕业生反成为"失业人员"时,沉积的社会矛盾终于掩盖不住实业教育的课程问题而爆发了。

2. 基于实业需求的实业教育课程发展逻辑及命运

相较于官吏,绅商聚焦于实业教育发展路径没有局限于教育范畴讲求实业学校的系统性,而是从发展社会实业之需审视实业学校教育。他们创办实业学校,常常服务于经营企业的需要或改良地方社会实业发展,因此学校形式多样、课程内容丰富,特别注重学以致用的实用知识及实习训练。张謇创办大生纱厂后立即着手开办商业学校及银行专修科,以培养商界人才。一方面在公立中学中附设初等商业学校,另一方面建立甲种商业学校。商业学校的课程主要有:商业道德、国文、英文、商业算术、经济学、商业要领、商业法规、体操等,去除了新学制所要求的读经讲经课程,以日本商业学校课程设置为蓝本增添了许多实用性、操作性课程,以满足商业发展需要。周学熙兴办的北洋工艺局,集政府机关、实业经营、学校教育、产品展销、技术推广等于一体,既是"北洋官营实业之总机关",也是"直隶全省实业之枢纽",主要包括实习工场、劝业铁工厂、考工厂、工业学堂四项。可见,绅商始终将实业学校置于社会实业发展的大环境中,对课程内容的选择也以实业发展需求为第一准则,展现了不同于教化传统规约下的实业教育课程发展逻辑。

然而在"学而优则仕"的传统教育价值取向下,他们的先进思想并没有得到政界的充分认可,他们的锐意改革也没有得到民众的广泛支持。"凡成一事,兴一业,无不有危疑震撼之者。如是则学何从兴? 教育何从普及? ……謇所以历引前事,备尘聪听者,以见今日草野士大夫有志实业教育者之未易言,非忍气耐苦,必无着手之处。"[①]张謇、周学熙等一批实业家

---

① 张謇:《论创办地方实业教育致端抚函》,收录于璩鑫圭、童富勇《中国近代教育史资料汇编:教育思想》,上海教育出版社 2007 年版,第 538—539 页。

所秉持的实业教育课程发展观,虽未能在清末实业教育课程实践中形成主流思想,然而囿于学校体系的实业教育课程制度所凸显的社会矛盾,引发越来越多的有识之士开始关注教育与实业的沟通。从这个意义上,清末绅商所秉持的基于实业需求的实业教育课程观为 20 世纪初职业教育课程思想的形成奠定了基础。

三、制度领域:学制更迭中实业学校及课程设计的变迁

一切制度都是时势的产物,学校制度亦如此。在敌强我弱的局势下,清末民初我国新教育的推行都是在效仿、移植他国过程中以求自强。陶行知在《中国建设新学制的历史》一文中指出,甲午战争以前的新学堂"专务抄袭西国学堂的形式",而光绪二十八年(1902)的学制(壬寅学制)、光绪二十九年(1903)的学制(癸卯学制)以及民初学制(壬子癸丑学制),主要受日本学制影响,虽越抄越完备,但始终缺少独立精神。[①] 上述观点不免有些武断,却反映了三个学制受制于外力影响的共同特征。随着对效仿国学制体系的深入理解,我国学校系统与教育行政系统开始分离,崇尚实用在教育宗旨中逐步明确,一定程度上给实业学堂课程创造了独立发展的空间;然而受限于科举与学堂合一的设计思路,以及以升学为导向的学制体系,实业学堂课程虽意在发展社会实业之需,却很难跳出考试、升学、为官所规限的怪圈。

(一)实学内涵阐释的具体化

1902 年,张百熙在《钦定京师大学堂章程》中开篇第一条即明确学堂设立宗旨。其中虽未提及"教育宗旨"字样,但作为统摄学校的纲领,实质承担了明确教育宗旨的作用。"京师大学堂之设,所以激发忠爱,开通智慧,振兴实业;谨遵此次谕旨,端正趋向,造就通才,为全学之纲领。"[②]然而定位

---

① 陶行知:《中国建设新学制的历史》,收录于璩鑫圭、唐良炎《中国近代教育史资料汇编:学制演变》,上海教育出版社 1991 年版,第 1052—1053 页。

② 璩鑫圭、唐良炎:《中国近代教育史资料汇编:学制演变》,上海教育出版社 1991 年版,第 235 页。

于培养效忠之"通才"的学制,全部章程关于"振兴实业"方面,仅提及开设实业学堂而已,相应课程也未设计。这一不足在随后颁布的《奏定学堂章程》中得到了纠正,在原有章程中增加了实业学堂及实业教员讲习所章程等,并落实到了课程层面。清朝政府于1912年正式颁布了教育宗旨,依旧贯彻忠孝之本,"尚实"作为末项,与"忠君、尊孔、尚公、尚武"并称。

> 所谓尚实者何也?夫学所以可贵者,惟其能见诸实用也。历代理学名人,如宋之胡瑗,明之王守仁,国朝之汤斌、曾国藩,能本诸躬行实践,发为事功,足为后生则效。……查泰西三百年前,其学术亦偏重理论,自英人培根首倡实验学派,凡论断一事一物,必有实据以为征信。此风既兴,欧洲政治教育理学诸大家,遂争以穷幽索隐之思,发平易近切之理,此泰西科学所以横绝五洲,而制造实业之相因以发达者遂日进而不已。……方今环球各国,实利竞尚,尤以求实业为要政,必人人有可农可工可商之才,斯下益民生,上裨国计,此尤富强之要图,而教育中最有实益者也。①

从治学的实用性、实证性出发,对"尚实"进行解释,援引了理学名人的治事方式,以及西方科学发达由来进而证实,穷其理的科学知识能够促成实业之发达。相较于传统教育"高谈性命,崇尚虚无"的"虚病","尚实"强调了知识的学理性,是具有进步意义的。基于这一宗旨,要求中小学堂"勖之以实行,课之以实用",实业学堂以"振兴农工商各项实业,为富国裕民之本计",为学堂课程发展指明了方向。然而设计者试图通过学堂施予科学知识,以发达实科学派、发展实业的构思是不够完善的,教育实践难以摆脱为知识而知识的局面,仅是所授的知识发生改变而已。

民国元年,教育部改订教育宗旨,为"注重道德教育,以实利教育、军国民教育辅之,更以美感教育完成其道德"。其中,将"尚实"改为"实利主义",与其他宗旨相比,虽处于辅助地位,但并未置于末位。时任教育总长

---

① 舒新城:《中国近代教育史资料》(上册),人民教育出版社1961年版,第224页。

蔡元培区分了两种教育，一曰隶属于政治者，一曰超轶乎政治者，实利主义作为"隶属于政治之教育"；从心理学角度区分了知识、情感、意志，"实利主义毗于知识"；从教育的角度区分了体育、智育、德育，"实利主义为智育"；从教育方法论角度区分了形式主义和实质主义，"实利主义为实质主义"；以人之身体为隐喻，"实利主义者，胃肠也，用以营养"。他进一步考察学堂中各门学科，认为历史、地理、算学、物理、化学、博物学应用、实物图、手工等都属于实利主义。[1] 由此可见，蔡元培所指的实利主义是对"尚实"的进一步解释，其积极意义表现在从国家立场转向了兼顾国家与个人对教育的需要。他从智育的维度提出"实利主义"，将学问知识作为完善道德的重要途径，然而将与"实利主义"相应的知识限定为发展学生认知的工具类、实用性学科。

1915 年，北洋军阀颁布了七条教育宗旨"爱国、尚武、崇实、法孔孟、重自治、戒贪争、戒躁进"，"崇实"一下跃升为第三位。针对实业衰颓、财政匮乏、军备单弱之"空"现象归结为由学术不实造成，故对教育提出了要求，而对"崇实"的理解更为具体化。

> 崇实之道，分两项言之：一曰物质之实，若数学科、理化科等，皆国民知识技能必需之学科也；不得徒事纸上之研究，必验之实际，以为利用厚生之道。一曰精神之实，若政治学、法律学、教育学等，皆立国之大本大原也，不得徒为理论之竞争，必体察国俗民情以定实地施行之准则。

同"尚实""实利主义"一样，"崇实"仍停留于学术、学科的范围内，然而设计者区分了一般平民所需的"物质之实"与精英人士研究的"精神之实"，并在两者之间搭建了相互沟通的桥梁，引导学堂教育开始关注未曾重视的平民教育、生计教育，具有积极意义。这一阶段的决策者不约而同地把讲求务实的学术之风作为达成实业兴、物产丰、国家盛的必经之路，但忽略甚

---

[1] 蔡元培：《对于教育方针之意见》(1912)，收录于璩鑫圭、童勇男《中国近代教育史资料汇编：教育思想》，上海教育出版社 2007 年版，第 682—688 页。

至排斥兴实业而后带动实业教育的基本路径。教育宗旨所倡导的实学更多地体现为学堂传授科学知识,这是对清末民初教育内容空疏陈腐的纠正,反映了对西方科学思想逐步深入认识的过程。然而,以兴盛实业为目的的实业学堂,在以推崇知识教育的制度设计下,难以从升学之"实"转向就业之"实"。

(二)实业学校地位及层级设置的变化

清末学制把实业学堂置于较为重要的地位。"农、工、商各项实业学堂,以学成后各得治生之计为主,最有益于邦本。"[①]未颁布的壬寅学制,虽未单列实业学堂章程,但已明确了三个等级,分别为高等专门实业学堂、中等实业学堂和简易实业学堂。有关说明在高等、中等、小学学堂章程中各列了一条,如《钦定高等学堂章程》"于高等学堂之外,得附设农、工、商、医高等专门实业学堂,俾中学卒业者亦得入之。又于商务盛处,则设商业专门实业学堂;矿产繁处,则设矿务专门实业学堂,皆宜相度地方情形逐渐办理"。[②]在此基础上,癸卯学制中实业学堂也分为三级,即初等实业学堂、中等实业学堂和高等实业学堂,分别相当于高等小学、普通中学和高等学堂程度。另外,实业学堂的种类有了扩充,有实业教员讲习所、农业学堂、工业学堂、商业学堂、商船学堂;其水产学堂属农业,艺徒学堂属工业。这个学制基本上是以日本学制为蓝本设计的,就章程本身而言,"实业学堂的诸章程比日本同时期的实业学堂章程更加完备、合理"[③]。应该说,实业教育在学制中的第一次亮相,即以普通教育同等的地位、相对独立和完整的形态出现,决策者将其作为不同于官吏培养、造就实业人才的专门途径,摆在了重要的位置上。张之洞在《劝学篇》中谈及农工商学时,认为劝农之要为

---

①《奏定学务纲要》(1904),收录于璩鑫圭、唐良炎《中国近代教育史资料汇编:学制演变》,上海教育出版社1991年版,第491页。
②《钦定高等学堂章程》,收录于璩鑫圭、童富勇、张守智《中国近代教育史资料汇编:实业教育·师范教育》,上海教育出版社2007年版,第5页。
③钱曼倩、金林详:《中国近代学制比较研究》,广东教育出版社1996年版,第121页。

讲化学、工学之要为教工师、商学之要为通工艺。① 然而,视学堂教育为学术教育、学问教育的决策者,对实业教育的设计仅是在课程门类上与普通教育有所差别,而在其他方面则很少区分。因此,形式上虽赋予了同等地位,然而实业学堂难以达成培养振兴实业之目的而遭到诟病。学制以知识教育为主体的设计思路,剥离了实业学堂与实业发展的天然纽带,实难开出实业所需之花朵。

就实业学校来看,民国初期实施的壬子癸丑学制更像是日本学制的翻版②,相比清末癸卯学制,进步的地方在于试图处理好国民教育、人才教育与职业教育的关系。

> 盖无国民教育,则国家之基础不固;无人才教育,则兴办事业乏指挥整顿之人;无职业教育,则在下者生计艰困,在上者辅助乏才。此三者苟缺其一,将曷以为国? 然规定学校系统,必兼顾此种种方面,乃能行之无弊。③

这一设计思路在学制中的具体表现:由小学、中学至大学,循序晋升为正系,实业学校作为旁系满足就业需要。仿照日本 1900 年学制设立甲种职业学校(3 年)和乙种职业学校(3—5 年)的思路,民初学制中"实业学校分为甲种、乙种,甲种实业学校施完全之普通实业教育;乙种实业学校施简易之普通实业教育"④,大致相应于中学、高等小学校层次。将实业学校定格为通向就业的通道,固然应社会发展实业之所需,然而国民教育中优者升学、次者入师范、中等以下者入实业学校的人才分流方式,实则

---

① 陈山榜:《张之洞劝学篇评注》,大连出版社 1990 年版,第 134—139 页。
② 蒋维乔在《民国教育部初设时之状况》中描述"当余之计画学制草案时,理想殊高,部中所招致之留学生,英、美、德、法、俄、日皆备,原拟将各国之学制译出,舍短取长,以造成适合于我国之学制。结果所译出之条文,与我国多枘凿不相容。而起草委员会,屡经讨论,仍趋重于采取日本制。"参见璩鑫圭、唐良炎《中国近代教育史资料汇编:学制演变》,上海教育出版社 1991 年版,第 629 页。
③ 陆费逵:《民国普通学制议》,收录于璩鑫圭、唐良炎《中国近代教育史资料汇编:学制演变》,上海教育出版社 1991 年版,第 620—621 页。
④《教育部公布实业学校令》,收录于璩鑫圭、唐良炎《中国近代教育史资料汇编:学制演变》,上海教育出版社 1991 年版,第 721 页。

降低了实业教育的地位。至此,"职业教育与大学无甚关系,而以中学校为中心"[1],限制了实业教育人才向上流阶层发展的机会。如果说,实业学堂自诞生起享有实现"贵族"的可能,却受限于封建礼教思想的束缚;到了民国初期定格为就业的实业学校,虽赋予了丰富的形式却沦落为"平民"。

(三)实业学校课程设计的变迁

1. 科学知识的确立

19、20 世纪是科学盛行的年代,"可以确信,人们已经看到了科学的兴起如何刺激了工业革命,而工业革命又反过来如何促进了科学在课程中居于前列的重要地位"[2]。未经历工业革命的近代中国,看到的是各国教育反哺社会发展之"果实",却错过了工业革命带动社会结构变化基础上的教育变革的过程,因此错误地形成了以实业教育带动实业发展的逻辑[3]、以效仿各国学堂课程以培养我国所需人才的做法,而忽视了立足我国现状发展实业的所需,单纯地从知识教育出发选择课程。《奏定实业补习普通学堂章程》"凡教授实业科目,必注意令所授之知识技能,非学生在家庭及工场或商店所能学者,始无负学堂教授科学之实力"[4],表明了学堂教育与工场教育的差异,也反映了在课程内容的选择上关注的是知识,排斥的是经验。

第一,大幅度减少传统经学内容。相较于中小学堂,实业学堂课程体系中的传统经学内容被大幅度删减。癸卯学制中小学堂设立修身、读经讲经、中国文学等课程可视为传统教学内容的延续,且仅"读经讲经"一科就

---

[1] 黄炎培:《调查美国教育报告》,收录于《黄炎培文集》(第一卷),中国文史出版社 1994 年版,第 268 页。

[2] 布鲁巴克:《西方课程的历史发展》(上),收录于瞿葆奎《教育学文集·课程与教材》(上册),人民教育出版社 1988 年版,第 74 页。

[3] 《奏定实业学堂通则》(1904)开宗明义提到"近来各国提倡实业教育,汲汲不遑;独中国农、工、商各业故步自封,永无进境,则以实业教育不讲故也"。参见璩鑫圭、唐良炎《中国近代教育史资料汇编:学制演变》,上海教育出版社 1991 年版,第 473 页。

[4] 《奏定实业补习普通学堂章程》(1904),收录于舒新城《中国近代教育史资料》(中册),人民教育出版社 1961 年版,第 777 页。

占总学时的三分之一左右。[①] 而在实业学堂课程体系中,"读经讲经"已彻底删除,只保留修身、中国文学等科目教习通行的官话,达到语言统一的目的。经学的让位,留给实业学堂课程选择更多科学知识的空间。

第二,按照科学知识门类设立课程。在专业大类上,壬寅学制确立了农、工、商三大专业类别(医学仅在高等专门学堂中开设),在此基础上,癸卯学制增添了"商船",至此,农、工、商、商船成为实业教育四大专业类别。在各大类专业门类中,有按照技术工种分类的,也有按照科学知识领域分类的。农业下设5科,工业下设16科,商船下设航海、机轮(机关)2科(见表3-1)。农业大类专业门类命名的变化,"农业"变为"农学","蚕业"变为"蚕学"等,更加讲求课程知识的学理性和科学性。继续比较各专业课程设置,知识性要求体现得更为明显,主要按照科学知识门类开设课程。例如民初乙种实业学校农业专业课程设置了土壤学、肥料学、作物学、园艺学、病虫害学、养蚕学、农产制造学、气象学、林学大意等。

表3-1 清末民初实业学堂专业门类比较

专业门类 学校	农	工	商	商船
癸卯学制初、中、高实业学堂	农业、蚕业、林业、兽医、水产业	土木、金工、造船、电气、木工、矿业、染织、窑业、漆工、图稿绘画、应用化学、机织、建筑、机器、电器、电气化学	(不分科)	航海、机轮
壬子癸丑学制甲、乙种实业学校	农学、森林学、兽医学、蚕学、水产学	金工、木工、土木工、电气、染织、应用化学、窑业、矿业、漆工、图案绘画、藤竹工	(不分科)	航海、机关

[①] 癸卯学制中初等、高等小学堂"读经讲经"一科周课时12,占总课时1/3;中等学堂周课时9,占总课时1/4,另外修身、中国文学周课时各有2—8不等,故传统教学内容所占份额仍有一半以上。

表 3-2　清末民初中等农业实业学堂课程比较

课程\学校	公共类	专业类
癸卯学制中等实业学堂（3 年）	普通科目：修身、中国文学、算数、物理、化学、博物、农业理财大意、体操。可加设地理、历史、外国语、法规、簿记、图画等	实习科目：土壤、肥料、作物、园艺、农产制造、养蚕、虫害、气候、林学大意、兽医学大意、水产学大意、实习。可选择或便宜分合数之，酌加相关科目
壬子癸丑学制乙种实业学校（3 年）	通习科目：修身、国文、数学、博物、理化大意、体操，并得酌加地理、历史、经济、图画等科目	农学科目：土壤学、肥料学、作物学、园艺学、病虫害学、养蚕学、农产制造学、气象学、林学大意等

　　第三，大量编译外国教科书。我国自清末开始设立实业学堂，虽效仿外国学制设置门类齐全的课程，然而最大困难是缺乏专门的教员及相应的教材。"中国现尚无此等合格教员，必须聘用外国教师讲授，方有实际；但仍须有通晓实业科学之翻译，始能传达经义。如一时翻译实难其选，惟有及早选派学生出洋，最为要义。"①译书和派遣留学生，成为清末政府保障实业学堂教授实业科学知识的首要选择。江南制造局翻译馆承担了一部分翻译教科书的工作，1910 年译印了 173 种教材：海陆军科学 37 种；工程 31 种；农业和医学各 20 种；化学和矿业各 10 种；算学和船舶与运输各 7 种；科学、历史和制图各 6 种；万国公法和电学各 5 种；地理、政府、商业和教育各 3 种；物理和天文各 2 种。② 清末留学生主要赴日学习农工商学问，清政府与日本文部省约定，自 1908 年起 15 年之内，计划在日本各专门学校每年培养实业人才有：东京高等工业学校 40 人，山口高等商业学校 25 人，千叶医学专门学校 10 人。③ 至中华民国成立 10 年后，赴日本及欧美国家的官费、

①《奏定实业学堂通则》，收录于璩鑫圭、唐良炎《中国近代教育史资料汇编：学制演变》，上海教育出版社 1991 年版，第 475—476 页。
②《上海制造局译印图书目录》，转引自毕乃德《洋务学堂》，曾钜生译，杭州大学出版社 1993 年版，第 151—152 页。
③ 舒新城：《近代中国留学史》，上海文化出版社 1989（影印本），第 65—66 页。

自费留学生学习农工商专业超过了政治、法律。这些留学生不仅成为翻译实业教材的主力军,也成为实业学堂教员的主要力量。

2. 文实分科的折返

清末学校教育制度主要效仿日本,随着对日本学习的深入,清政府官吏又转向日本的学习对象德国进行考察,受德国文科、实科中学分设的启发,1909年学部要求对普通中等学堂进行文、实分科。[①] 然而不到3年,这项改革就被迫调整,普通中学文科与实科的课程安排几乎又回到过去。[②] 为何受到清政府一致赞誉的德国模式在当时不受用呢? 作为欧洲工业革命的后起之秀,德国实科学校承担了培养各种职业人的重要作用,清末引入过程中为何没有带动实业学堂课程的发展?

从学部递呈的奏折中我们可以发现,清政府对文实分科的意义认识是清晰的,然而对德国实科中学的起源及发展过程是不甚了解的,特别是对与学校教育制度相适应的社会环境是缺乏考察的。对文实分科的缘由,清政府学部从学术之分、学习者各有所长的角度来理解。

> 窃维治民之道不外教养,故学术因之有文学与实学之异。特是教养两端,分之则各专一门以致精,合之则循环相济以为用。……学文科者当求文学之精深,学实科者尤期科学之纯熟。[③]

由学术的二分,推演至治学者学习的差异,故学堂知识教育选择的课程也应各有侧重。顺着这一逻辑,进而考查学生学习的特点,进一步证实了文实分科的益处。

[①]《学部"奏变通中学堂课程分为文科、实科折》(1909)中有"近世德国学术号为极盛,考其中学堂之制,文科实科则系分堂肄习。近来言者条陈学务,亦颇有以文、实分科教授为言者。臣等公同商酌,筹度再三,远稽湖学良规,近采德国成法,揆诸学堂之情形,实以文、实分科为便"。参见舒新城《中国近代教育史资料》(中册),人民教育出版社1961年版,第517—519页。

[②] 吕达在《课程史论》中就"清末普通中学课程短暂的文科分科"进行专门的数据统计得出:"宣统元年文实分科中学的文科所设课程的内容,同奏定中学堂的课程内容基础上差不多。……实科的课程,对读经讲经的程度有所降低,而算学、理化、博物等课程的程度均有了加深和提高。"

[③]《学部奏变通中学堂课程分为文科、实科折》,收录于璩鑫圭、唐良炎《中国近代教育史资料汇编:学制演变》,上海教育出版社1991年版,第552—553页。

　　无如近日体察各省情形,学生资性既殊,志趣亦异,沈潜者于实科课程为宜,高明者于文科学问为近,此关于天授者也。志在从政者则于文科致力为勤,志在谋生者则于实科用功较切,此因于人事者也。本此数因,遂生差异。[①]

　　基于上述认识,他们简单地将德国的做法类比为我国宋代胡瑗的分斋授业方式,故选择在普通中学堂中分设文科、实科,将原来的 12 门课程划分为两类,并设置不同的课时比例。爬梳德国实科中学的渊源,主要动因并非来自"学术二端"培养专门人才之所需,支撑发展的动力来自实业界崛起的资产阶级对维持其社会等级地位的学校教育的渴求。[②] 传统为贵族子弟设立的拉丁学校和文科中学无法满足他们发展实业的需求,而为下层贫民设立的初等学校又与他们的社会地位不相吻合,故 18 世纪产生了由私人出资开设的实科学校,政府也开始设立实科中学以及专门学校,并最终纳入国家教育体制中。实科学校设立的宗旨是通过有计划的教学,为从事各种职业的人提供就业准备,课程注重职业训练。

表 3-3　德国实科学校课程与我国清末中等学堂实科班课程比较

学校	科目	内容
黑克尔"经济—数学实科学校"商业班(1747)	商业应用文	订购单、出货通知、船舶文件,票据,委任状,弃权状,契约
	商业知识	国内外商业,自营业,批发,合办商业,手工和工场羊毛加工品贸易,丝织品贸易,材料贸易,酒类贸易
	财税	关税,信用,债务,结算,核算,股份
	货物	车辆、仓储、货物、集散、商品出纳
	期末讨论	英国商业与制造长,商业机械的有效应用,毛织品贸易,小型丝织品商业,德国的货币制度
	选修	徽章,博物,自然,机械,手工与工厂加工

---

① 《学部奏变通中学堂课程分为文科、实科折》,收录于璩鑫圭、唐良炎《中国近代教育史资料汇编:学制演变》,上海教育出版社 1991 年版,第 553 页。

② 王川:《西方近代职业教育史稿》,广东教育出版社 2011 年版。

续表

学校	科目		内容
清末中学堂实科班(1909)	主课	外国语	读法、译解、会话、文法、作文、习字
		算学	算术、代数、几何、簿记、
		博物	植物、动物
		理化	物理、化学
	通习课	修身	摘讲陈宏谋《五种遗规》,读有益风化之古诗歌
		读经讲经	《春秋·左传》《周礼节训本》
		中国文学	读文、作文,习楷书、行书、小篆、讲中国历代文章、名家大略
		历史	中国史、亚洲各国史、东西洋各国史
		地理	地理总论及亚洲总论、中国地理
		法制理财	法制大意、理财大意
		图画	自在画、用器画
		体操	普通体操、兵式体操

资料来源:日本世界教育史研究会编《六国技术教育史》和璩鑫圭、唐良炎主编《中国近代教育史资料汇编:学制演变》。

对比德国实科学校课程与我国清末中学堂实科班课程,差异是显著的。德国围绕职业能力设计课程,而我国依据知识性科目而设立。经由效仿日本学制建立的中学堂课程体系,其内在逻辑是基于学术知识分类的分科课程,而德国实科中学课程设计思路是基于职业能力形成的综合课程。清政府在借鉴德国学校教育过程中与传统分科造士取得了联系,所以只看到了形式上的文实分科,而未深究实质性的社会结构制约,只将分科制度作为"渐进专门学问之基"的途径。由于当时教育改革的重心在于中学堂,实业学堂虽设但不兴,清政府自然选择中学堂进行文实分科的尝试。然而令决策者始料未及的是,试图满足学生"就性之所近,分途肄习,以期用志不纷"的文实分科之举,一方面受限于"上之则难艰于得师,下之则难资升学",另一方面"分科设备较旧加繁,理化实验消费尤伙,……非惟财力不足,且虞校室不敷",现实的困境使得他们不得不借以"仍以养成国民常识

123

为主"的托辞缩小了文实两科中学堂的课程比例差异。[1]

3. 课程结构的调整

虽然清政府并未选择实业学堂进行分科制度的改革,但调整不同课程比例的做法也应用于实业学堂的课程设置中。学制对实业学堂虽规定了课程,但未同中小学堂一样规定课时,课程取舍及安排均由各地酌情办理。清末实业学堂创设的"普通科目"和"实习科目"两大类课程,类似于中学堂"通习课"和"主课",成为今后各个阶段职业学校基本的课程类型。虽然名称和分类略有差异,但两类课程划分方式呈现稳定性和一致性。《奏定实业学堂章程》中对两类课程比例没有具体规定,地方可根据实际需要酌量开设实习科目。

学部于宣统二年(1910)增订实业学堂实习课时,要求"各等农业实学堂、工业学堂、商船学堂实习功课最为重要,实习时数亦必增多,拟以讲堂功课之平均分数以二乘之,加入实习分数之平均分数,以三除之,俾实习分数占三分之一。各等商业学堂实习时数较少,拟以讲堂功课之平均分数以四乘之,加入实习分数之平均分数,以五除之,俾实习分数实占五分之一"[2]。

至1913年,壬子癸丑学制首次对实业学校的实习课比例进行明确规定,从"随意酌定"提高至40%以上,这一比例在随后几个发展阶段中有持续提升之势(见表3-4)。清政府大幅度提高实习课比例,目的在于提高学生动手能力、操作能力,以适应实业发展的需要。然而缺少德国实业办学的天然纽带,我国实业学堂开设的实习课往往也只是"空中楼阁"。

---

[1]《学部奏改订中学文、实两科课程折》(1911),收录于璩鑫圭、唐良炎《中国近代教育史资料汇编:学制演变》,上海教育出版社1991年版,第560—561页。

[2] 学部奏增订实业学堂实习分数算法折》,收录于璩鑫圭、童富勇、张守智《中国近代教育史资料汇编:实业教育·师范教育》,上海教育出版社2007年版,第33页。

表3-4 清末民初中等实业学堂课程结构比较

实业学堂	公共课	专业课
清末《奏定中等实业学堂章程》(1903)中等实业学堂	普通科目讲堂授课(未规定比例)	实习科目讲堂授课(未规定比例)
	实习课时随意酌定	
《学部增订实业课程实习分数算法》(1910)	普通、实习科目讲堂授课2/3(商业学堂4/5)	
	实习1/3(商业学堂1/5)	
民初《实业学校规程》(1913)乙种实业学校	通习科目讲堂授课(未规定比例)	专业科目讲堂授课(未规定比例)
	实习、实验占2/5以上	

4. 课程门类的重合

《奏定学堂章程》中关于实业学堂的课程设计着重于分门别类地选择了课程门类,按照不同等级、不同专业大类、不同专业方向,详细罗列了可供开设的课程目录,其繁复程度远超于中小学堂、师范学堂和大学堂。实业学堂章程中并没有明确规定各门课程的课时安排,而由地方酌量设置。民初壬子癸丑学制也仅对"实习"的课程比例明确了要求。清末民初两个学制对实业学堂(实业学校)的课程设计,表现出两大取向:一是公共类科目基本囊括了普通教育所设课程;二是专业类科目在不同等级课程体系中相似度高。我们从两个学制中择取中等层次农业大类实业学堂课程门类进行比较,公共类科目重合度均在50%以上,不同等级专业类科目重合度也在半数以上。

表3-5 癸卯、壬子癸丑学制农业实业学堂(学校)公共类课程与普通教育课程比较

学制	实业学堂(学校)	公共类科目	相同科目数		重合度	
癸卯学制	初等农业学堂	修身、中国文理、算术、格致、体操、地理、历史、农业、理财大意、图画	10门	7门	83%	58%
	高等小学堂	修身、读经讲经、中国文学、算术、中国历史、地理、格致、图画、体操、手工、农业、商业				

续表

学制	实业学堂(学校)	公共类科目	相同科目数	重合度
壬子癸丑学制	乙种农业学校	修身、国文、数学、博物、理化大意、体操、实习、地理、历史、经济、图画	8门	67%
	高等小学校	修身、国文、算术、本国历史、地理、理科、手工、图画、唱歌、体操、农业(男子)、缝纫(女子)		
癸卯学制	中等农业学堂①	修身、中国文学、算学、物理、化学、博物、农业理财大意、体操、地理、历史、外国语、法规、簿记、图画	12门	86%
	中学堂	修身、读经讲经、中国文学、外国语、历史、地理、算学、博物、物理及化学、法制及理财、图画、体操		
壬子癸丑学制	甲种农业学校	修身、国文、数学、物理、化学、博物、经济、体操、实习、地理、历史、外国语、法制大意、簿记、图画	11门	65%
	中学校	修身、国文、外国语、历史、地理、数学、博物、物理、化学、法制经济、图画、手工、乐歌、体操、家事(女子)、园艺(女子)、缝纫(女子)	12门	71%

---

① 癸卯学制中等农业学堂及壬子癸丑学制甲种农业学堂均分豫科、本科,本科的普通科目(通习科目)涵盖了豫科科目,故此处所指包括豫科和本科,并取本科科目。

表 3-6　癸卯、壬子癸丑学制不同等级农业科实业学堂(农学科实业学校)专业类科目比较

学制	实业学堂(学校)	专业类科目	相同科目数	重合度
癸卯学制	初等农业学堂	土壤、肥料、作物、农产制造、家畜、虫害、气候、实习	8门	67%
癸卯学制	中等农业学堂(本科)	土壤、肥料、作物、园艺、农产制造、养蚕、虫害、气候、林学大意、兽医学大意、水产学大意、实习	8门	67%
壬子癸丑学制	乙种农业学校	土壤学、肥料学、作物学、园艺学、病虫害学、养蚕学、家畜学、农产制造学、气象学、林学大意	7门	50%
壬子癸丑学制	甲种农业学校(本科)	土壤学、肥料学、作物学、园艺学、农产制造学、畜产学、养蚕学、病虫害学、气象学、农业经济、农业法规、森林学大意、兽医学大意、水产学大意	10门	72%

四、实践领域:中央官制下实业学校课程实施

新学制系统勾勒了我国近代学校及课程发展的宏伟蓝图,但能否贯彻执行还有赖教育行政的保障。较壬寅学制不同的是,癸卯学制选择了学校系统与教育行政系统分设的发展方式。[①] 1906 年清政府效仿日本文部省的建制,变更了旧制中的礼部与国子监,创建了学部,成为中国历史上第一个正式、独立和专门的中央教育行政机构。由此逐步形成的中央到地方三级学务机构体系,标志着我国学校课程实施进入了中央集权式教育行政管理

[①]《学务纲要》规定"京师应专设总理学务大臣。各省遍设学堂,其事至为重要,必须于京师专设总理学务大臣,统辖全国学务。……(其职能是)凡整饬各省学堂,编定学制,考察学规,审定专门普通实业教科书,任用教员,选录毕业学生,综核各学堂经费,及一切有关教育之事均属焉"。参见璩鑫圭、唐良炎《中国近代教育史资料汇编:学制演变》,上海教育出版社,1991 年版,第 507 版。

体制下的发展模式。

清末民初,虽然政权更迭,但是教育行政建制基本一致。集权模式下的课程发展特点,往往统一性大于灵活性,规约性大于创造性。教育行政机构对官立学堂、私立学堂一视同仁的课程管理,有效保障了课程知识的统一性与层次性,却限制了课程发展的丰富性与多样性。实业学堂课程实施的现实困境,引发了教育思想家对崇尚书本知识教育方式的深刻反省,甚至对实业教育制度本身进行了理性批判。

(一)中央官制下的实业学校课程管理

1. 从中央到地方的三级管理体制

清末学部设置以近代日本为楷模,具体官职及称谓则因袭旧制,构建了"学部—提学司—劝学所"三级学务机构,与《奏定学堂章程》所规定的学制系统相配套,形成了近代中央教育行政体系的基本框架。民国初期基本沿用了这一体系,只是职位名称略有变化而已(教育部—教育厅—教育局)。学部设立了总务司、普通司、实业司、专门司和会计司,以及三局二所(分别是京师督学局、编译图书局、学制调查局和教育研究所和高等教育会议所)。其中,实业司配备总理司务1人,下设教务科、庶务科各配2人。其中,实业教务科的主要职责为,"掌农业学堂、工业学堂、商业学堂、实业教员教习所、实业补习普通学堂、艺徒学堂及各种实业学堂之设立维持,教课规程,设备规则及关于管理员教员学生等一切事务"。实业庶务科主要职责为"掌调查各省实业情形及实业教育与地方行政财政之关系。并筹划实业教育补助费等事"。[①]

从机构设置来看,各级各类实业学堂课程管理归属教务科,课程与实业协调发展归属庶务科,课程内外组织与管理均有落实,其部门架构及职能分工类同于"专门司",一定程度上反映了清政府对实业教育的重视。学部进一步对地方教育行政系统进行了改建,逐步形成了中央到地方协调一

---

① 《学部奏酌拟学部官制并归并国子监事宜改定额缺折》,收录于舒新城《中国近代教育史资料》(上册),人民教育出版社1961年版,第279页。

致的组织体系。设立了与学部实业司相应的省级教育行政部门"实业课",主要负责本省各级各类实业学堂的学务管理、课程管理以及筹划教育经费等方面。至府厅州县城一级,设劝学所,具体承担地方学务。民初国民政府颁布了教育部官制,相较于清末学部官制,部门设置进行了大幅度精简。教育部仅设总务厅、普通教育司、专门教育司和社会教育司。实业司并没有单独设置,实业教育缺少了专门的职能部门统筹规划与管理,对实业学堂由"专门教育司"和"普通教育司"兼而管之。① 官制职能部门的调整,使得实业教育在国家教育行政管理体系中失去了原有的重要地位,而社会教育得到了前所未有的关注。

　　近代教育制度的特征之一,是视导制度与教育立法、学制系统、教育行政相辅相成,追踪观察教育规划与教育管理的实施过程,尽可能及时有效地进行调适。② 清末设立的从中央到地方的视学制度,与三级教育行政体系相适应,到了中华民国初期基本沿用。中央一级学部中专门配备视学官"约二十人以内,轶正五品,视郎中。专任巡视京外学务"③。学部要求省一级"提学使以下设省视学六人,承提学使之命,巡视各府厅州县学务。各省省视学由提学使详请督抚札派曾习师范或出洋游学,并曾充当学堂管理员教员,积有劳绩者充任"④。学部进一步要求地方劝学所在学部或省视学官视察过程中,"应将所有学务情形详析报告"⑤。

---

①《教育部官制》(1914)规定"专门教育司"承担的 11 项任务之一是"关于实业教育事项"。参见舒新城《中国近代教育史资料》(上册),人民教育出版社 1961 年版,第 291 页。《教育部行政纪要乙编》中也有相关说明:"以高等专门实业学校教育事务分隶于专门教育司,而以中等以下各实业学校教育事务隶属于普通教育司。虽实业员讲习所系高等专门性质,第以其为造就师资而设,故仍隶属于普通教育司。"参见璩鑫圭、童富勇、张守智《中国近代教育史资料汇编:实业教育·师范教育》,上海教育出版社 2007 年版,第 264 页。
② 关晓红:《晚清学部研究》,广东教育出版社 2000 年版,第 131 页。
③《学部奏酌拟学部官制并归并国子监事宜改定额缺折》,收录于舒新城《中国近代教育史资料》(上册),人民教育出版社 1961 年版,第 280 页。
④《学部奏陈各省学务官制折》,收录于舒新城《中国近代教育史资料》(上册),人民教育出版社,1961 年版,第 286 页。
⑤《学部奏改订劝学所章程折》,收录于舒新城《中国近代教育史资料》(上册),人民教育出版社,1961 年版,第 289 页。

视学制度的实施有效推进了学堂教育的规范开展。在课程教学方面，视学官依据实业学堂章程中所列科目，比照实际开设情况，有不合适或未能实行处商议改正措施；在视察过程中，可以随时考试学生，并调取讲义稿本或图书目录查阅。与旧制学政巡历不同，视学强调考察课程教学与管理过程的各项具体环节，通过定期和不定期追踪检查，不断调整教育实践与设计目标的差距。

2. 学部与农工商部争夺实业学堂归属权

中央官制下，学部作为专门教育行政机构，一直试图垄断对实业学堂的领导权。然而学部成立之前，各实业学堂为农工商部或地方筹建，学部要实施学堂学务统筹管理与规范运作，必然引发与各部及地方的矛盾冲突。学部以统一管理学堂学务为由，拟将实业学堂权限归其所有，遭到了农工商部的强烈抗议："嗣后各省所设农工商学堂及之设立者悉归农部管理，学部惟考试毕业后会同出奏，平时不得干涉。"学部大为不平，复咨云："此种学堂如系农工商自办者，贵部自有管辖之权，京师、上海等处高等商业学堂是也，各省农工商学堂理应归学部。如来文之意，以后农科大学亦归贵部管理乎？"[①]学部与农工商部互相争夺实业学堂管理权，清政府不得不出面调解以息事宁人，规定"大约管理则归农工商部，核给奖励仍须归自学部"[②]。

学部与农工商部对实业学堂管理权限问题上的冲突，表面看来是由各部行政职能专门化引起的（学部强调整顿学务、统一管理的必要性，农工商部强调行业办学的特殊性），实质上反映了各部对学堂教育权力及资源的争夺与重新分配。然而，清政府的调停并没有从科学发展实业教育事业的需要解决双方矛盾，仅是从权衡利益出发让彼此各持一端进行管理。问题依旧存在，冲突在所难免，实业学堂在政出多门的局面中显得无所适从。而学部依旧没有放松对实业学堂的管理，通过掌管考核大权规制实

---

① 《学部与农工商部之冲突》，《申报》1907 - 12 - 21。
② 《农部、学部冲突事件已平》，《申报》1907 - 12 - 30。

业学堂的发展。1909 年,经过三次全国学堂教育大统计,学部出台了整顿实业教育的相关措施,继续要求各省提学司认真考查实业学堂、邮电路矿学堂。

> "凡关于实业教育之学堂事务,皆当则成提学司管理,不得因设立学堂之经费筹自他处,……庶与定章相符,以收教育统一之效。……其各项实业学堂有附属场厂为学生实习之地者,亦并归提学司随时稽查。"对实业学堂的惩治办法是,"如有设立实业学堂未经呈报提学司详明本部备案,或课程未经提学司详明本部核定,或教员、管理员非经提学司选择派充者,毕业时不得请给奖励,以杜冒滥"①。

3. 中央集权管理对实业学堂课程实施的影响

学部自 1906 年成立至 1912 年随着清朝的覆灭而结束,存在时间虽不算长,却形成了稳固的中央集权管理模式。学部通过与农工商部等会同商议,以及协调与地方行政及教育部门的关系,实施中央对地方的学务管理,不断加强领导,保持权力集中。从学部编辑发行的 160 多期《学部官报》可知,学部十分重视各地学务信息的调查,一方面督促地方兴办实业学堂并强调对各章程的贯彻执行,另一方面总结反思课程实施问题进而调整规划、改进方案。在学部的领导与推动下,实业学堂规模发展成效显著。从 1907 年至 1909 年全国学堂统计数据中可以得知,除少数偏远省份及地区外,大部分省都开办了各级各类实业学堂。3 年间,全国实业学堂从 137 所增加至 154 所,学生数从 8693 人扩充到 16649 人,接受实业教育的学生人数几乎翻了一番。民国初期,实业学校规模继续扩展,至民国五年(1916),甲、乙种实业学校数达到 525 所,学生人数超过 3 万。

---

① 《学部通饬整顿筹画实业教育札文》(1909),收录于璩鑫圭、童富勇、张守智《中国近代教育史资料汇编:实业教育·师范教育》,上海教育出版社 2007 年版,第 26 页。

表 3-7　清末学部对全国实业学堂及学生数的统计

年份	农业		工业		商业		实业预科及其他		总计	
	学堂	学生	学堂	学生	学堂	学生	学堂	学生	学堂	学生
1907	51	2866	46	2797	17	1117	23	1910	137	8693
1908	68	4599	64	4645	21	1467	37	2905	189	13616
1909	95	6028	64	4835	28	1748	67	4038	254	16649

表 3-8　民国元年(1911)至民国五年(1916)实业学校及学生数统计

年份	甲种实业学校						乙种实业学校						总计	
	农		工		商		农		工		商		学堂	学生
	学堂	学生	学堂	学生	学堂	学生	学堂	学生	学堂	学生	学堂	学生		
1912	39	4512	23	8128	18	1819	219	9526	90	5192	37	2539	425	31726
1913	42	4698	20	3442	20	2116	244	10952	105	5455	50	3127	481	29790
1914	41	4698	22	3207	19	1695	270	12736	105	5699	69	3637	525	31664
1915	42	4659	30	3925	24	1969	288	11521	91	4706	110	4440	858	31218
1916	41	4982	21	3436	22	2106	282	11500	59	3238	100	4827	525	30099

对实业学堂课程实施的要求,学部始终坚持《奏定实业学堂章程》的相关规定,并逐步补充、完善各级各类学堂课程体系。追求课程统一规范,崇尚科学知识,是学部开展课程管理的主导思想。学部成立不久,即要求各省"一律遵照奏章筹设各项实业学堂"。1909年,学部又出台了整顿实业教育的意见,共计12条。其中,要求各省需要综合审察地方情形、本省教育情形、学科情形以及学生程度等因素,在章程规定的国家课程框架中合理选择"何等何种何科"实业学堂之课程。然而,各地官办学堂同质化现象严重。

现在各处农业学堂大都但设蚕业一科,工业学堂大都但设染织一科,以此二科为吾民所素习而设备费亦较省,避难就易,以为有此已足,号称实业,敷衍门面,不知处处如此,何有扩充? 此现今办理实业之通弊,不可不思所以补其阙也。①

学部要求"一在用其所长,一在补其所阙",进而逐步建立完备的实业学堂课程体系。民初颁布的壬子癸丑学制,实业学校虽然在名称上、层次上有所变化,然而详备的国家课程体系仍然是各地实业学校课程实施的主要选择。中央官制下,地方课程选择并没有多少自主的空间。

(二)地方实业学校课程实施的有限空间

学部成立后要求各省积极推行实业教育,限期 6 个月内上报筹备情况,1908 年继而要求各省"两年之内每府应设中等实业学堂一所,每州县应设初等实业学堂一所,及每设一堂应先将课程办法报部核定各节"②。学制虽经公布五六年,而各地实行能力仍甚薄弱。相较于普通中小学堂学生规模,实业学堂不及百分之一。钟道赞认为,一由经费之筹措维艰,二由专门人才之缺乏,三由社会风尚之守旧,士居四民之首,其不能重视农工商教育,可想而知矣。③ 现实存在的主客观因素都限制了地方开办实业学校的积极性,而学部关于实业学堂课程实施的制度规约无形中又排斥了地方的创造性,规范统一的课程管理束缚了地方课程实施的自主性。民初改为教育部领导实业学校发展,其课程管理模式并没有发生太大变化,地方发展实业学校仍在国家课程框架体系中有限地执行。

1. 学校升学体系的形成

从学部颁布的一系列规划实业学堂发展的政策来看,其主要发展思路是在奏定学堂章程规定的课程框架体系内,各地先从初等、中等实业学堂办起,继而在完成培养中等实业人才的基础上开办高等实业学堂,逐步建立健全学制规定的三级(初等、中等、高等)四类(农、工、商、商船)实业学堂体系。学部以兴学为专责,逐步振兴各级各类学堂是其根本追求,因此学

---

① 《学部通饬整顿筹画实业教育札文》,收录于璩鑫圭、童富勇、张守智《中国近代教育史资料汇编:实业教育·师范教育》,上海教育出版社 2007 年版,第 22 页。
② 同上文,同上书,第 21 页。
③ 钟道赞:《现代中国职业教育之产生与其发展》,收录于璩鑫圭、童富勇、张守智《中国近代教育史资料汇编:实业教育 ·师范教育》,上海教育出版社 2007 年版,第 556 页。

部在要求各省兴办实业学堂过程中,实质上较少考虑地方实业发展水平,较多筹划实业学堂的等级、种类及专业类别。四川省从地方重点发展商矿业出发,奏设陶瓷、染织、采矿和化学四科实业学堂,其中"化学一科为用最广大,而凡百制造小而饮食卫生莫不发明于此,虽各种普通学校莫不兼列此科,而一则与以普通之知识,一则教以应用之精微,详略不同,深浅迥别。外洋工业分科,化学常独占一部,故于此校列专科"①。强调化学科的重要性,比较了普通学堂与实业学堂教授的不同之处,并且借鉴了国外工业学校对化学的专门讲求,应该说,专设一科理由是充分的。然而,学部和农工商部会同核议的意见很草率,仅以"化学科为定章中等工业学堂所无,毋庸设立"②为由,否定了地方上的设想。同样,私立学堂并没有因为自筹经费而获得课程选择的自主权。山东渔业公司王咨开创办"水产小学校",因所招渔民子弟为 13 —16 岁,达到初等实业学堂或高等小学堂入学年龄水平,然而学部以定章中初等农业学堂未设水产一科为由,要求按照中等农业学堂水产科课程进行整改。③

　　学部反馈给地方的咨文,不少为督促地方兴办初级或简易实业学堂后,遵章办理中等实业学堂,或者在中等实业学堂的基础上兴办高等实业学堂的。特别是对高等实业学堂,不惜实施导向性政策以促进发展。"惟嗣后各处中等实业学堂毕业学生,率皆请改就官职,不愿升学,若一律允许,深恐高等实业学堂因无升入之学生不能成立,似应略示限制。拟嗣后凡中等实业学堂毕业生年在二十五岁以下者,均应就升学奖励,不准改就官职,庶有以资

---

① 《护理川督赵奏设川省实业学堂章程折》,收录于璩鑫圭、童富勇、张守智《中国近代教育史资料汇编:实业教育·师范教育》,上海教育出版社 2007 年版,第 84 页。

② 京外奏稿:《农工商部会同核议四川实业学堂办法章程折》,《学部官报》(44),1908:60。

③ 《学部咨复山东巡抚烟台水产小学堂暂准照办应另办中等并将现设小学课程改订文》中写道:"查奏定学堂章程水产一科,惟中等农业学堂有之,并无水产小学之名,该公司设立此项小学,颇涉歉疚……该学堂并当一面招取高等小学毕业学生,遵照定章中等农业学堂水产科课程教授。"参见《学部官报》第 108 期,1909 年 12 月 13 日。

深造而兴实业。"①文中所提的毕业改就官职的奖励办法,为科举过渡学堂的"两全"政策,强化了学堂升学体系的形成(见表3-9)。

表3-9 奏定实业学堂奖励办法②

实业学堂	毕业奖励
高等实业学堂	考列最优等者,作为举人,以知州尽先选用,令充中等实业学堂教员、管理员。 考列优等者,作为举人,以知县尽先选用,令充中等实业学堂教员、管理员。 考列中等者,作为举人,以州同尽先选用,令充中等实业学堂教员、管理员。 考列下等者,令其留堂补习一年,再行考试,分等录用。如第二次仍考下等及不愿留堂补习者,给以修业年满凭照,令充各高等实业学堂管理员。 考列最下等者,但给考试分数单。
中等实业学堂	考列最优等者,作为拔贡,升入高等实业学堂肄业。不愿升入者,以州判分省不用,即不能作为拔贡,给以毕业执照,听自营业。 考列优等者,作为优贡,升入高等实业学堂肄业。不愿升入者以府经分省补用,即不能作为优贡,给以毕业执照,听自营业。 考列中等者,作为岁贡,升入高等实业学堂肄业。不愿升入者以主簿分省补用,即不能作为岁贡,给以毕业执照,听自营业。 考列下等者,留堂补习一年,再行考试,分别按等办理。如第二次仍考下等及不愿留堂补习者,只给以修业年满凭照,听自营业。 考列最下等者,但给考试分数单,均听自营业。
初等实业学堂	(比照高等小学堂毕业奖励章程办理)最优等作为廪生,优等作为增生,中等作为附生,下等作为佾生,准用顶带戴。

从毕业奖励办法中可知,毕业生为官是首选,其次入实业学堂为师,而只有那些"下等者""最下等者"或者"不愿升入者",才给予从事实业。政策

---

① 《学部奏高等实业预科改照中等实业功课教授并限制中等实业毕业改就官职片》,收录于璩鑫圭、童富勇、张守智《中国近代教育史资料汇编:实业教育·师范教育》,上海教育出版社2007年版,第20页。

② 《学部奏订初等工业学堂课程及初等实业学堂奖励章程折》,收录于璩鑫圭、童富勇、张守智《中国近代教育史资料汇编:实业教育·师范教育》,上海教育出版社2007年版,第18—19页。《奏订各学堂奖励章程》,收录于璩鑫圭、唐良炎《中国近代教育史资料汇编:学制演变》,上海教育出版社1991年版,第517—518页。

的导向直接限制了毕业生的就业去向,也反映了决策者对于发展实业学堂的认识偏差。

> 毕业者,除服务于本省各农事机关外,其他散于外省及另改他项职业者,实居多数。就目前情形观之,或有晋才楚用之感,或有学非所用之弊,推原其故,实由于省公署虽提倡于上,而各县知事未能筹设农业教育于各地,……良以投考专门学校,苦于经济困难。若言返乡劝农,演讲费亦无处。①

学部发展实业学堂规避了社会实业发展需求对实业教育的要求,却巩固了知识体系在学校教育中的循环、封闭。至民国,这一奖励政策终于被彻底取消,松绑了束缚实业学堂课程实施的枷锁。然而,遵循知识体系逻辑的课程框架已然成为稳固的模式,仍潜在地保障着升学体系的发展。经过这种课程模式培养出来的毕业生多数进入机关或教育部门,他们对于未来的期待或为升学或为讲学,局限于实业教育自身的圈子。学堂教育自成体系的形成,固然受制于教育政策引导,同时与这一时期社会经济、文化也是相吻合的,"社会生产事业极不发达,人民思想又重视文字教育,轻视技术教育"②。因此,缺少实业的支撑和诉求,传统教化思想又限制着实业学堂,课程的选择自然倾向于与升学制度相匹配的知识体系,这也决定了不同等级学堂课程选择的潜在制约。

2. 高一级学校对低一级学校课程的限制

执行章程,完善章程,是学部的重要职责。学部成立两年后,就颁布了原有章程中缺少的初等工业学堂课程章程。从该章程拟定的奏折中,我们发现学部对于选择什么样的课程,似乎并没有明确的理论依据,而是效仿已有的初等农业、商业学堂课程设置特点,"查《奏定初等农业商业学堂课

---

① 《浙使饬添设或改设乙种农校文》(1915),收录于璩鑫圭、童富勇、张守智《中国近代教育史资料汇编:实业教育·师范教育》,上海教育出版社 2007 年版,第 341 页。
② 钟道赞《现代中国职业教育之产生与其发展》,收录于璩鑫圭、童富勇、张守智《中国近代教育史资料汇编:实业教育·师范教育》,上海教育出版社 2007 年版,第 560 页。

程》,其普通科目及实习科目均与中等农业商业学堂无异",照此办法设计的初等工业学堂课程仅是简单复制了中等工业学堂课程体系,"惟将程度减浅,以期适与初等程度相合"。①

低一级学堂课程选择参照高一级学堂课程体系,一方面有利于学科知识在学堂教育等级递进中实现衔接,另一方面有利于接受高一级学堂教育的毕业生能够胜任低一级学堂的教学。

学部拟在中等工业学堂增设"应用化学"课程的主要依据是"臣等查《奏定学堂章程》高等工业学堂列有应用化学一科,而中等工业学堂无之。按应用化学于工业一端用途最广,且实业教员讲习所完全科既列有应用化学一科,若中等工业学堂无此科目,将来完全科学生毕业时更误以为教授之地。臣等公同商酌,拟将中等工业学堂增入应用化学一科,其一切学科即仿照高等办理。惟使程度改浅,以期适用"②。

知识体系与升学体系,达到了相当程度的吻合,更有甚者,学部在整顿实业教育意见书中,竟然要求"筹办高级实业学堂,应调查本省低级实业学堂所有科别,酌量配置,以备升学之地,庶几系属相衔,低级学生有循序渐进之阶,高级学堂无凌杂迁就之患"③。江南格致书院改为实业学堂的课程建设,其目的之一即在于为京师高等实业学堂输送合格人才而设置循序渐进的课程,"商部于京师奏设实业学堂,系属高等,江南现即照奏定中等实业学堂功课办理,俾程度相循,阶级不紊,将来毕业,考取咨送京师实业学堂,考验升入,以资成就"④。

由此推断,实业学堂课程遵循知识体系的设计模式,强调了内部知识的衔接,却弱化了与外部实业的联系。按照科学知识门类设置不同科目,

---

① 《学部奏增订初等工业学堂课程及初等实业学堂奖励章程折》(1909),收录于璩鑫圭、童富勇、张守智《中国近代教育史资料汇编:实业教育·师范教育》,上海教育出版社2007年版,第19页。

② 《学部奏中等工业学堂酌增应用化学一科片》,收录于璩鑫圭、童富勇、张守智《中国近代教育史资料汇编:实业教育·师范教育》,上海教育出版社2007年版,第38页。

③ 《学部通饬整顿筹画实业教育札文》,收录于璩鑫圭、童富勇、张守智《中国近代教育史资料汇编:实业教育·师范教育》,上海教育出版社2007年版,第23页。

④ 教育:《前两江总督魏奏江南格致书院改为实业学堂折》,《东方杂志》(11),1904:253—254。

科学知识体系基本上限制了实业学堂课程体系,虽然学部也反复强调实习的重要,并加大了实习的课时比例,但局限于理论验证的学堂实习仍未有效地建立与社会实业的稳固联系。因此,实业学堂课程封闭体系的形成在所难免。

袁世凯认识到学校课程实施的内部制约性,在《教育部整理教育方案草案》中明确指出:"各学校宜就设置性质,力求达到目的,不得徒为上级学校之豫备。……乃今之学校职教员,见教育统系形式上之联属,辄生误会,往往不顾本校性质,纯为上级学校豫备起见,故教材过多,勉强注入,易伤脑力;而教材又不切于民生日用,使徒生毕业者举其所学,与社会不相入,致无以发展其本能;是之谓知有人才教育,不知有国民教育,斯实昧教育之原则也。"[①]在中央集权管理体制下,地方实业学堂的课程实施基本上是贯彻执行国家课程体系的,因此,国家课程制度设计的偏差直接带来课程实践的偏差。

3. 先习公共课后习专业课的困境

《奏定学堂章程》对初等小学堂、高等小学堂、中学堂、高等学堂、大学堂以及师范学堂所开设的课程门类、教学次序、课时安排等都进行了明确的规划与设计,规定了每学年应开设的课程及相应的教学时数。相较而言,对实业学堂课程设计,章程中仅分门别类罗列了可以开设的课程门类,因此以"齐全完备"为标准,而各地实业学堂选择哪些课程,如何安排课时则"听各处因地制宜,择其合于本地方情形者酌量设置,不必全备"。这一制度设计表面看来是中央赋予地方在课程选择、组织方面的自主权,然而在实业教育尚处幼稚的时代,若缺乏细致设计的课程制度,其目的注定会落空,实业学堂课程实施走偏走样也在所难免。翻阅各地实业学堂呈报的办学章程,其中课程设置往往都能够按照章程要求罗列完备,但是"文告稠

---

① 《教育部整理教育方案草案》,收录于璩鑫圭、唐良炎《中国近代教育史资料汇编:学制演变》,上海教育出版社 1991 年版,第 738 页。

叠,而下之能应命者十不逮二三。即或遵办,亦往往名不副实,苟简搪塞"①。在实际开办的实业学堂中,具体的课程实施都绕不开公共课与专业课的组织问题。

清末民初学制对于中等以上的实业学校设置了预科、本科两个层次,其中预科层次所设课程主要为公共类科目,本科层次课程门类包括公共类、专业类。由于先习预科后习本科的学制设计,造成实践中课程组织表现为先开设公共课后开设专业课的次序安排。如江苏省立第二农业学堂按照这一思路组织课程却带来一系列现实问题。

> 学级编制,从前本照部定甲种农校规定,分为预科一年,本科三年。预科仅授普通科学,本科渐减普通,渐增专门。后来鉴于预科学生来校时本无确定之宗旨,入校第一年又与农蚕学绝无关系,往往因此减少其入学兴味,甚至宗旨变更,敷衍一年而辍学者,不得不图补救执法,遂有预科加授蚕学概论及农场实习之规定,借以坚定其入学宗旨。但一入本科,专门学科与实习实验同时增加,普通科学难于兼顾,在预科所得之多量科学,本已嚼而未化,在本科又少复习机会,往往毕业为届,所得已去其大半,而专门学科,按照规定所定,种类分量过于繁多,又蹈博而不精之弊。究其结果,普通学不能完足,专门学难于致用,宜其令人疑中等农校为无用。②

由此可见,先公共课后专业课的课程组织方式虽然符合由浅入深、由公共至专门的知识逻辑,却与学生认知规律相违背,不能满足学生现实的学习需求,因此造成了实业学校生源流失,学生责难实业学校所学无用的现象。

---

① 《第一届全国教育会联合会大会议决案》,收录于璩鑫圭、童富勇、张守智《中国近代教育史资料汇编:实业教育·师范教育》,上海教育出版社2007年版,第208页。

② 王舜成:《述江苏省立第二农业学校之过去与未来》,《教育与职业》1922(35)。

五、小结

日本模式以重视义务教育为特征,1872 年、1886 年两次学制中职业教育并没有置于应有的位置,直到技术人才的缺乏与日益发展的产业革命产生了尖锐的矛盾时,1893 年日本政府才开始重点支持兴办实业补习学校。应该说,清末国人学习日本教育时期,日本国民教育已基本普及,受产业革命的驱动开始了大力发展实业教育。1893 年实业教育家井上毅担任日本文部大臣,主持制定了《实业补习学校规程》《徒工学校规程》《实业教育国库补助法》等。日本政府每年从国库中拨专项经费补助实业教育发展,在井上毅的倡导下,政府专门设立了实业事务局,专门负责实业教育工作,并监督政策的实行。然而,日本发展实业教育的大力举措,似乎并没有成为国人学习的重心,人们在感慨日本国民教育普及的同时,深刻地意识到需要了解日本教育发展初期的经验与举措,"婢妪走卒,无不识字阅报,学校成市,生徒满街,吾国一时万难追步。鄙意欲访询明治初年艰难草创之迹,以为吾国先事之师"①。讲求从头开始学习的务实心态代表了一大批考察者的心态,却造成了与职业教育擦肩而过的历史遗憾。

这一时期,职业教育课程正式纳入新学制,并构建了初、中、高三级课程体系,然而新制度的实施不得不面临来自传统教育体制的羁绊。科举制与新学制的较量,经历了从纳新学于科举到纳科举于学校的过程,可以理解为是新学与旧制的博弈与妥协。几千年封建专制统治所传承的文化,使得绝大多数革新者在学习西方进行教育制度改革的进城中,人民思想并不能跟着发生根本性改变,新制度无法强力督促着人民跟着走,因此在改革教育的过程中,更多在形式上求相似,并未形成有利于推进教育改革的社会环境。

与上一轮变革不同的是,清末实施的新政着眼于"体制"的全面变革,

---

① 吴汝纶:《与杨濂甫廉访》,收录于《吴汝纶全集》(三),施培毅、徐寿凯校,黄山书社 2002 年版,第 408—409 页。

不仅在教育领域,而且在军事、政治、经济、社会等许多领域都进行了制度性的变革。新学制作为新学的行动纲领,不仅面临实践的考验,也面临制度之间的磨合。在这场重大的社会变革中,科举制度废止的积极意义在于,职业学校课程能够乘着新学制构建的东风,在国家教育制度中明确了独立的身份与地位,并初步构建起课程体系。至此,职业教育作为一种不同于普通教育培养"通才"与高等教育培养"精英"的教育类型,成为国民教育体系中重要的组成部分。但现实情况是:"自清光绪二十三年(1897)至民国五年(1916)间之职业教育,虽以事实上之需要,略有进展,而尚未为一般当局和社会所重视。在教育统计上,对于一般教育,并百分之一之地位而未曾取得。则其不发达之状况,概可知以。"①由此可见,主要通过效仿、移植的职业学校课程制度在实践中的具体落实并不乐观,加之社会经济等客观环境的滞后,职业学校课程实践仍步履维艰。

近代中国职业教育课程是以学制建立为中心问题而产生、发展和更迭的。从壬寅学制、癸卯学制到壬子癸丑学制,虽然经由代表不同阶级利益的政府自上而下推动,然而总体而言,对实业教育课程体系的构建思路颇为一致。一方面几任政府不约而同以日本实业教育课程发展为参照,另一方面他们对课程集中统一管理的思想并无二致。一个是垂暮之年的清朝政府,一个是蹒跚学步的民国临时政府,面对外强侵略、内政不稳的社会混乱局面,他们极其一致地将实业教育摆到了"救国"的突出位置,让实业教育课程发展承担了不可承受之重。对他们而言,教育是国家的立国之本,教育所具备的这种国家职能使他们始终将国家的最高权力控制在自己的手中。因此,从政策制定到管理机构的建立,政府牢牢地控制着实业教育的推进。

从制度设计本身来说,癸卯学制对实业教育课程的构思比日本学制似乎更为完备。在课程层级上,除初等、中等外,还增设了高等实业学堂课

---

① 黄炎培:《三十五年来中国之职业教育》,收录于商务印书馆《最近三十五年之中国教育:商务印书馆创立三十五年纪念刊》,北京:商务印书馆1931年影印版,第141页。

程,形成了初、中、高三级课程体系;在课程范围方面,除涉及农工商实业学堂、实业补习学堂课程外,还增设了艺徒学堂课程、实业教员讲习所课程,关注了各类群体对实业教育课程的学习需求。然而,这份看似"完美"的课程制度遭遇了学校实践的"冷遇",学制实施的十余年间,大批"有学历者无生计能力,有职业者未受相当之教育"[①]。这样的结局大概也是当局者所始料未及的,然而主要以西方教育制度为参照的设计思路,其重大失误在于对国内社会基础及需求的估计不足,对传统文化影响下社会心理的忽视。实业教育的提出与发展一直笼罩在士大夫文化的民族情结中,因而未能幸免失败的命运;课程制度的效仿与改进偏离本国的社会需求,往往演化为制约人才发展的枷锁;课程管理过于强调集中与统一,牺牲实业教育的自身特性、背离实业精神,造成实业学校普通化、实业教育政治化等结局。

对实业教育制度及课程实施所遗留的社会问题,越来越多的教育家开始觉醒,他们反思现实、审视制度,逐步上升到教育本质问题、课程基本问题等理论层面上的思考,为形成职业教育课程思想奠定了基础。时任教育部部长蔡元培的学生黄炎培自美国归来,开始大力宣传职业教育,在他的倡导下,1917年成立了中国第一个全国性的职业教育机构——中华职业教育社,不仅面向文教界,也面向工商界,吸引了众多知名人士和上层代表,轰轰烈烈地掀开了近代中国职业教育事业发展的光辉一页。

[①]《全国教育会联合会职业教育进行计划案》,收录于陈学恂《中国近代教育史教学参考资料》(中册),人民教育出版社 1987 年版,第 392 页。

第四章　觉醒与自立：传统教育观念革新中实践职业教育课程

　　随着民族资本主义工业迅速发展对专门人才的迫切需求，振兴实业与发展教育之间的矛盾再也无法掩饰。清末民初，政治家通过建章立制普设学校，却并未真正普及现代教育，特别是应时而需的实业教育。针对教育问题，教育家将目光转向了课程，讲求学校课程的应用。在此背景下，职业教育思想应运而生，职业教育作为解决生计问题的重要途径，取代实业教育而粉墨登场。这一时期正逢军阀混战、政治动荡，新生的职业教育课程思想却获得了一个难得的自由发展空间，从生利主义到大职业教育主义，思想家对职业教育课程功能、定位、范围、形态等方面的认识都发生了重要变化。

　　相较于过去，推动历史车轮前进的力量已然发生改变，特别是五四运动后，知识分子与地方绅商自发结合，各种教育社团、教育期刊大量涌现，1917 年成立的中华职业教育社成为 20 世纪 20 年代中国职业教育课程发展主要的推动力量。"1922 年的改革，与其说是由政治家进行的，倒不如说是由教育家进行的。美国模式在此时占了上风，它的自由主义风格更符合广大知识分子和大学教授的心愿。"①正如法国学者巴斯蒂所言，1922 年颁布的壬戌学制，主要由全国教育会联合会组织各省教育会在广泛讨论的基础上研制，这是一场由教育家主导的教育改革。壬戌学制对职业教育的构思突破了原有的框架，建立了立体化的课程结构，既注重职业教育自身纵

---

① 巴斯蒂：《是奴役还是解放——记 1840 年以来外国教育实践及制度引入中国的过程》，收录于许美德、巴斯蒂《中外比较教育史》，上海人民出版社 1990 年版，第 12 页。

向贯通,又注重职业教育与普通教育、高等教育的横向联系,重新定义职业教育课程范围,构建全新的职业教育课程体系。

1928 年,夺回政权的国民党开始推行"党化教育"方针,由于缺乏理论根基,又受世俗用语影响而狭隘化,逐步演化为新的制度枷锁,限制了职业教育课程发展。

一、发展背景:实业教育实施问题与职业教育发展困境

教育是具有时空性的。这种特性来自特定历史时期国家、社会及个人对教育的种种要求。近代中国陷入内忧外患的境地,先进的知识分子向西方探求救国之道的过程中,始终把振兴实业与改革教育作为两大重要议题。从实业教育到职业教育,可视为一脉相承的历史进程,但在两者的认识上存在本质性的差异。实业教育阶段,主导教育改革的力量主要为政治家,他们一方面受制于统治阶层的视角,另一方面受限于传统教育的局限,虽提倡实业教育,但没有革除"读书做官"教育目的的弊端。即便是代表资产阶级利益的维新派,也没有把改革教育与振兴实业真正联系起来,提倡"西政教育"是他们主要的教育主张,其重要程度远远超越了实业教育。"光复以来,教育事业,凡百废弛,而独一日千里,足令人瞿然惊者,为法政专门教育。"①实业教育虽在学制中占得一席之地,但没有成为政治家改革教育的重要内容。

教育问题是具有延后性的。清朝末期,教育改革并没有实现振兴实业,社会矛盾到了中华民国时期愈演愈烈,教育陷入了前所未有的发展困境。中国新生代的知识分子,接受中西文化教育的现代青年,以黄炎培、陶行知等为代表的教育家抵御住了为官的诱惑,摆脱了传统士大夫的认知局限,直面教育现实问题,身体力行探索适应社会所需的教育,第一次把是否解决民众就业问题视为教育成败的关键,打破了实业发展与教育改革之间的隔膜,将两者紧密联系并具体化为解决教育与就业的实际矛盾。由此,

---

① 黄炎培:《教育前途危险之现象》,《东方杂志》第 9 卷第 12 号。

职业教育思想孕育而生，应时代之所需演变为职业教育思潮。这一时期成为职业教育及其课程发展史无前例的"黄金时代"。

（一）实业教育"取貌遗神"的问题揭示

自民国以来，日本模式随同倡导者的离场而逐步退出舞台，清末实施的新式教育所显露的社会问题、教育问题成为教育家批判的主要对象。受世界思潮影响，对于 20 世纪 20 年代的中国教育界，进步主义教育思想与其说是一种学说，倒不如说是一种信仰。[①] 新兴崛起的教育家抛弃了简单移植或效仿外国模式的"拿来主义"，是在充分吸收进步主义教育思想精髓的基础上，探索符合中国国情的教育改革新思想、新路径。他们信奉一个共同的事业准则：教育必须远离政治，教育家办学，保持知识分子的自由之心和自由之身。[②] 如黄炎培不愿为江苏督军张勋的母亲贺寿，毅然辞去了江苏省教育司长的职务[③]，胡适只想做政府的诤友，陶行知拒绝出任安徽教育厅厅长等。这种自由心胸和气节使得投身于教育改革的社会精英少了拘于官场的浮夸之气，多了扎根社会的实事求是。黄炎培于 1914 年以《申报》记者身份考察了安徽、江西、浙江、山东、河北等省的 25 个市县 88 所学校，目睹了教育与生活、教育与生计严重脱节的种种现象。"今之学校，于教育方法，往往取貌遗神，以至所获之结果，恰与其目的相反。"[④]1915 年，他又随同实业团访问了美国，两个多月走访了 25 座城市的 52 所学校，在"于我之比较如何""我之对此当如何"的考察理念之下，反思我国教育问题之根本。在他的影响下，越来越多的教育人士纷纷认识到发展实业教育仅仅抽象地强调"实学"并不能真正落实实用之精神，传统教育观念及种种做法不改变，所推行的新教育只是徒有虚名。

---

① 张斌贤：《社会转型与教育变革——美国进步主义教育运动研究》，湖南教育出版社 1998 年版，第 146 页。

② 汪楚雄：《启新与拓域——中国新教育运动研究（1912—1930）》，山东教育出版社 2010 年版，第 40 页。

③ 黄炎培：《八十年来——黄炎培自述》，文汇出版社 2000 年版，第 99 页。

④ 黄炎培：《考察本国教育笔记》，收录于《黄炎培教育文集》第一卷，中国文史出版社 1994 年版，第 42 页。

1. 自上而下改革模式的统一之弊

在黄炎培看来,中国与西方国家教育差异之根本在于两者思想截然不同,"东方凡事贵一律、贵整齐严肃,西方人则反是"[1],故教育不同主要表现在四个方面:彼之教育大都取自然、各别、改造和公德,而吾则取强制、划一、模仿和私德。[2] 相较而言,西方注重教育思想的不断创新,而我国则关注教育制度的不断改进。清朝末期政府自上而下推动的新式教育,主要围绕学校教育制度的研制、实施和改良而展开的,追求统一的执政理念却造成了教育实施"削足适履"的不良后果。

第一,未兼顾社会需要、地方情形和学生个性。黄炎培认为我国自周代以来就有追求制度完备的传统,然而随着国家疆域的拓展,自上而下推行统一实施的模式已然不能完全覆盖所有之需,因此,实施教育改革不得不引以为戒。

> 吾国凡百制度之完密统一,以周为最,史每称之。然其时辖地,视今中部一隅而未足,以今之幅员,而欲一切划一之,吾知难矣。划一主义者,今创立一切制度所受之通病,而教育与居一焉。夫法有必一者,亦有不必一者。既未周知四国之为,而欲立适于四国之法,古云削足适履。今纳天下足于一履,使彼诚一统察天下足之匪一其度者,亦将哑然自笑其过当。而惜乎其梦梦焉,方日僧人之我不适,而自谓削之非获已也。望治方新,成事不说,前车之覆,其后车之戒也夫。[3]

中华职业教育社发起人之一顾树森反思了学制的种种弊端,将"过重划一"作为首要问题,指出了自上而下统一模式无法使教育满足社会现实多样化要求的矛盾。[4] 教育界人士朱叔源针对壬子癸丑学制过于强调统

---

① 黄炎培:《美国教育状况》,收录于《黄炎培教育文集》第一卷,中国文史出版社 1994 年版,第 177 页。

② 黄炎培:《东西两大陆教育不同之根本谈》,收录于《黄炎培教育文集》第一卷,中国文史出版社 1994 年版,第 184—186 页。

③ 黄炎培:《抱一日记》,收录于《黄炎培教育文集》第一卷,中国文史出版社 1994 年版,第 220 页。

④ 顾树森:《对于改革现行学制之意见》,《教育杂志》第 12 卷第 9 号:1—7。

一的批判更为集中,问题揭露也较为客观,"制度太划一,太不活动,不管社会的需要,不管地方的情形,也不管学生的个性,总将这呆板的几样科目,尽量灌输,致学生在学校里所受的知识和训练,用到社会上去,动有枘凿之虞"①。

第二,未重视实业教育与普通教育的实质性区别。发展实业教育之重要性认识由来已久,癸卯学制中已单独确立一系列关于实业教育的章程,然而建设学校与发展教育并非一回事。自清末以来全国各地实业学校数量骤增,但实业教育并未获得长足改进。直到民国社会困于生计时,关于如何发展实业教育才成为教育界人士集中关注的问题。当时的国立东南大学教授顾实认为,如果不破除士农工商分途的传统,实施普通教育和实业教育的"学堂时代"仍不过是"科举时代"的另一种形式而已;应该认识到实业教育与普通教育有着本质的区别,"普通教育从学堂中做出,实业教育从工厂中做出。……普通教育以教未经指定职业之学生,重在道德上之训育,即于学堂中行之而已可以。实业教育以教已经指定职业之学生,重在智识上之授与,非同工厂中出之而不可也"②。中国科学社创始人任鸿隽在《我国之实业教育问题》中指出,政策上实业教育与普通教育应该有所区别,前者重应用,后者重智识,具体表现在实业教育所设专业必须与当地社会事业发展需求相一致;学校组织、课程开设、教师选择必须以实用为目的。③ 黄炎培从课程建设角度,提出发展实业教育要以实业之需、以生活之需改良普通学科、设计专门学科。

> 诚将以实业为教育中心,则一切设施并求悉与此旨相合。苟于普通诸学科不能使之活用于实地之业务,此外,管理训练亦未能陶冶之,使适于实际之生活。而徒专设学校、增设学科,譬犹习运动者,感觉袍大,服之不适也,特制一种运动用衣,袭于其外,及其里衣之宽大如故,

① 朱叔源:《改良现行学制之意见》,《中华教育界》第10卷第3期:78—79。
② 顾实:《论普通教育与实业教育之分途》,《教育杂志》1911(3):33—46。
③ 任鸿隽:《我国之实业教育问题》,《教育与职业》1917(1)。

可乎哉？……彼不从事于普通诸学科之改良，而徒专设学校增设学科，何以异是？①

第三，未关注教师的专门性培育。清末政府主导的"废科举、兴学校"运动中，教育行政部门所关注的是各地举办新学堂、改良私塾书院的数量，审查的重点在于学校办学条件、课程安排、经费管理等是否符合章程要求，而对于教师的专门培养、所聘教师的胜任能力等并没有细致的评价办法。黄炎培考察全国教育实施状况，对这一问题的揭示是十分深刻的，也充分说明自上而下行政推动教育发展的模式重形式变化、轻实际改革的浮夸弊端。

> 欲觇一地方教育之程度，将以学校数、学生数之多寡为衡耶？此余所绝对否认者。尝见某县小学校几及二百所，前三年则仅十余所，此二百所小学之教员，曾习师范者不及十一耳，然则以严格论，苟必为曾习师范者为教员，此十之一亦仅敷十余校之用，而此三年间之所添设，其内容是否成为学校，正未可定。……是故今之行政者，规划教育进行，不宜一意扩张学校，宜审察地方合格教员之多寡，而务增益养成之。其学校扩张之速率，务必教员增益之速率相准，谋实际上之教育进行，不当如是耶。②

2. 局限于书本知识的教学之弊

实业教育虽取法于西方国家，然而在我国的具体实施常常受限于传统教育教学习惯的限制。吴汝纶看到中西教学方法的显著差异时，曾慨叹"中西两学不可两存"，然而他所担心新教育的推动会导致"西学未兴，吾学先亡"的结局，是对"吾学"积淀千年之传承力量的低估。黄炎培实地考察全国实施实业教育状况，目睹了以注重文字诵读等传统教育方法开展所谓

---

① 黄炎培：《学校教育采用实用主义之商榷》，收录于《黄炎培教育文集》第一卷，中国文史出版社1994年版，第26—27页。
② 黄炎培：《考察本国教育笔记》，收录于《黄炎培教育文集》第一卷，中国文史出版社1994年版，第45页。

"实业教育"种种貌合神离的怪象。

> 所谓取貌遗神者,尚有一事。因时论注重实业教育,于是小学校竞设农商科,此行盖屡见之。顾其设农科或商科也,仅多购一种教科书,令教师循文讲解,儿童诵读一过而已。初无何等之设备,以为其实验、实习地也。往往设农科之学校,并学校园而无之,设商科之学校,并验币而未尝授也。亦有校址在城市中心学校多商家子弟,偏不设商科而设农科者。惟无何等之设备,故任何加设学科,举无关系,仅增授一本特别至国文本课而已。实则以国文论,亦不宜呆授空讲也。此事关系,全在教员。盖甲种农、商业学校未发达,农、商业教员养成所未组织,师范学校未先加设农、商科,既缺储能,安期效实,又令吾思及师范教育也。①

不仅是因循守旧的教育方法,陶行知认为与之一脉相承的教科书编制思路也进一步限制了追求实用精神的新教育实施效果。他对比了 30 年间的教科书,发现并没有突破文字教育的局限,教科书内容虽有变化,但所谓的新教育的实施效果也仅仅拓展了受教育者的知识,并未发展其"驾驭自然"的能力。

> 我们试把光绪年间出版的教科书和现在出版的教科书比较一下,可以看出一个惊人的事实,这事实便是三十年来,中国的教科书在枝节上虽有好些进步,但是在根本上是一点儿变化也没有,三十年前中国的教科书是以文字做中心,到现在,中国的教科书还是以文字做中心。进步的地方:从前一个一个字的认,现在是一句一句的认;从前是用文言文,现在是小学用白话文,中学参用白话文与文言文;从前所写的文字是依照忠君、尊孔、尚公、尚武、尚实的宗旨,现在所写的文字是依着三民主义宗旨。但是教科书的根本意义毫未改变,现在和从前一

---

① 黄炎培:《考察本国教育笔记》,收录于《黄炎培教育文集》第一卷,中国文史出版社 1994 年版,第43 页。

样,教科书是认字的书,读文的书罢了。从农业文明渡到工业文明最重要的知识技能,无过于自然科学。……但是把通行的小学常识与初中自然教科书拿来审查一番,你立刻发现它们只是科学的识字书,只是科学的论文书。这些书使你觉得读到胡子白也不能叫您得着丝毫驾驭自然的力量。①

3. 毕业生谋官不谋业的观念之弊

近代以来我国学校教育的形式发生了天翻地覆的改变,然而读书人对教育的期待仍秉持"学而优则仕"的传统心理,实业教育也不例外。可矛盾的是,发展实业讲求的是务实的劳动能力,这却是读书人嗤之以鼻或不屑一顾的。

> 今之学生,有读书之惯习,无服务之惯习。故授以理论,莫不欢迎;责以实习,莫不感苦。闻农学校最困难为延聘实习教师。夫实习既不易求之一般教师,则所养成之学生,其心理自更可想。而欲其与风蓑雨笠之徒,竞知识之短长、课功能于实际,不亦难乎? ……实习非所注重,则能力无自养成。然而青年之志大言大,则既养之有素矣。②

由此可见,受制于传统社会心理,实业学校无法培育出发展社会实业所需的人才。蒋梦麟在《职业界人才问题为教育界所当注意者》中归结了职业界人才供求不相匹配的三类常见现象:第一通例为有求而无适当之供;第二通例为所供非所求;第三通例为供多求少。③ 造成上述社会问题的主要原因固然不能完全归结为实业教育的不合时宜,然而经由实业教育所培养的毕业生"重理论轻劳动"、"贫于能力富于欲望"的社会心理,与发展实业教育的目的却是背道而驰的。

---

① 陶行知:《教学做合一下之教科书》,收录于方明《陶行知教育名篇》,教育科学出版社 2005 年版,第 178—179 页。
②《中华职业教育社宣言书》,收录于《黄炎培教育文集》第二卷,中国文史出版社 1994 年版,第 181 页。
③ 蒋梦麟:《职业界人才问题为教育界所当注意者》,《教育与职业》1917(2):1—5。

传统社会心理不仅体现在受教育者身上,大部分教育者也难以摆脱这种影响。黄炎培实地考察的所有学校"几于无一不带几分官气","夫敬畏官厅,殆现今社会普通之心习,因此而办学者,以为非此不足耀一时耳目,似亦一种苦心。但一方面即养成学生重视官吏轻视其他职业之心理,于共和国民一律平等之旨不无少背,故余认为非至善之法"①的传统观念、传统积习深深影响着教育的革新,然而若不真正理解新教育的本质,并不能发觉传统文化的禁锢。

(二)影响职业教育大滑坡的因素分析

以黄炎培为首的教育家提倡职业教育,是在革除实业教育弊端的基础上形成的。然而,由中华职业教育社领导下开展得轰轰烈烈的职业教育实践,不到10年就遇到职业教育大滑坡,并引发了职业教育思潮的衰退。②黄炎培坦率地承认,"我们同志八、九年来所作工作……也算'尽心力而为之'了。可是我们所希望,百分之七、八十没有达到"③。他总结经验教训,认为解决学生出路单靠教育界是解决不了的,更重要的是要靠职业界来帮忙,具体到课程方面,"设什么科,要看看职业界的需要,定什么课程,用什么教材,要问问职业界的意见。就是训练学生,也要体察职业界的习惯。有时聘请教员,还要利用职业界的人才"④。其实,中华职业教育社所提倡的按照工作分析法研制职业课程,所强调的就是职业课程的内容选择主要来自工作领域,以社会职业的需要为依据。然而,脱离职业界的职业学校实践所凭借的是来自普通学校教育的办学经验,导致学生所学非所用是不可避免的。因此,职业教育面临困境,并非学术界思想认识不清,而是实践环境的制约。

---

① 黄炎培:《考察本国教育笔记》,收录于《黄炎培教育文集》第一卷,中国文史出版社1994年版,第36页。
② 刘桂林:《中国近代职业教育思想研究》,高等教育出版社1997年版,第197页。
③ 黄炎培:《提出大职业教育主义征求同志意见》,《教育与职业》1926(71):1。
④ 同上文,同上刊,第2页。

1. 经济大萧条使职业教育发展失去后盾

第一次世界大战期间,资本主义国家忙于战事而暂时放松对我国的侵略,我国民族资本主义得到快速发展,职业教育也呈现了发展的大好势头。"就学校数量而论,民国五年甲乙种实业学校五百二十五所,七年加入职业教员养成所得五百三十一所,十年各种职业教育机关并计得八百四十二所。十一年得一千二百零九所,十四年得一千五百四十八所,十五年得一千五百一十八所,此五年间,不得为无相当之进步。"①在壬戌学制颁布之前我国职业学校数量达 800 余所,壬戌学制颁布后 3 年又获得较大幅度的增长。然而好景不长,20 世纪 20—30 年代,一场席卷美国、英国、德国等所有工业化国家的经济危机,迫使资本主义国家进一步加强对殖民地、半殖民地的剥削。针对我国,他们竭力压低我国原料和农产品价格,并向我国倾销工业品,通过增加捐税,严重破坏我国经济发展。雪上加霜的是,我国民族资本主义一方面饱受外资压迫,另一方面承受着国内北洋军阀战乱的破坏。1920 年直皖战争爆发,1922 年第一次直奉战争爆发,1924 年第二次直奉战争打响,短短几年间爆发了 3 次军阀混战,给本已陷入困境的中国民族资本主义又勒上一道绞索。经济的大萧条直接影响职业学校毕业生的就业问题,随着中国民族资本主义的渐渐萎缩,职业学校毕业生的出路越来越难。1925 年中华职业学校毕业生 53 人,校长潘文安在学生毕业前一个月就开始忙于联系用人单位,然而"甚恳切、极工致之八行笺,一人之信用未著,再请任之,卫玉两先生共同具名,发出函件九十余份,结果几等于零。好容易得任之诸公之助力,各自出马,分头接洽,成事者亦五、六人,然已筋疲力尽矣"②。而在中国民族资本主义大发展时期,中华职业学校的学生很受欢迎,有时不等毕业就被预定,土木、机械等科的学生更是供不应求。在当时,中国工商界不仅积极选聘职业学校毕业生,还是职业学校主要的经

---

① 黄炎培:《三十五年来中国之职业教育》,收录于商务印书馆《最近三十五年之中国教育:商务印书馆创立三十五年纪念刊》,北京:商务印书馆 1931 年版,第 151 版。
② 潘文安:《最近之两大感想》,《教育与职业》1925(69):671。

济后盾。经济大萧条给工商界带来灾难,不可避免地严重影响职业教育发展,毕业生出路难和办学经费不足等困境导致职业学校纷纷关停。至1929年全国职业学校仅剩下194所,1931年更跌落至149所,仅占同期普通中学的13%,学生总数的7%。[①] 社会经济不景气直接影响职业教育的发展。

2. 崇尚升学的文化心理使人们对职业教育产生偏见

在我国,受传统观念影响,民众对教育的态度依然热衷于能为人上人的升学主义,仅限于中等阶段的职业教育自然无法满足他们的需要。这种文化心理始终成为职业教育发展道路上的绊脚石。以升学为荣的求学心理和经费不足的办学困境影响职业学校教学实践。20世纪20年代中期,出现一股学校合并风,职业学校因办学费用大、学生出路难等原因而改办为普通学校,迎合社会普遍的升学风,黄炎培称之为"职业教育普通化"[②]。欧元怀将这一现象归因于封建思想尚未肃清,人们仍迷信于"正途出身"的传统观念,"谬认读书以外无学问,做官以外无事业,只知学校为士进的阶梯,而不明了教育为人生的养料。各望其子弟显亲扬名、荣宗耀祖做大官,发大财。就是号称现代化的人,也希望子弟学成问世,可做公务人员,不肯轻易令其学做'辛苦而不大赚钱'的职业,或从事于劳动生产工作"[③]。这种社会心理甚为普及,报考普通学校的学生始终高于职业学校,即便在职业学校数量于1926年达到高峰值1518所,也远不如同时期普通学校的规模。可见,社会易变而观念难移,即便今天仍在探讨"增强职业教育吸引力"的问题,因此发展职业教育需要改造社会心理。

3. 传统教学方式不适合职业教育

社会经济、文化心理都属于职业教育发展的外部因素,就教育本身而言,传统教育方式也深刻影响职业教育的实施效果。时任湖南教育厅厅长的黄士衡反对将中学教育之不良、职业教育之不振完全归罪于学制,他认

① 周谈辉:《中国职业教育发展史》,台北:三民书局1985年版,第177页。
② 黄炎培:《第七届全国职业学校联合会里几个问题》,《教育与职业》1929(8):1289。
③ 欧元怀:《中国职业教育的出路》,《教育与职业》1935(2):81。

为应该从课程实施行为中找问题，"我国中等学校课程，对于书本上之抽象理论与符号观念，过于注重，而于与实际生活有关之知识技能，反多所忽略。中学校如是，职业学校亦如是。……设备简陋为我国各省中等学校之最大缺点……则科学即无法教授，职业亦无处实习，教师虽口讲指画，学生终一知半解。纵有良好课程，亦难表现功用"①。他所指出的传统教学重记忆轻实习、学校设备简陋无法满足教学需要等现实问题都制约着课程的有效实施。

可见，社会经济的萧条、升学倾向的文化心理、传统教学的不适等因素都不利于职业教育课程发展。这些客观因素的制约使得职业教育实践背离壬戌学制的设计意图，虽然并非完全由学制本身造成，然而疏于对社会环境的分析是设计者所犯下的重大失误。职业教育实践的失败，使教育家重新审视壬戌学制的适切性。

二、思想领域：欧美职业教育课程理论的借鉴与改造

20 世纪 20 年代，中国实业教育思潮转向了职业教育思潮，不能简单理解为国人从效仿日本转向效仿美国。梁启超曾说，凡思能成潮者，则其思必有相当之价值，而又适合于其时代之要求者也。② 民国时期知识分子青睐于欧美职业教育发展道路，是看到它对于解决民众生计问题，加快社会经济发展的重要作用。职业教育作为增进民力、发展生产的重要途径，成为第一次世界大战后世界各国发展教育的首要选择。正如黄炎培所言："夫欲解决'地'与'人'与'物'生产能力之增进问题，舍职业教育尚有他道耶？故吾敢断言，欧战终了以后，职业教育大发展之时期也。"③第二次世界大战期间，美国坐收渔人之利，工业快速发展使职业教育进入了快车道，其思想、模式、制度成为世界各国效仿的对象。与日本发展实业教育的路径

---

① 《对于中学革命问题之种种意见》，《教育与职业》1931(2)：389。
② 梁启超：《中国近三百年学术史》，北京：东方出版社 1996 年版，第 12 页。
③ 黄炎培：《职业教育谈（六）》，《教育与职业》1921(6)。

相比,美国的职业教育并不照搬欧洲各国模式,而是根据自己的实际情况,经过改造而走向独特发展的道路,《莫雷尔法案》、综合中学、《史密斯—休斯法》等,无不体现了这一特点。[①] 这一时期,美国课程科学化运动兴起,课程理论逐步从教育学中独立出来,成为专门的学科领域,1918 年博比特(F. Bobbitt)发表《课程》、1924 年查特斯(W. Charters)出版《课程编制》,标志着现代课程研究的开端。课程理论的发展也为中国人研究职业教育课程提供了借鉴。

在教育近代化发展的"器物阶段"和"制度阶段",中国人不善于将国外的教育理论与中国实际相结合,没有在自己教育实践基础上生成有生命力的相对成熟的课程理论,使课程改革缺乏科学的理论指导而带有一定的盲目性。到了"文化阶段",职业教育课程思想的发展更多体现了学者的问题意识与理论自觉,表现在:一是中国职业教育的倡导者已有初步的认识,而借西方现成的说法加以更完善的表达;二是中国人自己达到了某种认识,而与西方的若干观点相吻合;三是西方已经形成某种理论,中国照搬过来并加以发展。[②] 因此可以说,民国时期知识分子开启了中国职业教育课程自觉发展的新征程。

(一)欧美教育理论和课程论的传播与转化

1. 欧美教育理论的宣传及对我国职业教育思想的影响

辛亥革命后兴起的新文化运动,极大地推动我国职业教育思想的发展。这时期,中华职业教育社创办的《教育与职业》杂志成为宣传欧美职业教育理论的主阵地。据统计,该杂志自 1917 年 11 月—1925 年 11 月刊印的前 70 期中,介绍美国职业教育的专论、消息、报道共 56 篇,介绍英国的有 17 篇,介绍德国的有 16 篇,介绍日本的有 14 篇,介绍法国的有 7 篇,还有一些介绍苏俄、菲律宾、奥地利等国的,皆不足 5 篇。[③] 另外,《教育杂志》和

---

① 王川:《西方近代职业教育史稿》,广东教育出版社 2011 年版,第 431 页。
② 黄嘉树:《中华职业教育社史稿》,陕西人民教育出版社 1987 年版,第 36 页。
③ 同上书,第 31 页。

《中华教育界》也特别关注世界各国职业教育理论与实践的宣传。有关统计数据表明[1]，仅 1917 年，《教育杂志》重点论及职业教育的篇目达 23 篇，其中介绍欧美、日本等国职业教育的有 3 篇，分别是黄炎培的《日本分设职业科之一小学》、太玄的《各国实业教育之大势》、秦之衔的《纽约市立小学预备职业教育》；《中华教育界》发表职业教育相关文章共有 13 篇，介绍国外职业教育内容的有顾树森的《德美英法四国职业教育之实况》、沈颐的《日本小学校之职业陶冶》等。从期刊渠道来看，美国职业教育思想宣传较多，另外还通过以下三条渠道传入中国：一是黄炎培等赴美考察，受到启发，回国后创办职业教育；二是陈选善、刘湛恩、钟道赞等留美学生回到国内，大量撰文介绍美国的职教情况和经验，并都成为中华职业教育社的骨干；三是杜威、孟禄等美国教育家来华亲自宣传他们的主张。[2]

与上一轮学日浪潮相比，这一时期我国知识分子学习欧美教育思想的渠道呈现多样化的态势，所借鉴的职业教育理论也不局限于单一国家，学者间的交流也更为频繁和自由，极大地促进了新思想的消化、吸收和转化。然而，新思想的学习总是在旧有思想框架中进行的，虽然在名称上"职业教育"取代了"实业教育"，但仍存在以一个新的西方概念取代一个已经东方化的西方概念的嫌疑。无论是职业教育还是实业教育，都形成于西方资本主义社会发展，这成为我国近代教育转型的先天不足。民国时期教育家在发展我国职业教育过程中，不得不面对欧美职业教育理论运用于我国教育现实中的不适，绕不开所借鉴的不同国家教育文化之间的冲突，他们在多重碰撞中进行了妥协与改良，在寻求解决问题的措施方法中形成了本土化的职业教育思想。

> 凡一学说，一制度之倡，非人能倡之，盖时势所迫，察其需要之攸在，而为之振导，未几推行全社会。而其推行之迟速，一视乎社会相需缓急之程度如何，振导者积极的进行之精神与消极的排除障碍物之能力如

---

① 王博：《清末民初教育期刊对教学变革的影响之研究（1901—1922）》，湖南师范大学，2013：118。
② 黄嘉树：《中华职业教育社史稿》，陕西人民教育出版社 1987 年版，第 32 页。

何。夫所谓障碍者,或属于各方联带之关系,或由于其祈向与其习尚之舛驰。斯时而人力以见。故凡是之成,基于自然者半,本于人为者半。职业教育之于吾国,稽其既往,测其未来,亦循是轨焉以行而已。①

可见,我国职业教育理论的形成与发展,正是在解决具体教育问题、社会问题过程中不断完善的,先后经历了实用主义、工读主义、平民主义等思想影响,至"大职业教育主义"教育主张的提出则达到了发展的顶峰。

(1) 实用主义

实用主义教育思想在 19 世纪末出现于美国,不久就发展为世界思潮并于 20 世纪二三十年代在我国盛行。以杜威为代表的美国教育家是从反对传统教育基于二元论割裂个人与社会关系的现实问题上构建起实用主义教育思想的。他们立足儿童经验,提倡用联系的观点阐述教育必须从心理学上探索"作为社会的个人"的能量、兴趣、爱好和习惯等,"我们能给予儿童的惟一适应,便是由于使他们充分发挥其能力而得到的适应"②。因此,儿童心理是教育的出发点,社会适应是教育的归宿点。在教育过程中,儿童的"自由"作为一种心理状态得到充分表现,并在这样的方式中认识社会的目的。

黄炎培深受杜威思想启发,在一次演讲中论述道:"杜威博士曾讲演教育原理。他说,教育是什么呢? 教育以'人'为本位。不是把课本或学校做本位,亦不把地方或国家做本位。像德国、日本便是以国家为教育本位的,而杜威则主以人为本位,便是为'人'的教育,在孩子身上用功夫,教育他成为一个社会上优良健全的分子。"③他认为"社会优良分子"既要为自己谋生,也能为社会服务,"职业"是联系个人与社会的桥梁,因此,以人为本位的教育应该含有养成职业的性质。

受杜威教育思想的影响,陶行知提出生活教育理论,陈鹤琴提出以"活

---

① 黄炎培:《中华职业教育社成立五年间之感想》,收录于《黄炎培教育文集》第二卷,中国文史出版社 1994 年版,第 340 页。
② 约翰·杜威:《学校与社会·明日之学校》,赵祥麟等译,人民教育出版社 2005 年版,第 5 页。
③ 黄炎培:《职业教育》,收录于《黄炎培教育文集》第二卷,中国文史出版社 1994 年版,第 324 页。

教育"为特色的幼儿教育思想;黄炎培提出实用主义的职业教育思想,应社会生计之所需的教育思潮在国内蔚然成风。提倡实用主义教育思想的学者所关注的教育现象虽有差异,但他们都一致地将教育的症结归结为远离生活所致的不实用。杜威所批判的美国传统教育种种形式主义现象,与民初时期我国教育困境是极其相似的。

黄炎培经过实地调研后发现:

> 乃观今之学子,往往受学校教育之岁月愈深,其厌苦家庭鄙薄社会之思想愈烈,扞格之情状亦愈者。而其在家庭社会间,所谓道德身体技能知识,所得于学校教育堪以实地运用处,亦殊碌碌无以自见。即以知识论,惯作论说文字,而于通常之存问书函,意或弗能达也,能举拿破仑、华盛顿之名,而亲友间之互相称谓,弗能笔诸书也;习算术及诸等矣,权度在前弗能用也;习理科略知植物科名矣,而庭除之草不辨其为何草也,家具之材不辨其为何木也。此共著之现状固职业教育者所莫能为讳者,然则所学果何所用? 而所谓生活必需者,或且在彼不在此耶?[①]

因此,他认为普通教育尚且需要与实际生活相联系,职业教育尤其应该将生活应用作为教育的首要目的,实用主义作为解决我国教育问题的"对病良药"是十分适合的。黄炎培提倡实用主义教育,一开始主要研究小学阶段实用的教育内容,如在《学校教育采用实用主义之商榷》一文中首次对小学各门课程提出了改良办法,如修身课"注重偶发事项及作法",历史课"除近世大事择要授之外,全不取系统,授以职业界之名人故事等"。随后,他又与杨保恒一起编译了《实用主义小学教育法》,该书主要依据日本竹原久之助的思想,加入了许多他们立足教育实践的思考与认识[②],从增加与社会生活相关的教育内容逐步拓展到教学、管理、训育等学校教育的方

[①] 黄炎培:《学校教育采用实用主义之商榷》,收录于《黄炎培教育文集》第一卷,中国文史出版社1994年版,第26页。
[②] 黄炎培在《实用主义小学教育法》一书的"例言"中提及,"编辑大体,以日本竹原久之助所著小学小实用的施设为准据,而内容则大加损益。不事直译,以求适切于吾国今日之实用"。参见《黄炎培教育文集》第一卷,中国文史出版社1994年版,第51页。

方面面。黄炎培指出，实用主义不仅作为学校教育的目的，也应作为考核学校之标准。[①] 可见，贯彻实用主义精神已从教学领域跨越至学校管理领域。

客观而言，实用主义教育思想在国内的传播并不是一帆风顺的，然而在某种程度上促进了该理论在中国的本土化。黄炎培等人在教育界人士的质疑中不断澄清对实用主义思想的认识误区，逐步完善实用主义的内涵阐释，并形成体系化、中国化的实用主义教育思想。黄炎培归结了四种反对或怀疑实用主义的言论，并进行了反驳，进而重申实用教育的真谛。一是"恐偏于器械的而缺精神的"，即注重实利教学而忽视道德教育。他指出这类观点是将实用主义狭隘化为实利主义，实用主义所宣扬的"实"包含了知识、技能与道德各方面，其中道德教育所体现的实用精神表现在："注重庸德、庸言，且须考察各个生徒性质与境遇，俾可以随地躬行实践，决不提倡偏激之议论，诡异之言行，与过高而蹈空、迂远而不切之理想，反置实际应用事项于度外，此则实用主义之精意耳。"二是"恐专务实事实物而全废理论"，即关注了具体技能而忽视了抽象理论。黄炎培认为，持这类言论者是割裂了知与行的统一性，实用主义所提倡的"行"是离不开"知"的，且两者的增益是相辅相成的，"不过所施之教育，必令受之者一一切于应用，可见诸实行，即间授以理论，必以实事、实物为根据"。三是"不宜全废系统的"，即反对实用主义破坏了学科知识体系。黄炎培指出实用主义教育并不反对体系化的教学内容，只是反对忽视与学生实际生活相联系的知识序列。在他看来，实用主义教育倡导的是一种特别的顺序，"如以衣、食、住为基础，而有朝、昼、晚之别，有晴、雨之别，以实业为基础，而有农、工、水产物之别。"四是"恐不适于生徒程度"，即过于强调贴近生活的实用而忽视学生认知水平。黄炎培认为这一质疑是不成立的，实用主义教育最强调的就是

---

① 黄炎培在江苏省立第三师范单级教授研究会上的演讲中提及"举凡教授、管理、训练、养护诸方面，一以实用主义之精神贯之，庶可以挽回今日教育之颓风。希望诸君之教育行政责者，考察学校之标准，务须以实用为的，而优劣以是定焉"。参见《教育杂志》第 21 期，1915 年。

以儿童经验为前提,"曰其教材以儿童日常经验界为限,曰其教材务以适应儿童能力者唯限,非此者,虽极切要,概从割爱"①。

黄炎培对实用主义教育思想的进一步改造,离不开孟禄等人来华调研及指导。孟禄指出,中国学校教育并没有以富国为主要目的,如果教育能够重视地广物博的自然资源,能够关注勤劳节俭的民风民俗,那么实现教育富国裕民的伟大理想并非难事。受此启发,他感慨道:"毋亦其所取之材与所用之法,不能使之应用于实地之业务使然耶?"②他开始将实用主义教育倾向于紧密联系以发展物质文明为主的实业生产,愈发关注职业教育的推广与实施。在提倡实用主义教育三年以后,黄炎培聚焦于职业教育研究与实践,因此他认为"实用主义者,不啻职业教育之背景也"③。

(2)工读主义

工读主义几乎是与职业教育同时期引入国内并盛行的一种教育思潮,它顺应了当时青年学子求学与求生活的双重需要,因此一经提倡就得到了广泛响应。狭义而言,工读主义思潮指20世纪10—20年代有关工与学、工与读、劳动与求学发生某种关系的言论及其实践活动④,故黄炎培把它作为职业教育的一部分⑤,后人在梳理这段教育史时也认为:"(工读教育)把作工与学习科学技术知识结合起来,这已突破了以识字、写字为主的国民教育范畴,跨入了近代职业教育的领域"⑥。应该说,两种思想的密切相关与两位主要提倡者的密切关系是分不开的。蔡元培一直是工读主义的倡导、支持和参与者,他既是黄炎培在南洋公学的教师,也同为中华职业教育社

---

① 本段引号部分均引自《黄炎培学校教育采用实用主义第二回商榷书》,收录于《黄炎培教育文集》第一卷,中国文史出版社1994年版,第121—123页。

② 黄炎培:《学校教育采用实用主义之商榷》,收录于《黄炎培教育文集》第一卷,中国文史出版社1994年版,第27版。

③ 黄炎培:《中华职业教育社成立五年间之感谢》,收录于《黄炎培教育文集》第二卷,中国文史出版社1994年版,第340页。

④ 夏金星、彭干梓:《中国职业教育思想史:民国卷》,湖南人民出版社2013年版,第143页。

⑤ 黄炎培在《中华职业教育社成立五年间之感想》一文中提到:"有横遭不幸或醉心自立之青年,迫求所以解决生活问题,又不能抑制其知识欲与向上心,则工读说出焉。工读制度,固职业教育之一种也。"参见《黄炎培教育文集》第二卷,中国文史出版社1994年版,第341页。

⑥ 王炳照、田正平:《中国教育思想通史:1911—1927》(第六卷),湖南教育出版社1994年版,第221页。

的主要领导。蔡元培主张工读主义教育，在他看来虽然工作与学习在内容上无法做到完全对应，但只有将工作与学习紧密结合，才能使"工"与"学"相得益彰。

> 虽然学之范围至广大，绝非一工之能赅，而吾人嗜学之性，亦决不能以学之直接隶属于工者为限。吾之作工，必以物质为原料，则矿学、生物学及化学之所关也；吾之作工，必以力，则重学、机器学之所关也；吾之工必有数量，则数理之所关也；……盖学之不属于工，而与工有密切关系者所在皆是。吾苟择其性之所近者而随时研究之，其能裨益于吾工者，决非浅鲜，而且另吾人作工之时，亦增无穷之兴趣，此决非吾人可忽视也。①

蔡元培所提出的教育主张，也积极落实于各项教育实践中。1915年，他以"勤于工作，俭以求学，以进劳动者之智识"为宗旨在法国发起组织勤工俭学会，这些留学生回国后继续宣传工读教育主张，组织工读互助团，将工读运动推向高潮。

蔡元培对工读教育的提倡，还表现为对劳动者的尊重，对劳动教育的重视。他于1918年提出了"劳工神圣"的口号，这里的"劳工"是广义的，包括脑力劳动者和体力劳动者。"我说的劳工，不但是金工、木工等等，凡用自己的劳动作出有益他人的事业，不管他用的是体力、是脑力，都是劳工。……商是转运的工、学校职员、著论家、发明家是教育的工，我们都是劳工。"②他将这一思想积极落实于学校教育实践中。由中华职业教育社创办的中华职业学校把"劳工神圣"的大匾高悬于礼堂上方，把象征"双手万能"的符号作为校徽、校旗和校办工厂产品的标记；把"用我手用我脑，不单是用我笔；要做，不单是要说"作为学生每日必唱的校歌。学校采取"做学

---

① 蔡元培：《勤工俭学传》，收录于陈学恂《中国近代教育史教学参考资料》中册，人民教育出版社1987年版，第508—509页。
② 蔡元培：《劳工神圣》，《北京大学日刊》第260号，转引自黄嘉树《中华职教社史稿》，陕西人民教育出版社1987年版，第27页。

并进""半工半读""工读结合"等制度,同时要求教职员"须一律短装能自操作免除一切文人旧习"。[1]

应该说,工读主义教育是对传统教育模式的突破,一方面讲求工学结合、强调理论联系实际,可以视为实用主义思想在职业教育领域的具体化;另一方面,它对劳动者的重视,将教育对象指向于大众平民,也可视为实用主义思想在平民教育领域的具体化。从这个意义上说,工读主义与实用主义、职业教育、平民教育等都是息息相关的,这些思想为民国职业教育改革实验奠定了理论基础。可惜的是,工读主义教育思潮终因敌不过与学制、工制不适的现实困境而偃旗息鼓[2],为平民主义教育思潮所替代。

（3）平民主义

中华民国成立之后,世界范围内平民主义、民主政治的思潮激起了中国知识分子和教育家对平民教育的关注。蔡元培提出"养成共和国民健全之人格"的新教育主张,陈独秀提出"惟民主义"的教育方针等,都要求教育应该面向全社会,应该赋予人人受教育的权力和机会。早期平民教育思想主要在北京等大城市中宣传,如北京大学组成"平民教育讲演团",成立以晏阳初为总干事的中华平民教育促进会,创办《平民教育》杂志。杜威也促进平民教育思想在中国的传播,他在华期间专门演讲过以"平民主义与教育"为主题的报告。在中国,平民与乡村有着天然的契合,20 世纪 20 年代初宣扬平民教育的思想家们认识到以农立国的中国,其普及平民教育的主阵地不在城市而在农村,于是晏阳初号召同仁到河北定县开展乡村改造实验,开启"博士下乡"的潮流。这股力量在学界主要是以晏阳初为代表的平民教育派,以陶行知为代表的生活教育派,以梁漱溟为代表的新儒学文化教育派,以黄炎培为代表的职业教育派。各派在乡村改造实验中虽然所关注的教育问题各有侧重,但都带有"平民"的特色,因此平民主义教育思想

---

[1] 黄嘉树:《中华职业教育社史稿》,陕西人民教育出版社 1987 年版,第 24—25 页。

[2] 黄炎培在《中华职业教育社成立五年间之感想》一文中提及:"故自最近二三年,工读主义虽为新文化潮流之一部分,而不易实现,或虽现而不能维持存在。固半由于现行学制、工制之不适于工读,其精神上亦实有此障碍焉。"

在乡村建设运动中达到了高潮,形成蔚为壮观的教育思潮。平民主义教育虽意在普及教育,与义务教育更为密切,但教育要实现造福平民,则不得不通过职业教育而达成。从这个意义上说,两者是相辅相成的,平民主义教育思想对职业教育发展功不可没。除黄炎培外,对职业教育课程进行专门研究的还有晏阳初。

晏阳初针对中国农村愚、穷、弱、私四个问题,主张以文艺、生计、卫生、公民"四大教育"分别医治之。所谓"四大教育",实则为农村教育内容的四个方面,属于课程领域讨论的话题。其中,生计教育的目标为"训练农民生计上的现代知识和技术,以增加其生产力;要创设农村合作经营组织,养成国民经济意识与控制经济环境的能力",实质上与黄炎培所提倡的农村职业教育并无二致。晏阳初积极引入西方科学、文化、民主资源与中国社会相结合,在凋敝的定县实验区先后组织农民成立了 50 余个合作社,组织一批留洋学子进行农业科学研究,举办实验农场,改良猪种和鸡种,对农民进行"生计巡回训练",即通过学校学习、农家实验、实施推广以提高农民的生产技术和经营能力。他们根据农民需要设计生计训练科目,主要有:一是农作物生产,如土壤、肥料、推广良种、防治病虫害等;二是动物生产,如科学养猪、养鸡、养蜂等;三是农村经济,如家庭记账、农场管理、农产品市场、合作社等;四是家庭工艺,主要是棉花纺织。[1]

这些课程基本囊括了当时中国农村生活、生计领域的各个方面,与以往任何一个历史阶段所不同的是,课程设计原则发生了根本性的改变。首先,课程选择必须根据生产实际进行设计。生计教育所有课程是晏阳初与美国康奈尔大学农学博士冯锐等,通过深入的调查研究,密切结合当时中国农村的生产实际而专门设计的,"种种办法,均得创新,仿无可仿,模无可模,东洋西洋自更无抄袭了",因此必须亲自到民间进行实验,以产生既经济简易,又具有普遍性、实用性的方法。[2]　其次,课程组织要简单化、经济化和实际化。

---

① 杨东平:《艰难的日出——中国现代教育的 20 世纪》,文汇出版社 2003 年版,第 90 页。
② 晏阳初:《平民教育的真义》,收录于《晏阳初全集》,天津教育出版社 2013 年版,第 58 页。

晏阳初主张把科学知识传授给广大农民,然而如何传授是一大挑战。他认为普及化的平民教育必须在内容上实现基础化,方法上实现科学简化。具体表现为:"简单化"即针对农民容易教、容易学所提出的;"经济化"则是根据农民承担不起昂贵的教育费用所提出的;"实际化"是应农民讲求实用的学习需要所提出的。可见,无论是课程选择还是课程组织,其设计原则都以农民群体的特殊需求及特点为前提,真正体现了以人为本位的教育思想。

无论是实用主义、工读主义还是平民主义教育思想,因其不同程度地对生计教育、生产教育内容的关注,与同时期由黄炎培所提倡的职业教育思想产生了千丝万缕的联系,这些思想在黄炎培历经十余年实践探索后所提出的"大职业教育主义"中都能找到影子。教育家在将西方现代教育思想与中国实际融会结合的过程中探索改造中国社会的教育救国之路,敏锐的知识分子汲取西方课程科学化运动中的种种思想探索课程编制,促进了职业教育课程走向理论发展的道路。

2. 西方课程论著的译入促进我国职业教育课程理论的探索

在我国,"课程"一词的出现远远早于西方,然而与西方现代课程内涵并不相同。唐代孔颖达为《五经正义》"奕奕寝庙,君子作之"句注疏"教护课程,必君子监之,乃得依法制之";宋代朱熹《朱子全书·论学》亦有"宽着期限、紧着课程""小立课程、大作功夫"等句。我国古代对"课程"的最初定义主要从经验层面对学程进行考量,基本不涉及课程内容的选择。在西方英语世界里,课程(Curriculum)一词最早出现在英国教育家斯宾塞(H. Spencer)《什么知识最有价值?》(1859)一文中,该词源于拉丁文 Currcle(意为"跑道"或"民族经验")。斯宾塞之问虽是对传统人文教育课程内容的质疑,而其背后所体现的民主精神被美国人积极传承,"象美国人日渐认识到的那样,对课程的争论(关于劳作课是否要纳入公立学校的问题)越来越使他们确信:国家和政治的安定有赖于在自由讨论的教育气氛中来培养儿童"[1]。

---

[1] 布鲁巴克:《西方课程的历史发展》(上),丁证霖等译,收录于瞿葆奎《教育学文集·课程与教材》上册,人民教育出版社 1988 年版,第 70 页。

在美国,课程论诞生于崇尚技术理性和科学知识的时代,从博比特的
"活动分析法"到查特斯"工作分析法",再到"泰勒原理",课程论越来越苛
求程序的科学性和标准性。美国课程科学化运动也影响着大洋彼岸的中
国,一些课程论著作得以翻译出版,如郑宗海、沈子善翻译了美国哥伦比亚
大学师范学院教授庞锡尔的著作《设计组织小学课程论》,张师竹翻译了博
比特的著作《课程》,熊子容翻译了博比特的著作《课程编制》。在学习借鉴
的基础上,我国学者也相继出版或发表了一批关于课程的著作和文章。

表 4-1　1917—1948 年我国出版的课程研究方面的部分专著和文章

作者	专著或文章	出版机构及时间
余家菊	《课程论》	《中华教育界》,1925 年
程湘帆	《小学课程概论》	商务印书馆,1923 年
王克仁	《课程编制的原则和方法》	广西南宁教育厅编译处,1928 年
徐雉	《中国学校课程沿革史》	上海太平洋书店,1929 年
朱智贤	《小学课程研究》	商务印书馆,1933 年
盛郎西	《小学课程沿革》	中华书局,1933 年
李廉方	《小学低年级综合课程论》	中华书局,1934 年
陈侠	《近代中国小学课程演变史》	商务印书馆,1944 年

这一时期我国对课程论的研究与美国等西方国家是同步进行的,并取
得了重要的成果。王克仁著《课程编制的原则和方法》是我国比较早的综
合性的课程论著作,全书分 11 章,讲述了课程问题的重要性、课程适应普
通的生活和特殊的生活、编制课程的步骤等几个方面。但是,我国学者研
究"主要集中在小学课程教材方面,在课程理论方面主要是介绍和移植美
国的课程论,课程论研究的深度和广度都有所欠缺"①。受我国治史传统影
响,我国的一些课程论者已经开始总结历史上关于课程思想的遗产,这是
十分可贵的,然而对课程问题的历史处理大致和教育史相似,只是在主题

---

① 张廷凯:《我国课程论研究的历史回顾:1922—1997》(上),《课程·教材·教法》1998(1):8。

上倾向于描述课程思想的发展和学校课程的发展,多以编年体的方式呈现资料作为证据。如 1929 年徐雉出版了《中国学校课程沿革史》,概括了我国古代至民国初期各阶段学校课程的主要特点。1933 年盛朗西主编的《小学课程沿革》,对近代我国小学设置科目分门别类地进行了历史梳理。1944 年陈侠出版了《近代中国小学课程演变史》,整理了清末民国时期我国小学课程的设立宗旨、演变特色、实施成效等。

20 世纪 20 年代,课程理论的译入与发展对我国 1922 年新学制改革发挥了积极作用。我国学者纷纷开始研究课程,特别是中等教育课程的改革。1922 年 5 月,《教育杂志》刊出第 14 卷号外《学制课程研究号》,在教育界和社会上都产生了较大的影响。廖世承在这期杂志上发表《关于新学制草案中等教育课程之研究》,论述了编制中学课程的主要原则。1925 年上海商务印书馆出版的《新学制中学的课程》收录了廖世承、王克仁等关于中学课程的 4 篇研究论文。这些是我国比较早的关于课程的研究论文。另外正中书局的《教育通讯》和商务印书馆的《教育杂志》都发表了不少有关课程论的论文。聚焦于职业教育课程领域,由中华职业教育社编行的职业教育专刊第十一种《职业教育之理论与实际》,集众家之长对职业教育进行了专题研究,如职业课程、职业训练、职业指导、职业陶冶等;《教育与职业》杂志从介绍西方各国劳作课程、手工课程等,到特别关注职业课程的选择与编制,反映了学者开始关注和研究中国职业教育自身的课程问题,开始较为自觉地走上了课程本土化艰难探索的道路。

(二)我国职业教育及其课程研究的自觉探索

舒新城认为清末以来推行的新教育制度,"动机虽在图强,方法则在使科学八股化,所以三十年来新教育了无成绩"[1]。这一评价未免低估了改革的进步意义,却也抓住了新教育问题的根本。教育界人士将实业教育"取貌遗神"的原因归结为忽视了教育与职业的沟通,导致所学非所用,社会生

---

[1] 舒新城:《近代中国教育思想史》,福建教育出版社 2007 年版,第 266 页。

计问题日益严重。他们从问题出发进一步厘清教育目的,扭转了实业教育的发展思路,并提出了改革教育的新主张,即职业教育。

> 至晚近实业益发达,而生计问题亦日以急迫,于是复有所谓职业教育,专以职业上学识技能教授不能久学之青年,而一方面亦以促实业前途之进步……是故职业教育者,在学说上为后起之名词,在社会上为切要之问题,在教育上实为最新最良之制度也。①

不可否认,民国时期我国职业教育课程研究深受欧美新教育思想影响,科学成为评判课程选择与组织的首要尺度,课程编制也首次成为教育理论的重要内容得到了越来越多的教育家的关注,并不约而同地以“职业课程”来命名。然而,在具有悠久教化历史的中国,教育所肩负的“作善”功能并没有被欧美科学精神所取代,注入科学元素的道德教化被提炼为“职业训练(或训育)”依然成为职业教育的重要内容。在笔者目及范围内所获知的我国第一部职业教育理论书籍,由中华职业教育社为庆祝建社 15 周年编行的《职业教育之理论与实际》一书中赫然将“职业课程”和“职业训练”作为职业学校教育并驾齐驱的两项内容。

1. 转向民众教育的新定位

民国以来的教育改革是建立在一种全新的主导精神的基础之上的,一定程度上形成对传统教育精神的超越。发起新教育运动的领导人蔡元培对比专政时代和共和时代的教育方针,鲜明地主张“受教育者”的教育。

> 君主时代之教育方针,不从受教育者本体上着想,用一个人主义或一部分人主义,利用一种方法,驱使受教育者迁就他之主义。民国的教育方针,应从受教育者本体着想,有如何能力,方能尽如何责任;受如何教育,始能具如何能力。②

---

① 黄炎培:《抱一日记》,收录于《黄炎培教育文集》第一卷,中国文史出版社 1994 年版,第 236—237 页。
② 蔡元培:《全国临时政府教育会议开会词》,收录于《蔡元培教育论著选》,人民教育出版社 1991 年版,第 15 页。

从统治者的教育到民众的教育,从培养官吏的教育到培养国民的教育,教育的本质发生了重大变化。蔡元培从"共和国民健全人格之养成"的教育目的出发,勾勒了"五育并举"重要途径。可以说,"人的发现"是蔡元培所开启的新教育思想的核心,他始终把"人"置于中心位置,教育的目的、出发点和归宿,全在于培养受教育者作为"人"的独立人格、自由意志,开发其自身潜在的创造能力,达到人性在德、智、体、美诸方面的健康的发展。①对人的尊重,是蔡元培超越传统教育思想的关键所在;对"人"的理解,知识分子解释为"平民",即具有平等权利的共和国民,而他们更青睐于处于受压迫的多数民众能够冲破强权获得解放。在当时,Democracy 被翻译为"平民主义",这是知识分子自觉接近劳动人民的具体体现。很多知识分子把"平民"理解为"下层民众",即穷人、劳工阶级、农民等。平民主义教育思潮盛行一时,知识分子所倡导平民教育不仅在于使下层民众获得受教育的机会,更关键的是要找准他们需要怎样的教育。

2. 教育与职业互动发展的新思路

实业教育阶段,虽也提倡"实业学堂以学成后各得治生之计为主",然而在黄炎培之前的政治家、思想家,他们所处的四民社会并没有彻底瓦解,民众生计问题也没有如此严重,因此他们大都没有把教育同就业联系起来考虑,也没有对这个问题给予足够的重视。虽然张謇早已提出"教育与实业迭相为用"的思想,然而直到民国初期才成为普遍接受的观点,"一般论者,谓将以教育为实业之先导,不得不以实业为教育之中心"②。然而,在黄炎培看来,不以解决生计问题为首要目的的实业教育仍是不切实际的,"语以抽象的实用教育,不若语以具体的职业教育之警心动目"③。中华职业教育社创始人黄炎培、蒋梦麟等目睹美国职业教育所取得的成绩,启发于杜

---

① 夏金星、彭干梓:《中国职业教育思想史·民国卷》,湖南人民出版社 2013 年版,第 7 页。
② 黄炎培:《学校教育采用实用主义之商榷》,收录于《黄炎培教育文集》第一卷,中国文史出版社 1994 年版,第 26 页。
③ 黄炎培:《实用主义产生之第三年》,收录于《黄炎培教育文集》第一卷,中国文史出版社 1994 年版,第 320 页。

威所宣扬的教育与生活、教育与职业相联系的民主主义思想，于是把传统教育所不齿的"家事教育"作为重要的一项内容，纳入职业教育中。蒋梦麟认为，"职业英字 Vocation，言操一技之长而藉以求适当之生活也。例如制鞋，技也。以制鞋而求生活，则此制鞋，即职业也。制机器，技也。以制机器而求生活，则此制机器，即职业也。……"[1]他们把"职业"视为联通个体生活、社会实业的重要桥梁，而讲求实用的教育必须要与职业紧密联系，这也是中华职业教育社创办《教育与职业》杂志的初衷，成为职业教育发展的指导思想，标志着近代教育家对职业教育的探索上升到一个新高度。

在此理念下，任鸿隽进一步阐释了社会实业发展与实业学校建设之间的关系，以及不同等级实业学校发展顺序与社会实业发达程度相匹配等观点。他批驳了社会上被热捧的一种观念，即普及中等以下实业教育即可解决社会生计问题。他指出接受初中等实业教育的学生仅仅能够从事相应实业的简单劳动，但"未有独立创设实业之力"，因此如果社会上并没有发展相应实业，他们依然免不了处于"有才大难为用"的困境。由此可知，实业学校的发展必须与实业发展相联系。而如何实现互动发展，一方面需要根据社会实业发展的不同阶段合理发展不同等级的实业教育，另一方面需要顾及实业教育发展的自身规律。

> 实业教育之目的有二。设其社会上实业已具，则当以进益改良之为目的，此高等与中次等实业教育所共有事也。若其社会实业未兴，则当以创设之为目的，此则高等实业教育所专有事。而中次等实业教育须待高等实业教育而后行。……至中等实业以下之教育，必须与其地之情形相叶。[2]

---

[1] 蒋梦麟：《教育与职业》，《教育与职业》1917(1)。
[2] 任鸿隽：《我国之实业教育问题》，《教育与职业》1917(1)：2。

3."职业教育"概念的形成

中华职业教育社倡导职业教育,但并非最早提出这一概念,"职业教育盛行于欧洲,渐推于美国而施及东方,万非本社所敢创,更万非本社所得私"①。关于我国第一个提出"职业教育"一词的说法,目前有两种,一说为山西农林学堂总办姚文东,于1904年《添聘普通教习详文》中所写"论教育原理,与国民最有关系者,一为普通教育,一为职业教育,二者相成不相背"②。因姚文栋所言"职业教育"实际上所指为实业教育,并不具有职业教育之内涵,故另一说为《教育杂志》主编陆费逵最早提出,"职业教育则以一技之长可谋生活为主……非职业教育兴盛,实业必不能发达,民生必不能富裕"③。上述两者虽以提出为先,但使"职业教育"具有一个严谨内涵和外延的科学概念,进而形成一种理论体系的教育思想家,当属中华职业教育社创始人黄炎培先生。在批判教育不切实际等种种弊端的过程中,他并没有立即形成"职业教育"概念。受美国杜威实用主义教育思想影响,黄炎培最初选择"实用主义"的教育主张,经历三年实践探索而萌生"职业教育"思想。在他看来,职业教育不仅仅是一种教育类型,更是指导教育改革的一种路径、一个方向和一种理念。从这个意义上说,黄炎培所指称的"职业教育"是广义的。由他发起的中华职业教育社,从最初设立宗旨来看,就包括三个方面:一曰推广职业教育;一曰改良职业教育;一曰改良普通教育,为适应职业之准备。④ 不仅包括职业学校教育,还涉及普通教育等。教育家对职业教育的内涵及范围虽无一个清晰的界定,但解释的路径倒也大同小异,主要从探寻职业的性质来厘清职业教育的内涵,从解决社会实际问题来确定职业教育的范畴。

---

① 黄炎培:《本社宣言书之余义》,《教育与职业》1917(1)。

② 黄炎培:《三十五年来中国之职业教育》,收录于《最近三十五年之中国教育》,北京:商务印书馆1931年版,第138页。

③ 舒新城:《中国职业教育思想小史》,《教育与职业》1928(100):739—749。

④《中华职业教育社宣言书》,收录于《黄炎培教育文集》第二卷,中国文史出版社1994年版,第180页。

（1）从职业的基本性质探寻职业教育的内涵。

定义职业教育,需要明确职业与教育的关系。蒋梦麟认为,用来解决职业问题的教育即职业教育,"教育一方法也。以此方法而解决国家、社会、个人、职业种种之问题者也。教育而不能解决问题,则是教育之失败也。故先有问题而后有教育。……职业有问题,故有职业教育。……故职业教育无他,提出职业上种种问题,而以教育为解决之方法而已"①。在今天看来,这样的观念是较为激进的,我们无意去辩驳教育是否真正具备解决职业问题的能力,但从职业的角度来探寻职业教育的内涵及本质,是秉持"教育救国"理想的教育家较为一致的选择,他们纷纷从揭示职业本质特征的过程中寻找职业教育的目的。

首先,职业具有劳动特性,故职业教育以培养生产劳动能力为首要任务。黄炎培等人以"劳动"来标明"职业"这一概念的外延②,"能劳动的才算真职业,不劳动的不可以成为职业"③,他们把"职业"分为农、工、商、家政等四大类,基本囊括了所有劳动形式,职业教育门类的划分也以此为依据。以劳动来衡量职业,实质上是否定了不劳而获的剥削阶级;以职业来审视教育,实则否定了不注重劳动实践的职业教育。我国近代教育测验专家陈选善梳理国内外教育家对"职业教育"的定义后,得出结论:"职业教育,顾名思义,固以培养生产能力为主要的鹄的,同时对于人格的训练,体格的锻炼,亦不应漠视。……仅重理论而不顾实习,仅灌输智识而忽略技能的传授,乃是职业教育的大忌。"④这里的"生产能力"是相应于职业而言的,不同的职业需要不同的生产能力,而这样的能力需要通过做学合一的劳动过程来实现。通过职业教育让每一位受教育者获得自食其力的一技之长,这是黄炎培选择职业教育的初衷,也成为职业教育的重要使命。

其次,职业具有生利价值,故职业教育以实现利群利己为主要目的。

---

① 蒋梦麟:《教育与职业》,《教育与职业》1917（1）。
② 黄嘉树:《中华职业教育社史稿》,陕西人民教育出版社1987年版,第27页。
③ 潘安文:《怎样改造我们的职业界》,《教育与职业》1920（19）。
④ 陈选善:《职业教育的理论基础》,收录于中华职业教育社《职业教育之理论与实际》,1933。

黄炎培认为,"何为职业,一方为己治生,一方为群服务,人类间凡此确定有系统的互助行为,皆是也"①。基于此,他将职业教育定义为"用教育方法,使人人一方获得生活之供给与乐趣,一方尽其对群之义务"②。陶行知也充分认可职业的生利性,并提出职业教育应以生利为主义。他把"生利"分为两种,一种是"生有利之物",另一种是"生有利之事";不管是制造物品,还是提供服务,职业都需要实现"利群"才算"生利"。相较而言,在利己利群的先后顺序上,陶行知更强调"利群"的首要地位。职业所具有的生利价值,也深刻影响了职业教育的存在价值。黄炎培将职业教育的目的进一步明确为,"为个人谋生之预备;为个人服务社会之预备;为世界及国家增进生产能力之预备"③,这也是中华职业教育社所宣言的教育宗旨。由此可见,他们对职业教育所能实现的生利价值期望是极高的,需要满足个人、社会、国家发展的一定要求,他们甚至将职业教育视为"救国家救社会唯一方法"④。

再次,职业具有平等性,故职业教育以培养崇尚民主平等的完满人格为关键。"职业平等,无高下、无贵贱、苟有益于人群,皆是无上上品"⑤,倘若职业有高低贵贱之分,虽然可以使"人人有业",但不会实现"人人乐业"。中华职业教育社所主张的职业教育是培养学生成为崇尚民主、热爱劳动、乐于为社会服务的人,不仅需要教会学生能够实现"生利"的劳动技能,同样也要培养学生具备共和国民所需的完满人格。

(2) 从所要解决的社会问题定位职业教育的范畴。

中国职业教育理论的发展,虽然深受实用主义思想影响,但并没有成为欧美职业教育理论的翻版。一方面,一批知识分子致力于西方教育思想本土化实践,他们所进行的大规模教育改革实验为中国新教育思想、特别

---

① 黄炎培:《小学职业陶冶》,《教育与职业》1925(64):219。
② 黄炎培:《职业教育》,收录于《黄炎培教育文集》第二卷,中国文史出版社1994年版,第496页。
③ 黄炎培:《职业教育谈》,收录于《黄炎培教育文集》第二卷,中国文史出版社1994年版,第254页。
④ 《中华职业教育社章程》中这样写道:"同人鉴于方今吾国最重要最困难问题,无过于生计,根本解决唯有沟通教育与职业,同人认此为救国家救社会唯一方法,矢愿相与始终之。"
⑤ 黄炎培:《职业教育之礎》,《教育与职业》1920(19):2。

是职业教育理论的形成做出了卓有成效的贡献;另一方面,黄炎培等职业教育同仁能够从实际出发,合理借鉴世界各国教育思想寻求适合我国职业教育发展的康庄大道。"即以欧美论,彼于职业教育论之重点在如何而使获相当职业。吾之重点,在如何而使无业者有业。各有因时因地之作用,非可苟袭为也。"①黄炎培等人针对国内日益严重的生计问题,因时而需、因地制宜地改良普通教育、发展职业教育,逐步构建起适合我国国情的职业教育理论体系,表现出教育家高度的理论自觉与强烈的责任担当。从这个意义上说,教育家正是在不断解决职业教育所面临的各种社会问题中定位职业教育的。

根据职业教育所要解决的具体问题,职业教育理论发展可以分为两个阶段:一是生计教育阶段,二是大职业教育主义阶段。第一阶段,中华职业教育社通过社会调查剖析了职业界人才供求矛盾的社会问题,将职业教育作为解决生计问题的主要手段。这一时期,他们把职业学校教学视为职业教育的主要范畴,对职业教育的理论研究主要集中在学校教育内部规律的探寻上,如课程实用问题、学生自治问题、职业的陶冶问题等成为讨论的热点。通过与实业教育范畴比较,黄炎培认为:

> 实业教育与职业教育,二者皆以解决生计问题为目的,然其范围不同。实业教育之高焉者,高等专门实业亦属之;其下焉,仅为职业之预备者亦属之。故论其长,可谓过于职业教育。英语 Industrial Education 之名词,依其本义,仅限于工业教育。东方译为实业教育,亦仅限于农、工、商三种,而医生、教师等不与焉。职业教育 Vocational Education,则凡学成后可以职业谋生者皆是。故论其阔,又可认为不及职业教育。②

第二阶段,由于职业学校发展受阻,中华职业教育社事业发展的重心

---

① 黄炎培:《职业教育析疑》,收录于璩鑫圭、童富勇、张守智《中国近代教育史资料汇编:实业教育・师范教育》,上海教育出版社 2007 年版,第 240 页。
② 同上文,同上书,第 239 页。

转移到乡村改进建设上来。黄炎培认识到"只从职业学校做工夫，不能发达职业教育；只从教育界做工夫，不能发达职业教育；只从农、工、商职业界做工夫，不能发达职业教育"①，因此，发展职业教育不仅要从职业学校、教育界或农工商界下功夫，还需要积极参加全社会的运动，这就是他提出的"大职业教育主义"。自此，中华职业教育社对职业教育的研究从教育内部规律探寻转移到教育外部环境适应上来，职业教育的范畴也从职业学校教育拓展到职业指导、职业补习教育、农村改进建设等内容，逐步建立起一套以职业陶冶、职业学校、职业指导、职业补习教育四个环节相衔接的系统的职业教育结构，并在大学教育、中学教育、小学教育、农村教育、业余教育等各个教育领域中进行了有益的探索。②

　　基于"大职业教育主义"观念下的职业教育范畴是十分广阔的，不仅涉及学校教育的不同阶段，如小学的职业陶冶，中学的职业指导、职业学校教育等，还延伸至学校教育之外，如职业补习教育、农村职业教育等。黄炎培主张大职业教育范畴，与他的教育经历及实用主义思想是密不可分的。在创立中华职业教育社之前，他创办过小学、中学和师范学校，早期对教育脱离实际生活的认识往往来自普通中小学教育的经验。最初，他所主张的实用主义教育思想，其应用范围更多指向小学、中学，后来提倡职业教育，似乎可以视为实用主义思想在职业学校教育中的应用。③ 诚如他所言："（实用主义教育）一言蔽之，即打破平面的教育，而为立体的教育。易言之，盖欲渐改文字的教育，而为实物的教育"④。这一思想也反映于"大职业教育主义"观念中，从"大职业教育主义"概念来看，所追求的也正是一种"立体

---

① 黄炎培：《提出大职业教育主义征求同志意见》，《教育与职业》1926(71)：1—2。

② 黄嘉树：《中华职业教育社社史稿》，陕西人民教育出版社1987年版。

③ 黄炎培于1913年发表《学校教育采用实用主义之商榷》一文，所举学校主要为小学和师范学校。另外杨保恒和黄炎培翻译过日本教育家竹原久之助撰写的《实用主义小学教育法》一书；1917年黄炎培又撰文《实用主义产生之第三年》，他提到"盖职业教育犹是实用教育也。……吾侪所主张，一方提倡职业教育，俾于生活上速立补救之计划；一方犹当尽力改良普通教科，使归实用，庶其有济"。可以理解为实用主义教育思想应用范围从普通教育拓展到职业教育。

④ 黄炎培：《学校教育采用实用主义之商榷》，收录于《黄炎培教育文集》第一卷，中国文史出版社1994年版，第30页。

的教育"、"实物的教育",虽然职业教育的边界趋于模糊,但职业教育的终极目的却未曾动摇过——"使无业者有业,使有业者乐业"一直是中华职教社所秉持的理想,这不仅需要依靠职业教育,更离不开良好的社会环境。在抗日战争时期,黄炎培就指出:"职业教育,只有在民族解放、民权平等、民生幸福的社会里,才能实践他的造福人群的理想。"①由此看来,他主张的"大职业教育主义"虽常被人质疑为泛化职业教育概念,但从实现终极理想来看是具有合理性的。

4. 对职业课程的理性认知

受美国科学化课程运动讲求课程编制的程序性和标准性的影响,成为我国职业教育家理性探求的主要问题有两个:依据什么标准选择职业课程,按照什么程序组织职业课程。

(1)陶行知——以生利为标准组织职业课程。

陶行知对职业课程的分析是基于生利主义职业教育观的,他从教学的基本要素入手,具体分析"生利主义之职业师资""生利主义之职业设备""生利主义之职业课程""生利主义之学生"的基本要义。他认为职业学校具备前三者"则教之事备",满足最后一项"则学之事备"。"前者足以教生利,后者足以学生利;教与学咸得其宜,则国家造就一生利人物,即得一生利人物之用,将见国无游民,民无废才,群需可济,个性可舒;然后辅以相当分利之法,则富可均而民自足矣。"陶行知将"职业课程"作为教之一端,并从教学的角度论述"生利之课程"的特点,若以现代教学论来审视,其所指称的内涵更接近职业教育教学领域。首先,职业课程内容划分以事为单位。"职业学校之课程应以一事之始终为一课。例如种豆则种豆始终一切应行手续为一课。每课有学理,有实习,二者联络无间,然后完一课,即成一事。成一事再学一事,是谓升课。自易而难,从简入繁,所定诸课,皆以次学毕,是谓毕课。"按照做事的程序以及难易程度组织课程,其目的是为了体现生利目的。在他看来,只有按照做事的要求实施的教学,才能实现

①夏金星、彭干梓:《中国职业教育思想史·民国卷》,湖南人民出版社2013年版,第129页。

职业课程的生利价值,因此"定课程者必使每课为一生利单位,俾学生毕一课,即生一利;毕百课则生百利,然后万无愧于职业之课程"。再者,职业课程注重小班化的实习。受欧美职业实习教育小班制启发,陶行知认为"职业课程既以生利为主,则不得不按事施教,欲按事施教,则不得不采用小班制"。最后,要关注不同的职业课程之间的联系。陶行知提倡正业之外要寻求副业的发展,这样可以实现充分生利,反映在职业课程组织上需要联系各课,"故职业课程之配置,须以充分生利为标准,事之可附者附之,事之可兼者兼教之"。另外,陶行知针对学生如何选择合适之业的问题上,提倡设置"职业试习科",即"包含农工商及其他业之要事于一课程,凡学生皆使躬亲历试之"。这一想法与后来提倡的职业指导已较为接近。①

(2)何清儒——按工作分析法选择职业课程。

民国时期职业教育学专家、留美博士何清儒深受杜威思想影响,他于1935年在《教育杂志》上发表了《职业分类与职业课程》一文,集中表达了关于职业教育课程选择的观点。他借鉴"教育即生活"的观点,认为既然"教育是以生活为对象",那么顺理成章,"职业教育是以职业生活为对象"。他进一步将实用主义思想运用于职业教育内容的选择中,提出要寻找切合职业实际需要的内容,需要从职业的分类入手。"研究职业教育的内容或课程问题,必先研究职业的分类",在这里,他将"课程"宽泛地理解为"教育内容"或"学科""科目",而依据职业分类选择的教育内容也相应地称呼为"职业课程"。在课程选择依据上,从知识分类转向职业分类,这是职业课程不同于其他课程最显著的地方,突破了实业教育阶段教育内容注重科学知识的框架体系,体现了职业教育满足社会职业需要的现实要求。然而,由于对"职业课程"本质属性及内涵并没有清晰界定,这一认识局限也使得职业课程选择过分强调社会职业能力而忽视了科学知识的价值。

何清儒从现有职业学校科目无法切合职业实际需要的问题入手,大致测算职业种类与职业学科科目数量的匹配度,结果显示两者之间相去甚

---

① 方明:《陶行知教育名篇》,教育科学出版社2005年版,第354—361页。

远。"教育部公布的职业学校科目……合初级高级计算,除相同者外,共有五十四种不同的学科,……假定每种平均能应付三种职业,……若与六百多种的职业比较,相差六分之五。"由此,他判断职业学校教育不能满足职业的需要,主要问题在于课程选择未能依据职业分类进行。他将职业分类作为职业课程选择的首要前提,那么如何进行职业分类呢? 他引入并评析了国外四种关于职业分类的方法,有 Petit Pierre 的手脑分类法、Amar 的生理分类法,还有品格分类法和智力分类法,这些方法均不同程度存在着不能区分职业性质的问题。因此,他认为比较适用的方法是按照工作性质进行的职业分类,"简单说来,即根据各种职业的实际工作去分类。每种职业可分成多数工作单位。这些工作单位相同的或大部分相同的,即或列为一类。有了工作的单位即可以明了各单位需要的能力训练。这些需要,即可作为职业课程的根据"。这种方法体现科学性和实用性,一方面表现在依据工作实际需要确定能力训练内容,有针对地选择职业课程;另一方面,不同职业的工作分析可以归类各种职业的基本工作,在此基础上选择注重基本能力训练的课程,可以提高职业学校学生迁移能力、应变能力。[①]

(3) 陈选善——活动课程观念下职业学校课程的选择与组织。

中华职业教育社常务理事、留美博士陈选善充分吸纳了美国科学化课程开发理论开创者博比特(F. Bobbitt)、查特斯(Charters)和美国哥伦比亚大学师范学院教授庞锡尔 (F. G. Bonser)等教育家所秉持的经验课程观(Experience Curriculum),他认为"学生所从事的活动,所发生的行为,用以达到某种教育目标者,谓之课程"。与激进的美国进步主义者所不同的是,他并没有完全否定"学科"的价值,只是反对学科教育片面强调课堂内的活动而忽视了学生课外活动,"学校所设立的学科不过为进行各种活动一种方法而已"。因此,他提倡活动课程观其目的在于引导教师不仅仅关注学生所需要掌握的知识,而需要立足学生生活的全部培养完整的人,"所以职业学校除了传授职业智能以外,对于公民的训练,体格的锻炼,休闲的教育

---

① 何清儒:《职业分类与职业课程》,《教育杂志》1935,25(2):79—84。

都应负相当的责任"。这一目标定位决定了职业学校课程选择的范围。①

　　在课程编制上,陈选善倾向于新兴的工作分析法,与何清濡不同,他对工作分析的对象及功能并没有局限于职业领域。他提出,"所谓工作分析或活动分析就是将人们在各方面的活动(如职业活动、休闲活动、家事活动等),用科学的方法加以详细分析。这种分析的结果对于职业指导、职业选择、科学管理、测验编造、课程编造各方面都有极大的功用"。工作分析法适用的范围是广泛的,运用于课程编制时需要依据两方面要求,一是社会的需要,一是儿童的需要,"儿童个性的发展应注意,社会生活的适应尤不可忽视"。他进一步归纳了欧美关于工作分析的各种具体方法,分为直接分析和间接分析。直接法即直接观察人们的工作或活动所得,间接法途径较多,"如 Bobbitt 根据报纸的分析以决定健康教育的目标,Davis 根据杂志的分析以决定公民科的内容,Washbur 根据报纸杂志的分析以决定历史地理中最基本的事实"。②他引荐这些方式方法固然为我国职业教育课程编制提供有益借鉴,然而中华职业教育社在开发中华职业学校课程内容时,却很难看到工作分析法的"影子",这些"前卫"的科学方法似乎仅仅停留于学者追求理想教育的脑海中。

　　陈选善积极参与策划的中华职业学校课程设置,按照所公认的普遍原则,即"固在本业知能之养成,然其他与职业相关的知能以及人生陶冶问题,决不宜因职业学校而废置",设立了三类课程,分别为职业学科、职业基本学科、非职业学科。程时煃和钟道赞对三类课程课时比例,建议为职业学科占 50%、职业基本学科占 30%、非职业学科占 20%。可见,职业学校教育内容仍以学科为主,这与陈选善秉持的活动课程观并不相吻合。特别是将职业学校课程割裂为理论学习与实习训练两部分,实则违背了活动课程的联系观。

---

① 陈选善:《职业课程》,收录于中华职业教育社《职业教育之理论与实际》,1933 年。
② 陈选善:《工作分析法》,《教育与职业》1933(141):41—45。

5. 对职业训练的科学提炼

陈选善从培养完整人格的目的出发,反对将职业训练狭隘化为生产训练,他特别注重全面的职业训练,甚至将其作为职业教育设施的普通原则之一。

> 职业教育除训练生产效能外,对公民的训练、品格的陶冶,体格的锻炼,亦应相等重视。教育的目的在养成健全的人,职业训练乃是全部教育事业中之一部分。社会上健全的人除必须具有独立生产的能力外,有须有高尚的品格,强健的身体,良好的公民习惯,知识及态度。我们当专力于教育事业的一部分时,却不可把教育事业中其他部分忘却。[①]

贾观仁对"职业训练"的内涵、目标、内容、方法等进行了专门论述。他追溯了"训"与"练"的传统意义,并将训练与教学有机联系,从而确立了训练所要达成的知行统一的目标。"把某事项某行为的正面反面的理由,或处理方法,反复开导,使学生明了,这叫做训。接着督促他,诱导他,去实行,这叫做练。"[②]贾观仁形象地解释了训练的含义,一幅循循善诱的教化图景浮现在眼前,"教"与"育"通过"训"与"练",达到了"知"与"行"的统一,因此他强调教学与训练是不可分开的,"说一句透彻的话,训练离了教学,便不能存在,教学离了训练,也没有多大的功用"。他虽从我国教育传统意义中构建"训练"观,但似乎也借鉴了赫尔巴特的教育思想。赫尔巴特不承认"无教学的教育",也不承认"无教育的教学",他构建了管理、教学、训育三位一体理论,管理与训育辅以教学,三者交替进行,教师通过管理创设有利于教学的外部环境,通过训育引导学生进入学习心境,从而保障学生从教学中培养多方面的兴趣,形成较为广泛的文化教养。

贾观仁将上述训育思想应用于职业教育领域,从职业教育"利己""利群"的双重目的出发,具体指出职业训练所要达到的目标"是要完成健全的

---

① 陈选善:《职业教育的理论的基础》,收录于中华职业教育社《职业教育之理论与实际》,1933年。
② 贾观仁:《职业训练》,收录于中华职业教育社《职业教育之理论与实际》,1933年。

人格,同时其人格要适应于现在职业社会的需要。换句话说,经过职业训练的学生,要完备职业社会所需要的条件,更要有胜过现在职业社会条件。第一步求立足于职业社会,而得水乳交融之妙;第二步要改良职业社会,而得有更好的职业社会。职业训练倘使不能培养出适应职业社会的学生固是失败,单能适应职业社会,而不能改进职业社会,依然是失败"。上述目标是远大的,作为职业教育事业的一部分,职业训练所确立的目标不亚于职业教育的理想追求。可见,怀抱职业教育救国梦的知识分子对职业训练的期待是理想化的,这一情结往往导致无限放大它的功能,泛化理解它的内涵。

如何确立职业学校训练目标?贾观仁提倡"应用科学方法"是比较中肯的,他认为仅凭学校少数人主观决断是不可靠的,科学的方法是"先征求职业社会领袖的意见,次征求富有教育经验者之意见,次就本校情形,而加以补充,拟成草案。再去征求职业社会及教育家的意见,整理修改后,才算是一种假定的职业训练目标"。重视调查研究,是黄炎培提出职业教育之初即提倡的,这一做法也广泛地应用于工作分析、职业分析等研究领域中。

关于"训练"一词容易狭隘化为机械式练习,因此,中华职业教育社在研制职业训练标准时,将其更名为"职业训育标准",以强调职业素养的育人目标。社员根据各职业领域的特点,划分为公共和专业两大类,共包括5项20条。从所列举的各条目来看,职业训练注重职业意识、职业态度、职业道德等方面的培养,相较而言,职业课程则注重职业领域专门知识的学习。因此,职业训练和职业课程成为职业学校人才培养的重要内容及途径。

表 4－2　中华职业教育社所研制的"职业训育标准"①

科目	专业类	公共类
农科	1. 须保持乡村简朴的风习 2. 须充分养成其天然的美感	1. 须启发健全之人生观 2. 须了解职业之真义在服务社会 3. 须养成勤劳的习惯 4. 须养成互助合作的精神 5. 须养成理性的服务之美德 6. 须养成适于所于入社会的正当习惯而授以稳健改进之精神 7. 须养成其适于是种职业之健康的体格卫生的习惯并预防其因职业而发生之病害 8. 须养成其对于是种职业之乐趣 9. 须养成其经济观念及储蓄习惯
工科	1. 须养成其精密的思想与正确的动作 2. 须充分养成美术的意味 3. 须启发其创作的精神与能力	
商科	1. 须养成其敏捷和决断的能力 2. 须充分发挥其信实的美德 3. 须养成其注意社会状况的习惯	
家事科	1. 须启发其审美的观念 2. 须养成其卫生的习惯 3. 须发挥其社会化的精神	

三、制度领域(上):20 世纪 20 年代教育团体主导下的制度创新

理论上,课程变革的价值理念要通过课程制度来规范、稳定和形成课程秩序并使其制度化,学校课程制度运作是其支撑和保障力量。② 然而,滋养课程改革理念不断提升的养料来自科学探索的教育实践。一方面,政权不稳的国民政府无暇顾及教育改革;另一方面为了保持独立意识的知识分子有意与政治保持距离,在"大职业教育主义"提出之前,中华职业教育社以"不问政治"为信条,黄炎培等主要领导人利用民间力量推行职业教育思想。不同于政治家逻辑,教育家从教育实际问题出发设计并实践各种课程改革之方,面对青年失业问题,他们研究职业指导课程;为了提高学生劳动技能,他们开发职业陶冶课程;针对成年人生产技能不足问题,他们开设职业补习课程等。较之以往任何一个阶段,职业教育课程得到了较大范围的拓展和延伸,丰富的实践成果纳入壬戌学制职业科课程的立体建构中,悄

---

① 庄泽宣:《职业教育通论》,北京:商务印书馆 1947 年版,附录三。
② 廖辉:《学校课程制度论》,人民出版社 2011 年版。

然间已突破了职业教育原有的属性,充分彰显了教育的职业性。

在我国学制史上占据重要地位的壬戌学制,主要借鉴美国"六三三"学制,是我国近代教育唯一采取单轨教育制的学制,主导学制改革的主要力量是由各省教育会及特别行政区教育会推派代表组成的全国性民间教育团体——全国教育会联合会。该会以体察国内教育状况,并应世界趋势,讨论全国教育事宜,共同进行为宗旨[①],践行教育民主精神。学制改革自1915年第一届全国教育会联合会起,经历了长达7年的讨论、修改、完善,集中了全国教育界广大人士的智慧,至1921年第七届年会形成初步成果——新学制草案。经过全国范围内广泛讨论,以及联合会与教育部的据理力争,新学制草案在保留主要改革精神的前提下进行了适度调整,由教育部于1922年正式颁布为《学校系统改革案》,又称"壬戌学制"。应该说它"是群众行为和政府行为,普通教育工作者和教育专家讨论和试办相结合的产物"[②],更是适应我国社会所需的时代选择。我们有理由相信,民主讨论的氛围为课程制度本土化创造提供了有利条件。

(一)以"教育本义"取代"教育宗旨",立足"儿童本位"改革职业教育

教育家对教育的理解是有别于政治家的,这场由全国教育会联合会主导的学制改革,在改革理念上完全不同于清末民初由政府主导的学制。1919年第五届全国教育会联合会通过了《废止教育宗旨宣布教育本义案》,在该案中明确表达了废止教育宗旨的充分理由:

> 新教育之真义,非止改革教育宗旨,废止军国主义之谓。若改革现时部颁宗旨为别一种宗旨,废止军国主义为一种主义,仍是如何教人问题,非人应如何教之问题也。从前教育,只知研究应如何教人,不知研究人应如何教。今后之教育,应觉悟人应如何教,所谓儿童本位教育是也。施教者,不应特定一种宗旨或主义,以束缚被教育者。

---

① 《全国教育会联合会章程》,收录于朱有瓛《中国近代教育史资料汇编·教育行政机构及团体》,上海教育出版社1993年版,第199页。

② 钱曼倩、金林祥:《中国近代学制比较研究》,广东教育出版社1996年版,第277页。

盖无论如何宗旨，如何主义，终难免为教育之铸型，不得视为人应如何教之研究。故今后之教育，所谓宗旨，不必研究、修正或改革，应毅然废止。[①]

委员们倡导儿童本位教育，立足人的需要，关注个性差别，具有进步意义。然而将教育本义与教育宗旨相对立、儿童与国家相对立、人应如何教与如何教育人相对立，赞成前者、否定后者，则又犯了矫枉过正的毛病。委员们坚持教育本义，可视为对政治推动教育的不满。一场对教育改革主导权的争夺战悄然打响。

在内容上，新学制改革的重点是中等教育，应社会所需的职业教育内容成为中等教育的重要组成部分。在新学制草案形成之前，纵观全国教育会联合会第一届至第六届会议议题，主要关注教育与职业、学校与社会之间的沟通，各省教育界人士一方面探寻普通学校实施职业教育的问题，另一方面关注职业学校实施教授普通学科知识的问题，两类教育演化为两类知识，在中等阶段学校教育中相得益彰。因此，在学制改革中，普通教育与职业教育从隔离走向了融合，特别是单轨制所推行的综合中学，将原有属于正系的普通中学和属于旁系的职业学校、师范学校一并纳入同一个实体，不同类型的学校教育在综合中学中具体化为不同的课程，某种程度上，职业科课程可视为新学制中职业教育的化身。

（二）职业教育课程从实业学校拓展至中小学、师范学校的制度探索

教育与职业的沟通，至黄炎培于 1917 年正式提出"职业教育"概念时已明确。如何推进职业教育？教育部一方面召集全国实业学校校长会议听取咨询意见，另一方面采纳全国教育会联合会关于职业教育推进计划的意见。就课程而言，前者立足实业学校教育范畴集中探讨普通学科与实业学科联系的方法，后者则视职业教育为学校教育的具体内容，并探讨在各级各类学校教育中的不同要求。

---

① 《1919 年全国教育联合会呈教育部请废止教育宗旨宣布教育本义案》，收录于朱有瓛《中国近代学制史料》第三辑上册，华东师范大学出版社 1990 年版，第 107 页。

1. 实业学校注重普通学科与实业学科的联系

民初,教育部公布了《实业学校令》《实业学校规程》等一系列政策法令,但各地推行实业教育鲜有成效。升学体制模式严重阻碍了实业学校教育目的的达成,教育部不得不出台第 483 号训令,要求甲种实业学校肄业生徒不得尽收乙种实业学校毕业生,应以招收高等小学毕业生为原则。[①]1917 年,教育部召集各省区实业学校校长代表,就如何改善实业教育的问题举行了为期 20 天的专题研讨。会上,关于实业学校普通学科与实业学科两类课程的沟通问题,全体与会代表经过反复讨论,达成如下共识:

(一)编订要目 应由各校长商同各教员,遵照部定课程,参以地方情形,按照学科参定教授要目。其细目教材均须有联合之关系,如农业既分农学、森林、兽医、蚕学、水产学等,其普通国文、地理等科学,皆选用关于土壤、造林、畜产、气象各教材。工业既分金木、土电、染织、矿业、应用化学等科,其普通国文、数学、理化、地理等科学,皆选用关于机械、建筑、测量、化学分析各教材。商业既分银行、保险、运输等科,其国文、数学、地理等科学,皆选用关于商用文件及簿记、商品等教材。按学年程度预定编定。

(二)分配时间 学科之分配宜彼此相顾。如农校授课地理之后,即继授土壤、园艺等科学。工校用器画之后,即继授工作制造等科学、商校数学之后,即继授簿记、实习等科学。余可类推。

(三)就地取材 学校应就地取材。如农校博物、地理及农业土壤等科学,工校制造、建筑、染织、机织、冶金等科学,商校方言、历史、地理、商品经济、银行货币等科学,皆以本地方为标准,并参照地方实业振新之方针及发展之状况。

(四)开研究会 学科欲使联络,端在教授者互相研究,交换意见。应每月由校长或教务主任召集教员开研究会一次,互相参酌,以期普

[①]《教育部训令第 483 号(1918)》,收录于璩鑫圭、童富勇、张守智《中国近代教育史资料汇编:实业教育·师范教育》,上海教育出版社 2007 年版,第 200—201 页。

通学科课程与实业学科课程之浅深适相符合，并使课本讲义之详略适合辅助之应用。[①]

上述四个方面诠释了课程选择与组织、课程内容关联及课程研究等具体方法，聚焦于普通学科与职业学科关联这一问题上，一方面他们倾向于根据职业学科的内容特点选择与之相关联的普通学科内容。换句话说，这种关联是将普通学科向职业学科靠拢，改革普通学科内容使之适应于职业学科课程要求。他们还提议"修身科"增加与实业相关的内容，"趋重于实业家之修养，并加入中外企业家成功之历史，以期学生景仰前型，动其欣羡，铸成乐就实业界之意志"[②]。他们从实业学校培养目标出发，极其重视社会职业所需要的知识、技能及态度意志，突出了实业教育的特殊价值。他们从知识应用目的出发，将不同学科的知识相互沟通，理论上是可行的。然而定位于"科学知识"的不同学科，自成体系的知识之间并不能实现无缝关联，沟通两类学科并不如他们所说的选择相关内容、安排先后顺序那么简单。另一方面，他们以"地方标准"作为实业学校课程选择与组织的主要准绳，不符合中央官制的教育体制要求，因此作为沟通两类课程的重要手段难以实现。

2. 职业科在各级各类学校教育中的不同要求

全国教育会联合会从第一届年会起，即开始研讨实业教育推行计划。第二届又建议中学第三年起就地方情形酌设职业科，得到教育部的采纳并于1917年3月颁布《中学增设第二部办法》。至第三届提交《职业教育进行计划案》，经教育部同意后以第260号训令正式颁布，其中对职业教育课程选择与组织提出明确要求，对小学开设职业补习科进行细致筹划，往后两届年会进一步探讨职业科在中学、师范学校中开设的方案被教育部采纳，另外教育部又采纳了全国中学校校长会议关于女子中学附设简易职业科

---

① 《教育部采录全国实业校长会议案（1917）》，收录于璩鑫圭、童富勇、张守智《中国近代教育史资料汇编：实业教育·师范教育》，上海教育出版社2007年版，第184—185页。
② 同上文，同上书，第188页。

的提案,这些都使职业科在各级各类学校教育中有了制度性保障。

第一,关于职业科课程选择的主要依据。调查研究是中华职业教育社开展职业教育的首要原则,借鉴美瑟娄博士所言"苟与我六十万金办中国职业教育,我必以二十万金充调查费"[①]。这一原则运用于职业科课程选择时,必先以调查社会职业入手,"凡地方特设职业学校或职业补习学校,必先就所在地调查其何种职业最为需要,然后规定职业科目。如为农业须调查其土宜,工业须调查其原料,商业须调查其商品,并研究该科适当之教授材料、时间、要目、细目等"[②]。职业课程选择以社会职业需求为依据,在职业教育理论界已形成共识,教育部批准的全国教育会联合会《职业教育进行计划案》再次给予明确,这一共识强化为教育实践的规范要求。

第二,关于职业补习科的设置。职业补习教育是应对社会经济转型发展的时代产物,作为职业学校教育的重要补充,随着其规模的逐步壮大,对职业补习科的规范要求也提上教育部的议事日程。《职业教育进行计划案》对职业补习科设置目的、内容选择、课程组织、设施及教授等方面提出详细要求,主要包括:

(1)小学校得附设职业补习科,使毕业生补习关于职业之知能。(2)小学校附设之职业补习科,须视地方情形而分为城市及乡村二种。(3)在城市小学校附设之职业补习科,宜注重工业商业,在乡村小学校附设之职业补习科,宜注重农业园艺。(4)小学附设职业补习科时,须先调查本地职业之状况,询问儿童入学之志愿,而定何项职科,不必限于普通之农工商三科。(5)职业补习科之种种设施,希与实际相联络。(6)职业补习科之修业年限一年至二年。(7)职业补习科之编制,可分为半日部与全日部二种。(8)有该校毕业生同等学力而职业志愿同

①《中华职业教育社宣言书》,收录于《黄炎培教育文集》(第二卷),中国文史出版社1994年版,第180页。
②《教育部抄发全国教育会联合会职业教育进行计划案(训令第260号)》,收录于璩鑫圭、童富勇、张守智《中国近代教育史资料汇编:实业教育·师范教育》,上海教育出版社2007年版,第197页。

者,亦得许其入学。(9)关于补习科教授,须由该校校长请托确有专长之员担任。(10)女子小学校可附设家事及其他职业补习科。①

职业补习科附设在小学,作为义务教育②之后的专项职业能力训练,以提高毕业生的就业能力,与职业科课程有许多相通之处,两者都归属于职业教育课程范畴。

第三,关于职业科在普通教育中的设置。对职业科课程的探索远不止于在职业学校和职业补习学校中。第五届全国教育会联合会审议通过《普通教育应注重职业科目及实施方法案》并函告各省区教育会。该案列举了在小学、中学、师范学校设置职业科所需要注意的设备、教授、练习等方面的实施方法。③

表 4-3 对于小学、中学、师范学校的男生可施行的职业科课程

项目	农科	工科	商科
设备	改校园为农场,或增设农场,以备实习	设工厂及手工特别教室,筹工科基本金	设商店或贩卖部(使不仅为校内之营业,兼为校外之营业),筹商业基本金
教授	授以农学及本地方主要之农产物	授以实用之手工	授以商学簿记、珠算
练习	划农场为公共试验场、自营试验场二部。其自营试验场,量学生之能力,人各授地若干弓,贷以籽粒,使之经营。收获后责成报告,以验其心得,并取经济之练习制,收回田租籽粒	除正课外,课余注重经济之练习,以养成营业之能力	以学生为若干组,轮值为有责任之练习,年终按其成绩分红

---

① 《教育部抄发全国教育会联合会职业教育进行计划案(训令第 260 号)》,收录于璩鑫圭、童富勇、张守智《中国近代教育史资料汇编:实业教育·师范教育》,上海教育出版社 2007 年版,第 198 页。

② 民国初期,我国义务教育为四年,即小学 1—4 年级,又称"初小"。

③ 《第五届全国教育会联合会大会议决案》,收录于璩鑫圭、童富勇、张守智《中国近代教育史资料汇编:实业教育·师范教育》,上海教育出版社 2007 年版,第 216—219 页。

表 4 - 4　对于小学、中学、师范学校的女生可施行的职业科课程

项目	家事园艺科	手工科	缝纫科
设备	家事实习室应酌设上、下、中三等,其陈设亦如之,以代表普通社会之家庭。校园除种植外,应设饲养鸡、鸭、蜂、蚕各室	设特别教室,筹工艺基本金	设特别教室,筹缝纫科基本金
教授	除授以家事园艺学外,应兼授饲养学	授以家庭及社会需要之手工	授以常服及新式衣服之制法
练习	应自第一学年起,除正课外,课余任其自由处理,以养成其治家之能力	除正课外,课余注重经济之制造,与营业性质之练习	课余练习经济之制作,注重出品及销售二项

另外,教育部又采纳全国中学校校长会议议决案,要求女子中学开设简易职业科,如技艺科、蚕业科、园艺科、商业科等。[①] 可见,教育界人士对职业科课程的认识已从职业教育领域跨越至普通教育领域,从知识类别所区分的职业科课程,既存在于不同教育阶段,也存在于不同教育类别。这一共识也体现于第七届年会审议通过的新学制草案中,对职业科课程的设计是多层面、全方位的。

(三)"学制系统草案"对职业科课程的设计与讨论

1. 关于职业科的设计

1921 年 10 月 27 日至 11 月 7 日在广州举行了第七届全国教育会联合会年会,该会议以审议通过《学制系统草案》(以下简称"草案")而著名,该草案对中等教育阶段普通科与职业科设置的改革堪称"最为精彩"之处,汇集各省教育界人士在推进新教育实践过程中的宝贵经验,也反映教育家对两类教育的理性认知。

学制改革离不开对原有学制弊端的认识,民初颁布的壬子癸丑学制的主要问题有四点:第一,预科制之阻碍学制统一;第二,各级学校程度不衔

---

① 《教育部咨各省区为女子中学校可附设简易职业科文(第 996 号)》,收录于璩鑫圭、童富勇、张守智《中国近代教育史资料汇编:实业教育·师范教育》,上海教育出版社 2007 年版,第 202 页。

接;第三,中小学年限太长;第四,中学科目太笼统,学生毕业后,升学既感困难,就业又不容易,不能适应社会之需要。[①] 上述问题成为学制改革的重要方面,从草案所绘制的学制系统图(见图4-1)来看,减少学校种类、注重过渡衔接成为它的主要特点。

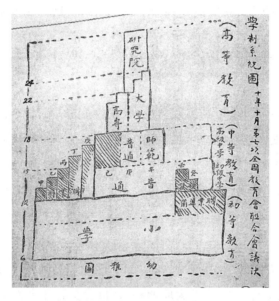

图4-1　学制系统图[②]

按照儿童身心发展阶段逻辑划分教育阶段,淡化了各级各类学校的区分;中等教育阶段通过课程的多元组合,最大限度地容纳了普通类、职业类、师范类等学校教育,其中,对职业科课程设置也完全跳出原有学制的体系框架,呈现另外崭新的设计理念。

第一,课程主要分为普通科与职业科两大阵营。草案对学制系统图有这样一句说明:"图中由斜线者表示职业科、无者表示普通科。"可以理解为设计者将学校课程划分为职业类和普通类两种,姑且无论将师范、大学、研究院等学校课程视为普通类课程是否适宜,但就图中斜线部分所表示的职

---

① 蔡芹香:《中国学制史》,上海:世界书局1933年版,第187页。
②《学制系统草案》,《教育与职业》1922(33)。

业科则有小学阶段的职业准备课程、中学阶段职业科课程以及职业补习课程三部分。草案将职业科定位于初、中等教育阶段与壬子癸丑学制是一致的,这也是自黄炎培美国职业教育调查结论后国内教育界人士所形成的共识。对两大课程划分依据的进一步推测,我们可以从职业教育提出本义中寻找一些蛛丝马迹。蒋梦麟在《教育与职业》第一期杂志开篇之作中将职业教育视为文化教育(普通教育)的"补救之物","文化教育,立国做人之基础也",而职业教育则是培养"一技之长以求适当之生活",两类教育相互补充、相得益彰。[①] 虽然在理论界至黄炎培"大职业教育主义"提出时职业性成为教育的基本属性,但在实践领域,职业教育与普通教育的鸿沟却从没真正弥合,即便在倡导单轨制的草案中也仅将两类教育转化为两类课程。

第二,中等教育阶段职业科与普通科的多元组合。草案中对中等教育阶段两类课程组合共设计了六类:第一类为完全职业科,分为一年期、二年期、三年期共3种方式;第二类为普通科渐减、职业科渐增,分为四年期、五年期、职业科2种;第三类为三年普通科后继续三年职业科;第四类为完全普通科(即初级中学3年后高级中学3年);第五类为师范科(即初级中学3年后师范学校3年);第六类为职业补习科(专为做工儿童开设的半日学校),分为一年期、二年期2种。

第三,中高等教育阶段采用选课制。选课制是美国最先倡导的,这一制度创新反映以人为本位的教育理念。全国教育会联合会积极采纳并在草案中首次提出,增加课程选择弹性成为学制改革的主要原则。草案的总说明第4条"教育以儿童为中心,学制系统宜顾及其个性及智能,故于高等及中等教育之编课采用选科制,于初等教育之升级采用弹性制",这一原则受到教育界广泛赞誉,但对于如何实施却莫衷一是。

2. 关于职业科课程的大讨论

《学制系统草案》一经公布,全国就掀起一场有组织的大讨论。在中华职业教育社的牵头下,广泛征集对草案的相关意见,社员们带头参与研讨,

---

① 蒋梦麟:《教育与职业》,《教育与职业》1917(1):1—3。

为此《教育与职业》杂志专门刊发"新学制职业教育研究号"。下面就各位专家关于职业科课程设计集中争论的几个问题进行论述。

问题一:中等教育阶段职业科组织方式是否合适?

草案对中等教育阶段职业科组织主要有三种方式:一是完全职业科,二是普通科向职业科逐渐过渡,三是先普通科后职业科。职教界人士对上述三种组织方式有赞成者,有质疑者,每一种观点都传递了学者对职业教育课程的理解。潘文安、潘吟阁等十分赞同草案关于职业科的设计,一致认为多种组织方式为地方实施职业教育提供了多样化的选择,如潘吟阁所言"任教育者自由进退于其间,一无罣碍,斯真良学制也,认为完全满意"[1]。潘文安进一步指出,职业科的多种组织方式能够满足社会经济竞争日益加剧的实际需要,也能为不同家庭条件的学生提供多种学习路径的选择,草案的优点在于"能纵横活动,不论什么地方,都可随社会需要,自定办法,预留伸缩的余地",因此"可算极为满意了"[2]。

对职业科组织方式提出质疑的专家陈浚介[3],在陈述其反对理由的过程中,绕不开一个核心问题,即依据什么标准划分普通科和职业科,这是课程组织所要解决的根本问题。应该说,草案对两类课程多种组合方式的设计,实质上仍未跳出各级各类学校系统框架,不同的科目组合都能找到原有学校的影子,如"师范科"所对应的是师范学校,"补习科"所对应的是职业补习学校。草案关于课程组织依据的是各级各类学校。今天看来,这并不能构成课程组织的标准。而这一局限实实在在限制了一部分教育界人士对学制的理性认识。王舜成[4]将四年期、五年期职业科教育类比为甲种实业学校,因后者鲜有效果,故反对普通科与职业科逐步过渡的职业教育类型。他与陈浚介都建议将这种渐进模式统一为先后模式,即接受完初级中学教育后再接受职业科学习,不仅有利于学校教育的统一组织,也增加

---

① 潘吟阁:《对于新学制草案职业教育一部分之意见》,《教育与职业》1922(33):30。
② 潘文安:《新学制与职业教育》,《教育与职业》1922(33):25—28。
③ 陈浚介:《学制系统草案关于职业教育的我见》,《教育与职业》1922(33):12—15。
④ 王舜成:《对于新学制草案职业教育一部分的意见》,《教育与职业》1922(33):7—11。

了学生对各类教育的选择机会。与上述观点不同,李步青则从课程组织所应遵循的科学规律探讨两类科目的关系。首先,他对第一种"完全职业科"提出异义,这一名词容易引起混淆,因"完全"有纯粹之意,若以纯粹职业科来解释,容易将其与传统艺徒制等同起来;其次,职业教育仅开设职业科是不科学的,因为"职业之品性当于职业科与普通科中各施特别之训练。当此中等教育时期,基本上之普通修养未充,若全废普通学科,勿论学业进行或生窒碍,即令技术熟练,似此机械式技术,恐不足以谋人类之幸福"①。同时,他也不赞同第二种、第三种组织方式。在他看来,要实现普通科目与职业科目相互增益的教学效果,不能简单地采取渐增渐减或先后平分,"普通科目及分量之多寡,应视职业科之性质与年限,并设学者与其之目的而定,随职业科而不同",他进一步提出课程组织要依据两大原则,分别是"学科排列之先后由于教学之程序","科目之增减出于学习之心理与总时数之分配"。② 课程组织不仅受制于课程内容的特点,也受制于教育教学规律,而这些是草案所忽视的。职业教育所涉及农、工、商、家事四大类,各类教育目的、课程内容、教学手段各有差异,而这些也是设计者所未顾及的。农业教育专家过探先提出"一二三四五年期之职业科不适用于农科"的观点则基本上全盘否定了学制对职业科的组织方式,除了保留"完足三年普通继续三年农业科的办法",其他方式都不适合农业教育。③

问题二:初等教育阶段设置职业准备课程是否合适?

在初等教育阶段开设职业准备课程,得到大家的一致认可。各位专家对职业准备课程开设多长时间、选择哪些内容、采取哪些手段等具体问题各抒己见、观点不一。李步青建议对"职业准备"的认识需要统一思想,才能进一步具体策划。从字面意思理解,至少包含两层含义:一是"为学习职业之准备",二是"从事职业之准备"。两种"准备"所选择的课程是有差异

---

① 李步青:《对新学制草案之一部分的意见》,《教育与职业》1922(33):17。
② 同上文,同上刊,第18页。
③ 过探先:《对于新学制草案职业教育农科一部分的意见》,《教育与职业》1922(33):41—44。

的,在初等教育阶段他倾向于前者。他进一步指出,相较于职业科,职业准备课程选择有其独特的方式,主要表现在:一是"斟酌地方情形增置实业科目",能够增进学生对职业知识学习的兴趣;二是"用职业陶冶办法",将游戏、活动与作业相结合,学习内容与社会生活相适应。陈浚介也提倡"小学校当注重职业陶冶",甚至将其作为职业教育的主要目的,"职业教育他的范围很广,不是专教儿童做成一件好好的东西,学成一样完美的技能,才算是职业教育,凡是增进儿童职业的兴味,养成儿童职业的习惯等,都是职业教育的主要的目的"①。王舜成则提出初等教育阶段除开设职业准备课程外,设置职业科也是十分必要的。② 他从劳动者缺乏职业知识的问题出发,提倡推广初等职业教育,因此课程不能仅限于职业准备。季云指出职业准备课程需要考虑各种职业的特殊性,"须视职业类别而异其施行时期。如工商须在四年后乃可施与。若农则二年级之儿童便可有此项教育准备"③。

问题三:补习教育安排在初等教育后实施是否合适?

按照欧美学制通行办法,草案将专为做工儿童开设的补习教育安排在初等教育后实施,该设计遭到了职教界专业人士的普遍反对。他们认为,欧美各国已基本实现初等教育的普及,因此将补习教育安排于初等教育阶段后是妥当的。然而当时我国学校教育发展状况远未达到普及初等教育的水平,社会上大量失业人群也亟须接受职业补习教育。应对我国实际情况,他们一致建议"扩大补习教育范围",一是扩大受教育人群,将成年失业人员也纳入教育对象,二是延长教育年限,向下可至初等教育阶段,向上可至高级中学教育阶段。陆规亮建议在学制图内单列"补习科","其地位从初等教育起、到中等教育止,若要再求上进,可入高等或大学等各种分科,图中不必规定"④。章钦亮对职业科设计得更为细致,分别针对"年长失学者之补习"和"职工之职业补习"设计了多种方式,具体有3年期至6年期的

---

① 陈浚介:《学制系统草案关于职业教育的我见》,《教育与职业》1922(33):14。

② 王舜成:《对于新学制草案职业教育一部分的意见》,《教育与职业》1922(33):7—11。

③ 季云:《对于新学制草案职业教育一部分意见》,《教育与职业》1922(33):36。

④ 陆规亮:《对于新学制职业教育一部分的意见》,《教育与职业》1922(33):37。

完全补习科,以及接受完初等教育后继续接受一至四年补习教育的补习科。①

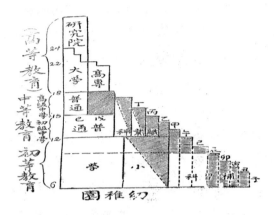

图4-2　章钦亮关于学制系统图修改方案

　　草案对上述两类实施补习教育的对象也有相关说明,但并没有进一步区分两类群体所接受的补习教育的差异,在学制系统图上一并归于"补习科"中。李步青指出,两类群体所需求的补习教育内容不尽相同,这样的课程设置不合理。对于如何设置补习教育课程,他从三个方面进行了论述。第一,在课程目标定位上,补习教育不能狭隘化为职业补习,特别是对于年长失学者来说,补习普通教育同样重要。具体方法有"专为未受义务教育者设补习教育,可于补习学校中之普通科目中,就国语与算数特设相当之程度,令其选修。或为正受教育之工人,特设相当之职业补习科,亦甚切要"。关于两类科目在补习教育中的地位,他认为"补习课目以切近职业为主,普通修养副之"。第二,在课程内容程度上,他借鉴日本、欧美等国补习学校教育等级,较完备地分为普通、中等、高等三级,一般至少也分为两级,而草案中仅将补习教育限定于中等教育的程度。第三,在教学时间安排上,他认为补习学校不能依照正系学校按年度安排教学进程的方法,应体现补习教育时间非连续性的特点,"补习学校之课程,以继续之时数计,非

---

① 章钦亮:《对于新学制草案职业教育一部分意见》,《教育与职业》1922(33):33—34。

以年计"①。

问题四:中等教育阶段采用选科制是否合适?

选科制是欧美推行新教育运动的重要成果之一,全国教育会联合会在研讨学制改革过程中首次采用该制度,并应用于中高等教育阶段。选科制以其关注学生个性差异、有利于扩大课程种类和范围等优点而受到教育界的普通认可,但是并非适合学校教育的任何阶段。王舜成的观点是初级中学采用选科制,而高级中学则适合分科制。他认为初级中学的主要任务是"为各种职业所需普通学识之准备",因此学生可以根据各自职业偏好选择相关科目学习;而高级中学的任务主要是为了"职务事业上实行之预备","在某种职务或某种事业上所需之相关知识,不可偏废",所以需要采用"分科制"。他进一步指出,分科的标准应该"以事业为根据不宜以学科为标准",因为"以事业分则用途广而就职确实,以学科分则偏重于学理之研究,每与高等专校相混"。② 在中等教育阶段如何推进分科选科制方面,廖世承的观点恰恰与王舜成相反。

> 我觉得分科选科制应在高级中学施行,初级中学既为职业陶冶性质,不必有选科制,即欲办理选科,也须俟第三年实行。高级中学行选科制后,并可设立完全职业科,采用分科选科制。惟各科不必全班,只须酌量地方情形及经济状况,办理一科或数科。如城市宜于商则除普通科外,可兼办商科;工业发达之地,可兼办工科;经费充足之学区,则可兼设师范农工商各科。惟不设科则已,设科则设备必须完备;所有课程,也须深合社会需要,且能弥补各项职业上的缺憾。例如现时服务工界的最缺乏的智识是那一种,我们工科的课程就注重那一点。③

---

① 李步青:《对新学制草案之一部分的意见》,《教育与职业》1922(总第 33 期):19。
② 王舜成:《对于新学制草案职业教育一部分的意见》,《教育与职业》1922(33):8。
③ 廖世承:《中学校与职业教育》,《教育与职业》1922(33):63。

表4-5 《教育与杂志》"学制研究专号"集中刊发对新学制草案中职业教育部分的主要意见

专家\观点	问题一	问题二	问题三	问题四	问题五	其他
王舜成	渐减普通渐增职业之四年五年期职业科为不适用	初等教育段职业准备固要而职业教科亦不可少	补习教育应继续义务教育并应延长年期	主张初级中学采用选科制,高级中学采用分科制	改甲种实业学校为高等专科或六年制职业科	扩大职业教员养成科范围
陈俊介	去一年职业科,多留职业科活动余地	增加职业准备年期;注重职业陶冶	纳童工补习于初等补习教育			
李步青	对于中等教育段一二三年完全职业科有疑义,分配普通科目与职业科目三分量应视其性质年限目的而定,分年期职业科只须规定最短最长年限得自由伸缩		补习教育宜规定于义务教育之上,学程应以时计不以年计,不应只以作工儿童为限			职业教员养成科应推广设施范围
潘文安	对于中等教育段职业科认为完全满意	对于初等教育段职业准备认为无规定年期之必要	扩大补习教育范围			对于高等教育段大业附设专科认为适当
潘吟阁	中等教育之活动变化认为完全满意	初等教育段中之职业准备应当予以伸缩力	放宽补习教育多与活动余地		视地方情形改甲种实业学校为分年制职业科	职业教员养成科限于高级中学认为适当;注意职业研究、重视职业调查

续表

专家＼观点	问题一	问题二	问题三	问题四	问题五	其他
章钦亮	一年完全职业科归入补习教育内	扩充职业准备界说	推广补习教育范围			增设职业教员养成科；归纳师范科于职业科内
季云	中等教育段渐减普通减增职业的四五年期职业科认为适用	职业准备可视地方情形而异其办法	补习教育加于初等教育段上认为不足			职业教员养成科宜责成师范分科
陆规亮		增长职业准备年期	扩大补习教育范围			广设职业教员养成科
过探先	一二三四五年期之职业科不适用于农科	乡村学校注重农业知识	农业补习学校适合需要			农业教员的养成限于农科高级中学
邓秉文					改甲种农校为高级中学；纳初等农业教育于乡村学校内	农业教育应合研究教授推广三大事业；合农业专校为大学
廖世成		定初级中学为职业预备乃根本办法	定初级中学为职业专科乃调剂办法	分科选科制应设在高级中学		职业教员养成科应设在大学内
江苏省立第二女师范附属小学		主张设职业准备在初等教育段中三四年间	主张设补习教育在后初等教育段的两年			赞同附设职业教员养成科在高级中学中

问题五:实行新学制后原有甲种乙种实业学校及课程应如何改革?

学制改革,新旧交替,原有学制体系下职业学校能否落实新要求,也是专家判断新学制是否合理的重要方面。关于甲种实业学校,按照新学制体系,王舜成提出两种转型方式,分别是"进办为高等专科""改组为兼办初级中学之六年制职业科"。学校课程改革方面需要"趋重实用而不广泛偏狭",要弥补原有实业学校课程疏于实践联系的不足;需要增加"应用经济学上之必须常识",这是养成实业界指挥管理人才所必需的,并能够提高学生学理知识的实际应用。① 关于乙种实业学校,他认为应纳入新学制初等教育阶段中完全职业科。具体改革内容有缩减课程、增加生产、扩张分校、实业补助四个方面。②

(四) 壬戌学制对职业课程的立体构思

无论是癸卯学制还是壬子癸丑学制,历史上两次重大的学制改革都是由政府主导自上而下推进的,壬戌学制却不同。军阀混战下教育部频繁更换领导导致无法运用国家权力继续对各省实行集中统一的教育管理,而民间自发形成的全国教育会联合会在某种意义上成为领导全国教育的重要组织,与教育部不同,他们自下而上推进的学制改革,表现为教育重心下移,适应社会和个人需要等时代特点。虽然在壬戌学制正式颁布前,教育部与全国教育会联合会经历了一场针锋相对的"主导权之争"③,然而就学制本身主要采纳草案的精神与内容,对职业教育的设计更为全面。

壬戌学制的不同还体现在没有停留于学校体系、课程门类的分配,而是进一步对学校教育内容、设施要求等方面进行相应的规划。对新学制草案征求意见时,朱经农向胡适建议"改革学制,非改革学程不可……第一件要紧的事体就是讨论中小学课程的标准"④。新学制颁布后,全国教育会联

---

① 王舜成:《对于新学制草案实行后甲种农工商业学校改革之意见》,《教育与职业》1922(33):53—56。
② 同上文,同上刊,第57—59页。
③ 杨文海:《壬戌学制研究》,南京大学博士论文,2011年,第72页。
④ 中国社会科学院近代史研究所中华民国史组编:《胡适来往书信选》上册,中华书局1979年版,第170页。

合会又着手研制课程标准,并于 1924 年 5 月刊行《新学制课程标准纲要》,虽未经教育部正式颁行,但得到各地积极推广。新学制职业科课程标准由全国教育会联合会委托中华职业教育社研制,主要参与者有朱经农、邓秉文、王舜成、黄异、赵师复、杨鄂联等人。同时,中华职业教育社又相继研制刊印了"职业教育设施标准",提出了新学制实施的具体要求,为教育实践指明道路,有效保障学制改革目标的达成。

一方面,壬戌学制对学制系统改革进行了整体规划,特别是对职业科进行拓展和完善;另一方面,壬戌学制的配套标准又对各级各类学校课程进行具体构思,如职业科课程标准、职业教育设施标准对职业教育课程进行立体化、全方位的设计。

1. 对职业教育及课程的调整与设计

1922 年教育部正式颁布的《学校系统改革案》(即壬戌学制),比草案进一步拓展职业教育范围,并顾及与旧制的衔接过渡,具体内容如下:

(一)初等教育

说明四　小学课程得于较高年级,斟酌地方情形,增置职业准备之教育。

(二)中等教育

说明十一　初级中学施行普通教育,但得地方需要,兼设各种职业科。

说明十二　高级中学分农、工、商、家事等科,但得酌量地方情形,单设一科或兼设数科。

附注二　依旧制设立之甲种实业学校改为职业学校或高级中学农、工、商等科。

说明十五　职业学校之期限及程度,得酌量各地方实际需要情形定之。

附注三　依旧制设立之乙种实业学校酌改为职业学校,收受高级小学毕业生,亦得收相当年龄之修了初级小学学生。

说明十六　为推广职业教育计,得于相当学校内,酌设职业教育养成所。

（三）高等教育

说明二十五　大学校及专门学校得附设专修科,修业年限不等(凡志愿修习某种学术或职业而有相当程度者入之)。①

从上述条文中可见,正式颁行的壬戌学制与草案相比,对职业教育定位、学校设置、课程安排等方面有如下几点不同:一是提高职业教育地位,使其享有普通教育同等地位。新学制对职业教育的设置不再局限于中等及以下教育阶段,而是延伸至高等教育,与普通教育同等重视,不同于清末民初学制中仅作为学校旁系处于次要地位。新学制在高等教育阶段给予职业教育一席之地,进一步说明对职业教育的高度重视,欧美实践证明"国家必先有此一般健全之技术专家为中坚,乃能设实业革命"②,大学校及专门学校承担培养技术中坚的重任。学制颁布后,教育部高等教育司开始筹设国立专科学校计划。二是博采众长、注重过渡,设计多种职业教育形式。新学制在推行综合中学时,继续保留设立独立职业学校和专门学校的做法,有学者认为这种设计既吸收美国职业教育制度的思想因素,也吸收蔡元培倡导的德国职业教育的一些长处。③ 笔者认为还有对旧学制的继承,学制中附注二、附注三等说明是对旧学制实业学校改革的设计,既延续了职业教育的独立性,又注重与普通教育的沟通。普通教育与职业教育的联结,是本次学制改革课程设计最大的亮点。新学制中职业教育课程存在于五种形式中:① 高级中学职业科;② 初级中学职业科;③ 职业学校;④ 大学职业专修科;⑤ 小学职业准备科。④ 三是为地方实施职业教育留足自由空间。学制中对职业教育的要求,只在教育对象的年龄上有限制,而学习

① 唐钺、朱经农、高觉敷:《教育大辞书》,上海:商务印书馆 1930 年版,第 1618—1621 页。
② 庄泽宣:《职业教育通论》,北京:商务印书馆 1947 年版,第 183 页。
③ 吴洪成、苏国安:《一部现代学制的艰难问世——〈壬戌学制〉的制定过程》,《南阳师范学院学报(社会科学版)》2014,13(5):52—60。
④ 易作霖:《本社编订新学制职业课程标准之经过》,《教育与职业》1924(00):579—586。

程度及期限均没有统一限制,"得酌量各地方实际需要情形定之"等充分说明职业教育实施具有相当大的地方自主权。然而,在各地教育行政人员和教师专业能力不足的情况下,若没有与学制相适应的职业教育推进措施,是难以实现的。在全国教育会联合会推进下,中华职业教育社组织研制新学制职业科课程标准,就是为了保障新学制下职业教育具体落实的重要措施之一。

2. 职业科课程标准的内容特点

新学制职业科课程标准的研制,自 1922 年中华职业教育社接受任务起,具体由中华职业学校联合会起草,"阅时三年,开会十数次,专家数十辈,不为不力"①,1924 年全国教育会联合会审议通过,纳入《新学制课程标准纲要》;1925 年 5 月作为《教育与职业》杂志专号之一,中华职业教育社专门刊印了《新学制职业科课程标准》,成为各地推行新学制职业教育的行动纲领。

如上文提及,新学制中职业教育课程在五种学校教育形式中都有涉及,在研制职业科课程标准时,需要处理好两个问题:一是对不同教育阶段、不同性质学校中职业教育课程的统筹处理;二是对职业学校课程目标及结构的设计。对第一个问题的议决方案是:

> 于子(即高级中学职业科,笔者注、下同)、丑(即初级中学职业科)、寅(即职业学校)三目,认为应统括的准备。先假定为三个阶段:以收容四年小学毕业而已届受职业教育年龄者为第一阶段;以收容六年小学毕业者为第二阶段;以收容初级中学毕业者为第三阶段。每阶段应于农、工、商、家事各科中,提出主要的分科;(或不分)每主要的分科,应假定最短修业年限,及其修业终了后之资格;再于各分科草拟科目,(包括实习)及毕业程度标准。②

按照教育发展阶段,统筹职业科课程在普通教育和职业教育中的具体

---

① 易作霖:《本社编订新学制职业课程标准之经过》,《教育与职业》1924(00 期):584。
② 中华职业教育社编:《新学制职业科课程标准》,《教育与职业》专号之一,1925:4。

要求;按照农、工、商、家事四类职业分科,统筹不同教育阶段职业科课程的具体要求,既顺应儿童身心发展的需要,也兼顾普通中学和职业学校的协调发展。然而,他们仅关注中等教育阶段职业科课程标准的开发,而忽视初等教育和高等教育阶段,使新学制职业科的五种形式缺少完整设计,或限于"职业教育与大学无甚关系,而以中学校为中心"的基本认识,或因为中等教育阶段的职业科有别于初等教育阶段的职业准备科和高等教育阶段的职业专修科。从他们普遍认同职业科需因地制宜[①]来看,后者的可能性更大一些,对这两个阶段职业科设计的缺失,不得不说是一种遗憾。

对第二个问题,经过多次研讨,先后达成多项共识。1922 年 7 月,中华职业学校联合会议决《职业学校学程编制标准案》对职业学校实习时间进行了规定:"初级职业学校、高级职业学校,授课时间,每周平均以十八小时至二十四小时为标准;但实习时间,不得少于授课时间。"1923 年 5 月,又议决《非职业学科之种类及分量案》,将职业学校课程分为职业学科、职业基本科和非职业学科三种。这一分类方式主要依据职业学校课程目标定位,一方面要培养职业所需的知识与技能,另一方面要培养与职业相关的知识能力以及人生陶冶方面。特别对"非职业学科"的教学总时间,要求至少应占总学时的 20%。

表 4-6　职业学校课程功能、结构及内容[②]

类别	目的	主要内容
职业学科	培养各该职业之知能	如农、工、商、家事等各专科
职业基本学科	培养各该职业知能之基本	如农科之须习生物及化学,工科之须习数学及物理,商业之须习算术,家事之须习理科等是。国文、算学为共同基本必须之学科
非职业学科	人生不可少之修习,与职业有间接相关之影响者	关于公民者,关于体育者,关于音乐等艺术者

---

① 易作霖在《本社编订新学制职业课程标准之经过》一文中提到"同人以为职业学校,关于课程种种,不惟此科与彼科间无取从同,即使同设一科,尤当因地制宜,在此地与彼地间,亦复不求划一"。
② 中华职业教育社编:《职业教育设施标准》,《教育与职业》1931(总第 127 期):535—543。

依据农、工、商、家事四类分别起草 17 个方案,其中农业科 2 个方案,工业科又细分 10 个科有 11 个方案(其中染织科有 2 个方案),商业科 3 个方案,家事科 1 个方案。多种方案为地方实施职业教育提供多种参考,反映委员们对传统划一教育制度的修正,满足科学推进教育改革的时代要求。各科课程标准主要内容及特点如下:

(1) 农业科课程标准注重课程结构的设计。

农业科课程标准分别由过探先、王舜成起草了两份方案。在遵循普遍原则的基础上,两者都按照三个教育阶段设计课程,过探先注重各阶段课程结构的设计,王舜成则从职业分途的角度明确了各阶段职业课程分类及内容设计。

表 4-7 过探先对各阶段课程结构的设计①

	职业学科	职业基本学科	非职业学科	选修课
第一阶段 (修业二年)	农业 25% 实习 15%	国语 30% 算术 10%	社会 10% 音乐体育游戏 10%	(无)
第二阶段 (修业三年)	农业 22% 实习 11%	国语 20% 算学 7% 自然科学 10%	社会 13% 艺术 7% 体育 10%	(无)
第三阶段 (修业三年)	土壤学、肥料学 等 11 门 19% 实习 15%	国语 14% 外国语 10% 代数等 15% 动物、植物等 15%	人生哲学 2% 农业社会问题 2% 体育 8%	分科选修课 普通选修课

从上表可知,过探先对于三类课程的分配呈现了如下特点:一是职业学科比例随着教育阶段的提升逐步减少,而职业基本学科逐步递增。这样的设计似乎有悖常理,倒挂式的课程结构与过探先对农业教育的基本判断是密切相关的。

农业教育是与工商业教育大大不同的。实践工业的人才,或者可

① 中华职业教育社编:《新学制职业科课程标准》,《教育与职业》专号之一,1925:1—13。

以于数年之中造成的,而欲于数年之中造成实地经营农业的人才是不容易的。中等工商业的人才可以于毕业后到工场商店去服务、赚钱生活的。中等农业的人才要在农业上去发展,很不容易,在学校中所得的经验及学识,只能应用于试验研究的机关;若欲自己去耕田度活,在中国现在的情形,是最不经济的,而且未必果能胜任胼手胝足的老农夫啊!我常常说的,农业教育的目的,不是造就业农的人才,是要造就一般有知识的人,为现在的农业谋发展,现在的农民谋福利罢了。靠学校去造就新式的农民,万万不成功的。农业学校,最应注意的是在教育农家的子弟。①

他认为与工商业相比,农业教育不是培养适应农业发展的人。在他看来,在学校习得农业经验是最不经济的,农业学校旨在教育农家子弟获得科学知识而改良农业发展,这是农业教育的根本目的。因此,在他所设计的课程标准中将农业教育人才培养定位于三种类型:农场职工、农业学校教员和农场经营及管理员。课程选择上偏重科学文化知识,三类课程类型中"非职业学科"和"职业基本学科"占总学时一半以上,而与农业密切相关的"职业学科"仅占 1/3 左右。

对课程结构的设计,王舜成并没有限于"职业学科、职业基本学科、非职业学科"的基本框架。如前文所述,他秉持从职业分途而不是学科分类的角度进行课程的划分,基于这一职业课程分类标准,他将第一阶段农业科主要分为农业常识、农业生产、农业经济三项,其中"农业常识授以土壤、肥料、病虫害、农业法律等之大意。农业生产得分为农、林、蚕、畜四类,依学校所在地方之情形,选择其一类或二类以上,并注重各类中特殊之需要。农业经济授以农业要素之性质及利用法,并农业经营等之大要"。第二阶段课程他采取分科制,按照农业生产分为四科,"各分科应有其基础学科目,生产学科目,经济学科目之规定"。至第三阶段,他又进一步对农、林、

---

① 过探先:《对于新学制草案职业教育农科一部分的意见》,《教育与职业》1922(总第 33 期):41—42。

蚕、畜每一科都细化为若干个系科,并建议各地根据地方需要,因地制宜选择每科下属的一至二个系科开办农业学校。农业科分为农艺(作物)系、园艺系、农业工程系、农业教育系、农业经济系、农业化学系;蚕业科分为蚕桑系、蚕丝系;林业科分为造林系、林产制造系;畜牧科分为畜产系、兽医系。[①]

(2)工业科课程标准注重课程门类的划分。

在刊印的新学制职业科课程标准中,工业科所设计的课程门类最丰富、最细致,一级科目有 10 个,二级科目超过了 50 个。这些方案主要由黄异、刘动麟、徐复旦、郭养元、俞星枢等人起草,并由德国工学博士培伦子、美国万特克以及国内学者修订完善。但相较于其他科课程标准的内容,工业科略显简单,按照先期确定的课程标准体例,对"目的、入学程度、修业年限、毕业资格、主要学科"等条目进行了简单描述。其重大突破在于,按照工作分析法进行职业分类,在此基础上选择职业课程,形成了 10 个类别几十种职业的百余种课程门类。

表 4-8 工业科课程门类[②]

一级科	二级科	主要学科
机械科	铁工科	数学、物理、化学、制图、理学、材料学、机械学、工作法、原动机学、设计、机械工业大意、电工大意、估价术、工业常识、工业簿记、实习
	原动机科	数学、物理、化学、固体力学、热力学、机构学、原件设计、材料学、锅炉、汽机、发动所附属机械、内燃机、水力机械、电工学、原动机械设计及制图、工作法、工业常识、估价术、工业簿记、实习
	制图科	材料学、数学、制图、原件设计、工场见习、工作法、机构学、工业机械大意、估价术、工业簿记、工业常识
	开机科	数学、工作法、机械学、各种原动机之原理及构造、原动机管理法、开机实习、铁工实习、电工大意、看图法、开机危险预防条例、救急法、工业常识、工业簿记

[①] 王舜成:《农业科课程标准(二)》,收录于中华职业教育社编《新学制职业科课程标准》(《教育与职业》专号之一),1925 年,第 14—17 页。

[②] 中华职业教育社编:《新学制职业科课程标准》,《教育与职业》专号之一,1925:18—49。

一级科	二级科	主要学科
机械科	装机科	数学、工作法、机构学、制图、各种机械原理及详细构造、估价术、工业常识、工业簿记、实习
	汽车科	数学、内燃机、力学、机构大意、电工大意、制图、汽车构造、汽车修理、驾驶术、汽车规则、驾驶实习、铁工实习、估价术、工业簿记
	脚踏车科	力学、制图、数学、材料学、机构大意、焊接法、工作法、电镀法、脚踏车构造及修理、估价术、工业簿记、实习
	钟表科	物理学、力学、结构学、运动学、弹簧制造法、焊接学、工作法、钟表设计、电镀学、估价术、工业簿记、广告术、实习
	冷作热作科	数学、工作法、材料学、锻工机械、淬火学、熔接法、制图、设计、冷作机械、估价术、工业簿记、实习
	钣金及汽管水管科	力学、工作法、材料学、制图、工作机械、电镀、估价术、工业簿记、实习
	印模科	铜铁学、合金学、淬火学、工作法、制图(兼习各种字体)、雕刻铜学、估价术、工业簿记、实习
	建筑机械工及美术工科	算术、图画、材料学及工作法、专业及公民常识
	金银工科	算术、图画、模型学、材料学及工作法、实习
	金属美术科	算术、应用法、图画、材料学及工作法、实习、专业及公民常识
电气科	电机科	数学、物理、化学、力学、电磁学、材料强弱学、电气原料学、电工学、原动机大意、电机设计、机械设计、机械工作法、设计制图、发电所、电气测量器具、工业常识、估价术、工业簿记,实习
	电工科	物理、化学、数学、电磁学、电工学、发电所、制图、电气铁道、原动机大意、电气设计、机械工作法、力学、水力机械、工业常识、估价术、工业簿记、实习
	电料科	理化、数学、制图、电磁学、电气原料学、灯用材料设计、电热器设计、线路材料设计、各种电表设计、工作机械、估价术、工作常识、工业簿记、实习
	内外线科	测量、物理、数学、电学、送电及配电、制度、电料学、电工学、开机危险预防条例、电机管理章理、工业常识、估价术、工业簿记、架线实习、内线实习

续表

一级科	二级科	主要学科
电气科	开机科	电工、开电机法、电机管理法、电工实习、开机实习、数学、理化、原动机大意、电磁学、电机制图、开机危险预防条例、电机管理章程、工业簿记、工业常识、实习
	电镀科	理化、数学、材料科、电学、电镀学、直流发电机、电镀装置、磨光机、烧色法、焊接发、电镀工场设计、图案画、股价书、工业不及、实习
	电焊接	数学、理化、工作法、电工学、氧化焊接法、估价术、工业簿记、实习
市政工程科	自来水科、煤气科、市内道路科、下水道科（各科主要学科无具体说明）	
土木工程科	家具木工科	家具制造法、应用材料、雕刻木工、油漆工、图画、实习
	家屋木工科	建筑构造学大意、应用材料、雕刻木工、图画、油漆工、实习
	砖石工科	建筑构造学大意、应用材料、石工、砖瓦工、模型学、图画、实习
	家屋装修科	用用材料、家屋装修、雕刻纸巾灰泥细工、油漆工、图画、电灯、泄水、暖炉、通风装置大要、实习
	水泥工科	钢条混凝土大意、应用材料、水泥细工、图画、实习
木工科	（按招收四年小学毕业生、六年小学毕业生、初中毕业生、高中毕业生划分为四个阶段或类别，主要学科有工作法、制图、工程管理法、设计大意、教授法、实习）	
藤竹工科	藤工科	工作法、材料学、制图、漂染法、油漆、实习
	竹工科	工作法、材料学、制图、油漆、实习
	柳条工科	工作法、材料学、制图、漂染、油漆、实习
染织科	纹工科	应用之组织法、提花机、刻花机之构造装置、图案法、意匠设计、实习
	棉织科	应用之组织法、经纬计算法、图案画、踏木及提花各手织机之装置法、实习
	丝织科	应用之组织法、分解计算、图案法、丝织踏木及提花各机构造及装置法、实习
	染织科	实用漂染法、原料性质、应用化学大意、图案法、印花法、织物整理、实习

续表

一级科	二级科	主要学科
应用化学科	油漆科、橡皮科、玻璃科、珐琅科、窑业科、化妆品科、假象牙科、制革科、造纸科(各科主要学科无具体说明)	
教育用品科	玩具科、文具科(各科主要学科无具体说明)	
印刷科	彩印科、印书科、照相制版科(各科主要学科无具体说明)	

（3）商业科课程标准注重最低限度的说明。

商业科课程标准由马宪成、赵师复以及潘文安和潘吟阁等分别起草了三份方案，经朱经农修订完善。不同方案都按照三个阶段设计课程，各阶段培养目标基本一致，由低到高分别定位于培养普通商店练习生、公司银行或大商店练习生、公司银行事务员。相较于其他课程标准，商业科不仅限于对每一个阶段课程门类、比例的设置，还对每一门课程所授内容给予相关说明，马宪成拟订的方案中设置"教材大意"一栏进行说明；而潘文安和潘吟阁则详细指明每一门课程学习所需达到的"最低限度"，如第三阶段招收初级中学毕业生培养为"银行、公司之事务员为目的"的课程安排(见表4-9)。

表4-9　商业科课程标准第三阶段"课程表"必修科目①

学科目	时间			毕业最低限度
	第一年	第二年	第三年	
人生哲学	一	一	一	能明了人生之真义与职业修养之方法并受过充分之职业训练(参照本社职业训练标准)
国语	四	三	二	能自由运用语体文发表思想并娴熟商业上之应用文字，如书信、电报、章程、契据、广告、公牍等文件

---

① 潘文安、潘吟阁：《商业科课程标准(三)》，收录于中华职业教育社编《新学制职业科课程标准》（《教育与职业》专号之一），1925年版，第65—66页。

续表

学科目	时间			毕业最低限度
	第一年	第二年	第三年	
数学	二	二	二	能熟悉商算各项演法,如本国货币外国货币之换算内外汇兑法、金银计算、百分应用计算等,应用于日常生活能解答代数几何三角之应用问题
珠算	二	一	一	能娴熟商算各项算法且能迅速而无误
外国语	一〇	八	八	能阅某国文、普通书报及商业参考书并能作商业上应用文件、操日常应用之语言
经济	二			能知商业经济之原理及最近趋势而善于应付
簿记	二	四	四	能明了借贷原理及商业上簿记之组织及使用方法
商业常识	二	一		能洞悉商业上种种切要知识而随时足以应付
商法			二	熟悉商业上各种法规如商人通例公司条例、银行条例及商标法等一切法规
打字速记	三	三	二	能于每分钟内打四行以上之字并熟悉速记方法
商业组织及管理		二	二	能明了商业上组织手续,娴熟零售批发代理各业及国际贸易之经营及管理并能收发及保管函电簿籍而以科学方法运用之

（4）家事科课程标准注重基本原则的确立。

设立家事科是借鉴欧美职业教育的主要分类,主要培养女子家政能力。其实早在癸卯学制中就有关于女子职业学校的说明,但作为专门课程的设立,则是从壬戌学制开始的。在新学制职业科课程标准中,所收录的家事科课程标准只有一份方案,由杨鄂联起草、李寅恭修订,相较于农业科、工业科和商业科略显单一。然而该方案所提倡的制定课程标准所应遵从的基本原则,则是其他科所未指明的。研制者开宗明义地指出统一原则的必要性,"我们要定课程标准,先要立一个公共的标准。家事科当然也是这样。我以为家事课程的组织,决非仅在书本和知识,也非仅恃依样葫芦的实习。我们所要求的是将来能支配家政、改进社会的女子,不仅是量米、造饭的管家婆"①。基于此,研制者设立了四条家事科的"公共标准",分别是:① 能适应学生需要;② 注重艺术;③ 与其他学科联络;④ 能发展个人技术和思想。作为课程标准的"标准",研制者主要立足学生的需要,贯彻了新学制以人为本位的精神,学科的需要次之,社会的需要、国家的需要更次之。依据这一标准,他们所选择的家事教育内容主要有八个方面:关于家庭设备的;关于家庭经济的;关于家庭教育的;关于家庭食事的;关于家庭衣服的;关于家庭卫生的;关于家庭园艺的;关于家庭交际及其他的。这些内容指向也成为三个阶段课程选择的主要依据。

综合来看,壬戌学制将职业教育划分为四个类别,按照农业科、工业科、商业科和家事科分别制定课程标准,首要遵从了各科教育的特殊要求,其次从各科课程选择来看,充分体现了以学生为本位的教育理念。壬戌学制对职业教育课程的立体化设计,不仅表现在横向上研制不同类别的课程标准,还表现在纵向上对职业学校课程实施提出系统性要求。

(五)职业教育设施标准的系统要求

职业科课程标准为职业学校课程选择与组织提供基本准绳。学校推进职业教育实践,除课程外,还涉及学校设施、教师队伍以及训育、管理、职业指导等方方面面,这些要素都与学校课程密切联系,相互影响。中华职业教育社先后研制了职业训育标准、职业学校设施标准等,至1931年统整各项标准为"职业教育设施标准"并正式刊发于《教育与职业》杂志。其主要包括职业教育的定义、目的、分类、学制安排,职业学校设施要求、学科分

---

① 杨鄂联、李寅恭:《家事科课程标准》,收录于中华职业教育社编《新学制职业科课程标准》(《教育与职业》专号之一),1925年版,第69页。

配、训育内容、师资教育以及地方建设职业指导所设施等方面,具体分项标准有五个,分别是职业学校设施标准、职业学校学科分配标准、职业教育训育标准、职业师资教育设施标准、职业指导所设施标准等。这些标准或多或少对职业教育课程提出了相应的要求。其中,"职业学校设施标准"共计12条,关于学校如何选择课程就有6条:

> (一)职业教育机关之设科,宜按照社会状况。就大概而言,城市以工商为宜,乡村以农工为宜。(二)职业教育机关专收男生或女生,或兼收男女生,视地方情形而定之,但男女生不同之职业,其设科必各采所宜。(三)创办职业学校而欲决定设科时,孰为发达,孰应改良,及未有之职业,孰为需要。(四)根据前条调查之结果,于农、工、商……各科中,决定何科。尤当于一科之中,决定专设何种。(如设农科,应视土地所宜,决定何种作物。如设工科,应视地方状况,决定其为机器工或手工,而于机器或手工中,更视地方所产何种原料,需用何种出品,而决定何种工艺。如设商科,应视地方情形,而定普通商业或特别商业。)宜简单,宜切要。俟其收效,逐渐推广。(五)职业教育机关决设何科,必先对于该业试验确已有效,然后招生传习。(六)职业教育斟酌设科时,必先审察学校财力是否能为该科相当之设备。[1]

学校课程选择需要综合考虑社会需要、学生特点、学校财力等要素,职业学校设施标准中所强调的调查、试验等方法,进一步说明创办职业学校所应秉持的科学精神。上述要求明确了职业学校选择课程的主要依据和办法,而"职业学校学科分配标准"则具体规定职业学校所应开设的三类课程(即职业学科、职业基本学科和非职业学科)及配比;"职业教育训育标准"则具体说明职业学校应实现的一般职业意识培养目标及农科、工科、商科、家事科所特有的职业态度精神培养目标。前文所提及的职业科课程标准又详细策划了各阶段课程学习的目标、内容及要求,至此对职业学校课

---

① 中华职业教育社编:《职业教育设施标准》,《教育与职业》1931(总第 127 期):537—538。

程选择、课程组织、课程标准提出了系统性的规范要求。可以说,壬戌学制对职业科课程的设计从绘制蓝图到具体措施,使职业学校课程实施不再成为空中楼阁,中华职业教育社根据教育实践需要给予系统指导,应该说能够保障制度的落实与推进。

然而,精良的制度设计敌不过严峻的社会现实,壬戌学制颁行后不久就不得不面对职业教育领域的新变化。残酷的现实是设计者始料未及的,新成立的南京国民政府重新夺回教育领导权,开始大力提倡职业教育,至此民间自主实践职业教育的模式转为政府主导下的发展模式。

四、制度领域(下):20 世纪 30—40 年代国民政府主导下的制度规限

应该说,壬戌学制是特别重视职业教育的,采取单轨制是将作为旁系的职业教育纳入正系教育中来,不仅要求普通教育开设职业科,还保留独立设置的职业学校教育。就制度本身而言,壬戌学制为职业教育课程所设计的立体化体系是具有进步性的,然而制度能产生多大的影响和作用,取决于制度满足社会需要的程度。1927 年南京国民政府,利用"收回教育权运动"逐步收拢散落于民间的教育力量,组织全国教育会以取代全国教育会联合会,重新夺回全国教育的领导权,提出三民主义以争取民心并进一步加紧对教育的控制。国民政府在国联教育考察团的建议下,积极采纳职业教育全国性大讨论的成果,修正壬戌学制。可以说,国民政府成为 20 世纪 30—40 年代课程改革的主导力量,着手整顿职业教育制度,我国职业教育走上了教育行政统筹管理的发展道路。1928 年国民政府组织的第一次全国教育会议通过了《整理中华民国学校系统案》(即戊辰学制),1931 年教育部下达推动职业教育发展的第 536 号令,1932 年国民政府颁布《职业学校法》,教育部颁布《职业学校规程》,对职业学校课程设置、课程标准、教材审定等方面制定相应的规章制度。一系列制度的出台进一步规范了职业学校教育。

（一）教育家对壬戌学制职业教育设计的反思与修正

壬戌学制曾因引入美国综合中学制而得到理论界的热捧,大部分人赞许其能够适应学生个性、兼顾升学和职业需要,陶行知认为是"应时而兴的制度"①。职业教育作为沟通教育与职业的主要途径,首次在壬戌学制中确立了重要地位,并以职业科、职业准备、职业专修科、职业补习科等类型贯穿于初等至高等教育阶段。相较于以往学制对实业教育的设计,壬戌学制对职业教育的重视程度是有过之而无不及的。然而,南橘北枳的实践反差,使教育界人士冷静分析该制度的适切性,甚至对曾经视为有利之处也一一进行批判。

其实早在壬戌学制商讨期间,余家菊就曾反对完全采纳综合中学制,"如欲打破中学现状,以求综合的中学之实现,其手段之卤莽(同鲁莽,笔者注),亦无伦比。……吾所反对者,在因创设综合中学制故,而将原有之单一中学一齐打破也。单一中学,规模较小,办理者易于贯注,其利一。性质单一,校风易于纯正,其利二。各校分立,个性易于发展,其利三。今审此三者皆不可轻视之点,吾人又何必无谓的改革而遽失此良好之利益乎? 甚愿主张中学之必为综合式者之一思吾言也"②。他对综合中学制的不满,主要是反对完全取消"单一中学",所提观点不无道理。然而该建议未被采纳,壬戌学制保留了独立设置的职业学校,却取消了单一性质的普通中学。名义上是强调了职业教育,然而结果却大相径庭。高中设立的职业科被同化为以学生升学为目的的普通科;各种职业学校迫于经费不足、师资设施不够等纷纷关闭或停办,转而改办普通中学,至 1931 年全国仅剩职业学校149 所。历史实践证明,壬戌学制不适应我国社会现实的需要。舒新城认为,壬戌学制是工商业社会的产物,如班级授课制注重整批生产且集中于都市是适应工业社会需求的,而不太适应数千年来以农业经济为基础的中国。

---

① 中央教育科学研究所编:《陶行知教育文选》,教育科学出版社 1981 年版,第 18 页。
② 余家菊:《进一步讨论学制》,《教育杂志》(学制课程研究专号),1922:1—3。

社会组织、政治制度,无不以此小农的经济秩序为背景。小农社会的人民,以"家给人足"为公共的生活理想。故民族精神好静而恶动,好和平恶战争。经济思想以均富于社会为原则,政治思想以垂拱而治为本位,而一切行为标准,均以维持家族发达为目的。数千年来的教育制度,在形式上虽有种种变化,但其精神则一以人本主义为主。所谓人本主义,即重内心的修养,不为技巧的竞争;重文化的陶冶,不屑于物质享用之追逐。……故在学校制度上,既以小农社会的组织根据,听人民自由经营;教育事业,任其将学校散布乡村,便农民子弟自由入学,政府惟从旁督率之。①

舒新城对我国基于小农经济所形成的国情民性分析得十分深刻,这一潜在的民族文化根底对教育的影响是不容忽视的,但学制制定者不曾有"精详的考虑",因此背离文化因素、社会环境和历史背景的壬戌学制,在实践中弊端百出也在情理之中。壬戌学制采纳单轨制而取缔双轨制,曾被认可为打破阶级而体现民主,然而在修正学制期间这一优势也遭到学者的质疑。姜琦指出,不管是德国的双轨制,还是美国的单轨制,阶级依然存在,只是换了一个名目而已。

中国现行的学制是效仿美国的,虽然不从从前德国的学制是注重政治上的阶级,分做贵族与平民——贵与贱——两途,在小学时期,使贵族的子弟入预备学校,平民的子弟入平民学校;然而仍旧蹈美国的覆辙,是注重经济上的阶级,分作有产阶级与无产阶级——富与贵——两途,在中学时期,使富家的子弟入所谓"普通科"或"升学科",贫家的子弟入所谓"职业科"。②

姜琦戳穿了依靠学制来取消社会阶级的美丽谎言。从他所言中可以

---

① 舒新城:《学制改革案》,收录于中华民国大学院编《全国教育会议报告:乙编》,北京:商务印书馆 1928 年版,第 117 页。
② 姜琦:《整理学制系统案》,收录于中华民国大学院编《全国教育会议报告:乙编》,北京:商务印书馆 1928 年版,第 103 页。

肯定的是，不管是双轨制还是单轨制，职业教育都没有改变其卑微的地位，无论是政治地位还是经济地位。壬戌学制实行分科选科制度，其初衷也是为了发展学生兴趣、满足个性需求，然而由于教育实践中学生选科的盲目性和随意性，这一制度往往是名存实亡的。国联教育考察团对此提出批评："高级中学分科太多，亦成疑问。盖此种学校学生及专科教师既为数不多，设备亦甚简陋，分为各科，实最不经济"，"许多学校中此种分科办法仅虚有其名，盖大多数学校对于切实的职业教育所需要之教师及设备尚付缺如也"。[①] 国民政府教育部也承认这一不足，在中学阶段实行中学、师范、职业学校合并制度，混杂了升学、任教、谋生三种目的，使得学校无所适从，三类教育均得不到充分发展。[②] 总之，壬戌学制借鉴美国单轨制，所提倡的教育职业化因水土不服演化为职业教育普通化，于是民间社会与国民政府都不约而同地选择回归双轨制作为拯救职业教育的"良方"。

（二）国民政府回归双轨制对职业教育课程的制度设计

20世纪30年代民间社会再次研究、讨论职业教育是在国民政府积极推动下进行的，表现为以孙中山提出的三民主义为基本纲领。1931年，以提倡职业教育为内容共有四场规模盛大的全国性讨论。第一场是《教育与职业》杂志率先在国内讨论中等教育改革问题；第二场是以蔡元培为首发表的倡导职业教育的宣言；第三场是《中华教育界》发起的关于中华民族出路和中国教育出路问题的大讨论；第四场是中华职业教育社承办、国民政府教育部支持召开的第9次全国职业教育讨论会。[③] 除此之外，还有国联教育考察团经过充分调研所形成的《中国教育之改进》报告，这些讨论成果直接或间接表达了回归双轨制，增设职业学校的必要性，影响了国民政府建立一个完整的职业教育法规体系，左右了20世纪30—40年代职业教育的发展。

---

① 国联教育考察团：《中国教育之改进》，南京：国立编译馆1932年版，第67、112页。
② 中国教育学会：《职业教育研究》，台北：正中书局1971年版，第15页。
③ 刘桂林：《中国近代职业教育思想研究》，高等教育出版社1997年版，第206页。

1. 重提教育宗旨,基于三民主义提倡职业教育

自 1922 年颁布壬戌学制取消教育宗旨,至 1928 年明确"三民主义"教育宗旨,无宗旨的教育制度存在数年。1928 年中华民国大学院重新组建全国教育会并召开第一次会议,宣告代表民间教育力量的全国教育会联合会的解体。回归教育宗旨,也意味领导全国教育改革的主导权回归政府。受教育部领导的全国教育会以国家利益为首位,第一次会议通过的《中华民国教育宗旨说明书》将"教育宗旨"视为"确立国家生存的基础、筑成国民文化向上的轨道",而将无宗旨的教育贬低为"无教育",表面上并未尽指全国教育会联合会宣扬教育本义的学制改革,实质上则表达了完全不同的教育立场——"教育必须适应政治方面的要求,而政治必须仰仗教育方面的传播"。[①]

三民主义是孙中山倡导的民主革命纲领,包括民族、民权、民生。国民政府为解决尖锐的民生问题,进行大规模的经济建设,自然重视职业教育。在政府的推动下,从民生主义角度出发,重新提倡职业教育的呼声日益高涨。杨鄂联比沈星若更早发表了这方面的观点[②],"民生主义包含职业教育,而职业教育者,为达民生主义之一种方法,亦一种工具也"[③],他又进一步解释职业教育作为实现民生主义的途径的原因,"今群知国内最重大问题为民生,然民生问题如何解决,民生主义如何发皇? 则有赖于教育,盖教育之使命,原以适应时代潮流与社会需要为原则,则居今日而言教育,舍民生末由矣。职业教育者,推演民生主义之教育,亦即民生主义发展必由之途径也"[④]。沈星若则以民生问题将职业教育与民主革命联系起来,在《民生革命与职业教育》一文中提出,职业教育是解决民生问题的必要途径,而

[①] 三民主义教育组编:《中华民国教育宗旨说明书》,收录于中华民国大学院编《全国教育会议报告:乙编》,北京:商务印书馆 1928 年版,第 1—4 页。
[②] 刘桂林在《中国近代职业教育思想研究》一书中认为,从民生主义角度出发,比较早地重新提倡职业教育的是沈星若,并引用其 1927 年在《教育与职业》第 90 期上发表的《民生革命与职业教育》一文的观点。笔者在搜集史料过程中发现杨鄂联更早发表这方面的观点。
[③] 杨鄂联:《民生主义与职业教育》,《教育与职业》1927(总第 86 期):235。
[④] 杨鄂联:《民国十七年度之中国职业教育》,《教育与职业》1929(总第 107 期):1293。

民生问题的解决是民生革命成功的标志。[①]

国民政府虽表面上倡导民生主义的职业教育，实质上是将职业教育作为物质建设、经济建设的重要工具。为迎合政府的意图，邢知寒从国民政府颁布的"物质建设"对人才、资本、机器的需求角度，主张职业教育应该配合物质建设重点发展工农业职业教育。[②] 黄炎培不主张极端的物质论，但又肯定职业教育解决物质问题的重要性，在职业教育发展问题上，他显得更为谨慎和理性。受早期平民主义思想影响，他更倾向于选用"平民"一词而不是"民生"。他总结新教育的两大特点："一是科学化，一是平民化"，职业教育与两者都密切相关，"一方要用科学来解决职业教育问题，一方要用职业教育来解决平民问题"[③]。

2. 逐步回归双轨制，制定完备的职业学校课程制度

职业教育的大滑坡，让早期支持单轨制的教育家不得不承认完全综合中学并不完全适应我国社会现实的需要。修改壬戌学制、回归单独设立职业学校获得越来越多人的认可，然而是否完全分离普通教育与职业教育，实行双轨教育制度，国民政府举棋不定，主要表现在普通中学是否要开设职业科。1929 年《中学暂行课程标准》中明确规定初中开设职业科目，且必修 5 学分，最高可修 15 学分；1932 年颁布的中学正式课程标准中，取消了初中的职业科目；1936 年修正中学课程标准，职业科目再次出现在初中课程设置中，明确规定初三可开设 4 课时的职业课程，同时要求高中开设职业科目，从高三起设置商业、会计、簿记、统计、应用文书、打字、农艺、园艺、合作社等简易职业科目，还为女生开设家事科目；1940 年重新修正中学课程标准，把职业科目包括在生产劳动训练之中；1948 年修订中学课程标准，要求通过选修课解决职业科目。[④] 十余年间颁布了 5 次中学课程标准，国

---

① 沈星若：《民生革命与职业教育》，《教育与职业》1927（总第 90 期）：411—414。
② 邢知寒：《读者论坛——在"物质建设"上职业教育的趋势》，《教育与职业》1928（总第 93 期）：169—174。
③ 黄炎培：《我来整理整理职业教育的理论与方法》，收录于《黄炎培文集》第二卷，中国文史出版社1994 年版，第 449—452 页。
④ 参见吕达《1922 年新学制后普通中学课程发展史略》及相关政策文本。

民政府似乎始终没有处理好职业科在普通中学课程中的地位,虽然依然保留,但是职业科的地位逐步边缘化是不争的事实。这一趋势也说明国民政府更倾向于普通中学与职业学校双轨发展的道路。

国民政府重视职业学校发展是不容置疑的。首先,修正学制,进一步明确职业学校的独立地位。相较于1922年颁行的《学校系统改革案》,1928年通过的《整理中华民国学校系统案》调整了如下几个方面:一是明确规定职业学校单独设立,保留普通中学开设职业科。1928年学制说明第9条"初级中学施行普通教育。但得地方需要,兼设各种职业科",第10条"高初级中学,得分普通科,及农、工、商、家事,师范等职业科。但酌量地方情形,得单设普通科。农工商师范等科,得单独设立为高级职业中学,修业年限,以三年为原则"。国民政府要求高级职业中学单独设立,表达了提倡职业教育的政治决心,虽没有明确普通教育与职业教育分而设之,如保留初级中学开设职业科,但是要求高中阶段单设普通科、职业科,可视为渐进式地取消单轨、回归双轨的一个重要标志。二是取消了地方根据实情设置职业学校年限及程度的权利。1922年学制说明第15条"职业学校之期限及程度,得酌量各地方实际需要情形定之",至1928年取消了这条,规限地方办学是国民政府集权化管理思想的具体表现。三是规定高中阶段开始酌行选修制。1922年学制从初中阶段开始采用选科制,而1928年调整为从"中学校初级三年以上"开始,这是对教育实践问题的修正。四是扩大开设职业师资科的学校范围。1922年学制仅局限于高中阶段,1928年修正学制则明确提出"为推广职业教育计,得于相当学校内附设职业师资科"。

其次,国民政府颁布推动职业教育发展的第536号令。1931年4月2日,教育部针对普通学校不注重职业教育、职业学校不注重工作实习等问题,提出了六项改进措施:① 各省及行政院直辖市所设之普通中学过多、职业学校过少者,应暂不添办高中普通科及初中;② 各省市(直辖市)应酌量情形,添办高初级农工科职业学校;③ 各县立中学应逐渐改组职业学校或乡村师范学校;④ 各普通中学应一律添设职业科目或附设职业科;⑤ 各职业学校或中学附设职业科应宽筹经费、充实设备,切实养成学生之劳动习惯及生产技能;⑥ 各县市及私人呈请设立普通中学者,应分别督促或劝令改办农工等科职业学校。六条具体措施有四条是针对普通中学的,通过停办、改组、增设等方式加大现有中学实施职业教育的力度,扭转教学实践偏重普通教育的片面之风;同时要求各地增设职业学校、增加经费投入、提高学生劳动生产技能等,通过政策引导推动职业教育发展,改变实践中职业学校普通化的不良现象。

再次,国民政府陆续颁布一系列法令法规,要求形成完备的职业学校课程制度体系。国民政府于1928年戊辰学制中明确职业学校的独立地位后,随即组织研制职业学校法律法规,于1933年3月出台了《职业学校法》。这是我国历史上第一部由国家正式颁行的职业教育法律,成为我国职业教育发展史上的重要里程碑。同年8月1日,教育部根据《职业学校法》第16条规定,研制并颁布了《职业学校规程》,共分13章96条,对职业学校的基本定位、办学要求、课程设置、教师聘任、经费管理等方面提出了详尽的要求。在课程方面,一是对初级职业学校和高级职业学校按照农、工、商、家事及其他五类分别列举了各类别具体划分的科目,且规定职业学校的课程设置需要经过教育行政机构核准;二是对学生实习的方式、实践、场所等提出具体要求,如采取个别实习、分组实习、共同实习,并要求职业学校各科教学应采用先实习后讲授的原则等;三是规定训育内容,分别对初级和高级职业学校提出相应目标;四是对学生学习考核偏重过程性评价,特别重视实习、操行、体育,明确提出不合格者不予毕业的要求。两年后,教育部又对该规程进行了修订,于1935年6月28日发布第8860号部令,公布《修正职业学校规程》对相关条例进行删减、归并、调整、完善并增加至98条。《职业学校规程》及《修正职业学校规程》都说明了教育部另行制订职业学校教学科目及课程标准,这是教育部统一管理职业学校课程、统一要求学生学习程度的重要抓手。之后,教育部第10468号令公布《职业学校各科教学科目及时数概要》,刊印职业学校各科课程表、教材大纲、设备概要汇编。大概因职业门类繁多,在职业学校课程标准方面,相关工作进展缓慢。

3. 立足生产教育,调整职业学校课程结构

国民政府提倡职业教育是有明确的政治意图的。在三民主义的光环下,职业教育成为政府解决社会生产落后、人民生计枯窘问题的重要工具,在一系列职业教育政策文本中,这一政治意图十分明显。《职业学校法》对职业学校人才培养目标的基本定位是"培养青年生活之知识与生产之技能",《修正职业学校规程》则将职业学校更具体化为"实施生产教育之场所",显然立足生产教育是政府对职业学校教育的基本定位。而同时期中华职业教育社对职业教育的定义是"用教育方法,使人人依其个性,获得生活的供给和乐趣,同时尽其对群之义务",其目的为"一、谋个性之发展;二、为个人谋生之准备;三、为个人服务社会之准备;四、为国家及世界增进生产力之准备"。可见,中华职业教育社将对个性的关注、对人的发展置于首位,虽然他们不反对生产教育,但是该如何理解生产教育则是他们所关注的。1934 年在《中华职业教育社宣言》中写道:"迩者国内生产教育之呼声,洋洋盈耳,而于生产教育之界说,则迄未有明确之规定。就表面以观,似职业教育与生产教育,内容一致,形式无殊矣。然若论其范围,则生产教育似又较职业教育为稍狭。究竟涵义何若,界划何若,应有极精确之辨明。此为教育理论所关,希望吾教育界同人,能予以深切之注意。"①

相较于全国教育会联合会会同中华职业教育社所设计的职业学校课程结构,国民政府大幅度调整职业学校课程类别及比例,这在《修正职业学校规程》中有详细说明。一是在课程类别上划分为职业学科、普通学科和实习三类。相较于壬戌学制职业学校课程类别,将实习从职业学科中单列为一类,并取消职业基本学科。二是在课时比例上加大实习分量,从不低于职业学科一半课时提升至占总学时的 50%。三是规定了职业学校教学时数。一周教学为 40—48 小时,若按每周 6 天计算的话,即每天教学时数为 8 小时左右。在《职业学校各科教学科目及时数概要》中具体规定了初、高级职业学校农、工、商、家事专业类别的课程设置,其思路与

---

① 《中华职业教育社宣言》,收录于《黄炎培教育文集》第三卷,中国文史出版社 1994 年版,第 216 页。

清末民初学制对职业学校课程门类的设计十分相似,全国教育会联合会刊印的《新学制职业科课程标准》似乎没有影响国民政府的大踏步回归。因此,原有课程设置的一些问题再次出现,如普通学科包括公民、国文、算学、理化、图画、体育等,作为各类专业的通习科目无法顾及各类专业的特点及需要。就职业学科而言,同一专业在初级职业学校、高级职业学校都开设,如蚕桑科、森林科、丝织科、缝纫科等,对于课程内容如何区分并未做出清晰解释。

表 4-10　教育部关于各级各类职业学校课程设置

学校	类别		课程比例
初级职业学校	农	普通农作科	普通学科 23%、农业学科 26%、农业实习 51%
		蚕桑科 *	普通学科 25%、蚕桑学科 25%、蚕桑实习 50%
		森林科 *	普通学科 23%、森林学科 30%、森林实习 47%
		畜牧科 *	普通学科 23%、畜牧学科 30%、畜牧实习 47%
		园艺科 *	普通学科 23%、园艺学科 26%、园艺实习 51%
		农产制造科	普通学科 25%、农产制造学科 25%、农产制造实习 50%
	工	藤柳竹工作	普通学科 19%、藤柳竹工学科 17%、藤柳竹工实习 64%
		编造科	普通学科 22%、编造学科 26%、编造实习 52%
		木工科	普通学科 19%、木工学科 21%、木工实习 60%
		板金工科	普通学科 21%、板金工学科 21%、板金工实习 58%
		油漆工科	普通学科 25%、油漆工学科 20%、油漆工实习 55%
		皮革工作	普通学科 22%、皮革工学科 23%、皮革工实习 55%
		电镀科	普通学科 21%、电镀科学科 25%、电镀科实习 54%
		简易机械工科	普通学科 25%、机械学科 25%、机械实习 50%
		简易电机科	普通学科 25%、电机学科 25%、电机实习 50%
		电料装置及修理科	普通学科 23%、电料装置及修理学科 17%、电料装置及修理实习 60%
		钟表修理科	普通学科 21%、钟表修理学科 16%、钟表修理实习 63%

学校	类别		课程比例
初级职业学校	工	汽车驾驶或修理科	普通学科16％、汽车驾驶或修理学科21％、汽车驾驶或修理实习63％
		摄影科	普通学科18％、摄影学科21％、摄影实习61％
		印刷科	普通学科24％、印刷学科21％、印刷实习55％
		制图科	普通学科19％、制图学科21％、制图实习60％
		漂染科 *	普通学科24％、染织学科21％、染织实习55％
		丝织科 *	普通学科21％、丝织学科21％、丝织实习58％
		棉织科 *	普通学科21％、棉织学科21％、棉织实习58％
		毛织科 *	普通学科21％、毛织学科21％、毛织实习58％
		陶瓷科	普通学科25％、陶瓷学科25％、陶瓷实习50％
		简易化学工业科	普通学科21％、简易化学工业学科25％、简易化学工业实习54％
	商	普通商业科	普通学科33％、普通商业学科38％、普通商业实习29％
		簿记科	普通学科24％、簿记学36％、簿记实习40％
		打字科	普通学科22％、打字法15％、打字实习63％
	家事	普通家事科 *	普通学科25％、烹饪洗涤学科31％、烹饪洗涤实习44％
		缝纫科 *	普通学科21％、缝纫工作法19％、缝纫实习60％
		刺绣科 *	普通学科26％、刺绣工作法17％、刺绣实习57％
		理发科	普通学科18％、理发工作法14％、理发实习68％
		育婴科	普通学科23％、育婴学科36％、育婴实习41％
高级职业学校	农	农艺科	普通学科16％、农艺学科31％、农艺实习53％
		水产科	普通学科15％、水产学科36％、水产实习49％
		农村合作科	普通学科12％、农村合作社有关系之学科37％、农村合作社实习51％
	工	机械科	普通学科21％、机械学科29％、机械实习50％
		电机科	普通学科21％、电机学科29％、电机实习50％
		应用化学科	普通学科15％、应用化学学科33％、应用化学实习52％

续表

学校	类别		课程比例
高级职业学校	工	土木科	普通学科 26%、土木学科 34%、土木实习 40%
		建筑科	普通学科 26%、建筑学科 34%、建筑实习 40%
		测量科	普通学科 26%、测量学科 34%、测量实习 40%
		雕塑科	普通学科 21%、雕塑学科 29%、雕塑实习 50%
	商	银行簿记科	普通学科 20%、银行簿记学科 36%、银行簿记实习 44%
		会计科	普通学科 22%、会计学科 35%、会计实习 43%
		保险科	普通学科 22%、保险学科 39%、保险业实习 39%
		汇兑科	普通学科 22%、汇兑学科 35%、汇兑业实习 43%
		文书科	普通学科 23%、打字速记法及文书学科 26%、打字速记及文书实习 51%
		商业广告科	普通学科 22%、广告学科 35%、广告实习 43%
		运输科	普通学科 20%、运输学科 40%、运输实习 40%
	家事	看护科	普通学科 18%、看护学科 43%、看护实习 39%
		助产科	普通学科 18%、助产学科 43%、助产实习 39%

注:＊表示高级职业学校也开设,由于各类课程占比相似,故在高级职业学校一栏中省略。

从上表可见,各级各类职业学校课程设置基本遵循了《修正学校规程》的相关要求,即"以职业学科占百分之三十,普通学科占百分之二十,实习占百分之五十为原则,但商业等科得酌减实习时间"①。国民政府对职业学校课程结构的调整,显著表现在加大实习比例,这样的调整是否合适呢?是否意味着立足生产教育的职业学校课程以学生技能训练为主? 针对实践中已出现的工厂化、艺徒化实习现象,教育理论界引发了一场"关于职业

① 教育部编:《教育法令汇编》第一辑,北京:商务印书馆 1936 年版,第 232 页。

学校是否可以趋重工厂化与艺徒化"的争论。[①] 王达三反对机械式的操练，提倡生产劳动要与身体修养结合起来；石义亨反对空谈理论的书生教育，赞同工厂化、艺徒化的职业教育能够使人适应职业的需要、社会的需要。可见，正方与反方并非绝对的冲突，只是对于工艺化、艺徒化的理解各异，然皆因职业学校加大实习教育比例而起，问题的本质则在于应该实施怎样的实习教育，如何实施实习教育，实习教育应到什么程度。解决这些问题，都关系到职业教育的根本目的。

五、实践领域：职业教育课程的本土化实践——以中华职业教育社教育实验为例

20世纪上半叶，我国教育从引用西方教育理论与方法来进行教育实验逐步发展为将西方的教育原理与方法和中国的实际结合起来进行教育实验，走上了探索中国教育发展的道路。[②] 职业教育实验是由中华职业教育社率先组织实施的，"它（中华职业教育社）总想自己先立一个榜样，开一些风气，让政府大量推行"[③]，事实上，该社也成为引领中国职业教育发展的司令部。[④] 成立初期，中华职业教育社从解决社会生计问题出发，提出了发展职业教育的三种途径：推广职业教育、改良职业教育和改良普通教育。按照这一思路，中华职业教育社先后创办了中华职业学校、中华职业补习学校和比乐中学，前两种属于职业教育范畴，以达到推广、改良的目的；第三种属于普通教育范畴，在普通中学设置具有职业教育性质的课程，如职业指导、职业训练等，以提高学生生活及生计能力。职业教育课程在三类学校教育中的定位与功能是各不相同的，各校具体的课程实践不仅反映了教

---

① 《教育与职业》第169期、172期、175期分别刊登了王达三《职业学校可以趋重工厂化与艺徒化吗?》、石义亨《读罢'职业学校可以趋重工厂化与艺徒化吗?'以后》以及王达三《再论职业学校可以趋重工厂化与艺徒化吗?》等文章，编者提到，"职业学校工厂化，为办理职业教育常有的一种主张"，教育理论界对这一现象进行了争论。

② 熊明安、周洪宇：《中国近现代教育实验史》，山东教育出版社2001年版。

③ 《中华职业教育社：奋斗三十二年发见的新生命》，收录于《黄炎培教育文集》第四卷，中国文史出版社1995年版，第230页。

④ 黄嘉树：《中华职业教育社史稿》，陕西人民教育出版社1987年版，第44页。

育家所秉持的职业教育课程思想,也验证了职业教育课程制度的适切性。

相较而言,中华职业学校是中华职业教育社办学的重点,自1918年在上海创办以来,"先后曾开办工科(分铁工、木工、珐琅工、钮扣工)、留法勤工俭学预备科、职业教员养成科、职业师范科、文书科等。至九年(1920年,笔者注)八月,添设商科;旋又合并铁工木工两科而扩充之为机械科;至十九年(1930年,笔者注)八月,又添设木工科:此即本校今日所设之三科也(商科、机械科、木工科,笔者注)"[①]。1938年受抗日战争影响,中华职业学校搬迁至重庆,仍然按照三科设置课程,且延续至1948年。机械科是中华职业学校创办最早、历时最长的一门专业,其课程演变是中华民国时期职业学校课程本土化实践的真实写照。

按纵横两条路径探索中华职业教育社开展的职业教育课程实践,横向研究职业教育课程在三类学校中的不同表现,纵向研究具有代表性的机械科课程演变,以展现职业教育实验期课程实践的轨迹。

(一)职业教育课程在三类学校中的不同表现

中华职业教育社在成立之初就主张"一方推广职业学校、职业补习学校,一方于高等小学、中学分设职业科"[②],这一思想被纳入壬戌学制,成为学制改革最大的亮点,职业科与普通科成为两大课程在学校体系中分庭抗礼。就职业教育课程而言,由于不同类型学校培养目标的差异,其课程选择与设置所遵循的标准或原则也会不同。

1. 职业学校课程的选择与设置

中华职业学校是中华职业教育社于1918年创办的第一所全日制职业中学,作为开展职业教育的试验机关,黄炎培总结了三条办学经验:第一点,须实地去做;第二点,须先试验有效;第三点,须深入这项职业的环境。[③]

---

① 《中华职业学校概况》,《教育与职业》1934(总156期):309。
② 《中华职业教育社宣言书》,收录于《黄炎培教育文集》(第二卷),中国文史出版社1994年版,第180页。
③ 黄炎培:《怎样办职业教育——敬告创办和改办职业教育机关者》,收录于《黄炎培教育文集》第三卷,中国文史出版社1994年版,第140—147页。

"实地做"是由职业教育目的决定的,教人以实际应用的本领必须依靠切切实实的"做";"先试验"是讲求科学精神的重要体现,无论是课程选择还是教学方法,都需要在实验过程中调整、改善并推广;"深入职业环境"是从职业的角度对教育提出要求,课程要满足社会职业的需要,要使人养成适应职业环境的习惯。上述三条,成为中华职业学校进行课程选择与设置时所遵循的重要原则。

(1)如何选择课程。

根据泰勒原理,课程选择是根据特定的教育价值观及相应的课程目标,从学科知识、当代生活经验或学习者的经验中选择课程要素的过程。中华职业教育社创办中华职业学校过程中,课程选择是首要解决的问题,具体表现在两个方面:一是开设哪些专业;二是某一专业开设哪些科目。

借鉴工业发达国家经验,办职业教育需要深入职业环境,职业学校开设哪些专业往往要看在哪里办学。中华职业教育社首选上海进行试验,理由是"先进世界各国、各地工艺之进步,实业之发达,恒视职工程度之高下为比例。上海为通商大埠,工厂林立,实业机关需材孔亟,苟无相当学校为之特别训练,恐难得适宜之人才,即实业亦未易有发达之希望。故特设此职业学校于上海"[①]。社会实业与职业学校息息相关,实业发展需要职业学校提供人才保障,从这个意义上说职业学校需要紧跟社会实业的发展需求。那么,该如何实现呢? 科学调查是第一步,需要运用合理的方法调查社会职业。黄炎培指出,"若夫调查之为事,第一须认定目的,第二乃研究方法。如为欲设职业学校而先调查社会之需要,以便于各科中定设某科,或于某科中定设某种。则其方法,或调查该地方工价物价之涨落与历年增减之比较,或就学校调查其学生父兄职业之种类,以验其多数之属于何种。"[②]社员调查上海周边地区 6 所小学 936 位学生的父兄职业种类以及附近居民所从事的职业种类,总计 187 种,其中铁工最多、木工次之,因此铁

---

①② 唐威:《中华职业学校校史(1918—2013)》,上海社会科学院出版社 2013 年版,第 8 页。

工科和木工科成为中华职业学校最早开设的两门专业。

除了调查社会职业以满足其所需,中华职业学校设置的专业还依靠科学研究以引领社会职业发展。黄炎培在编纂《中国商战失败史》过程中,分析近四十年海关贸易的统计数据时发现,钮扣和珐琅两种商品进口数量每年骤增。社员认为这两样商品在国内不难生产,为了抵制外来品,引导国货制造的发展,在中华职业学校增设了珐琅科和钮扣科,学校培养的专门人才促进了相关工厂发展,"上海这类工厂数大增,大都有职校毕业生参加在内"①,有效地抵制进口商品并刺激国内同类商品生产,迅速带动该行业的发展。

确定了专业,紧跟的问题就是选择哪些科目,这主要取决于办学宗旨以及专业培养目标。学校筹办初期,社员们围绕"职业教育究竟该怎么办,要办哪一种职业教育"等问题展开讨论。社会问题、教育弊端是促动社员们创办职业学校的首要因素。针对读书人只想做士大夫、不愿意劳动的状况,他们认为需要对教育进行矫正,"要使动手的读书,读书的动手,把读书和做工两下并起家来。要使人们明了,世界文明是人类手和脑两部分联合产生出来的。作工自养,是人们最高尚、最光明的生活"②。因此,办学者提出了"劳动神圣""双手万能""手脑并用"等作为中华职业学校的办学理念。注重劳动不仅服务于生产经济的需要,也是培养学生全面发展的重要手段。兼顾学生与社会的需求是学校一贯秉持的办学宗旨,"一方面在使无力升学之学生得适切之教育,以为职业之预备;一方面在辅助各种实业,以增进其生产能力为主旨"③。

具体化为培养目标,办学者不仅对职业所需的知识与技能提出要求,更是立足学生全面发展注重道德品性、健康体魄的培养。中华职业学校首任校长顾树森在开学典礼致辞中指出,"学生入此职业学校,不特求职业之

① 黄炎培:《八十年来》,文史资料出版社1982年版,第85页。
② 唐威:《中华职业学校校史(1918—2013)》,上海社会科学院出版社2013年版,第8页。
③ 同上书,第9—10页。

知识技能，又宜注重道德及体育，且须养成耐劳耐苦习惯及创造自动能力以开辟将来新职业为最要"。沈恩孚进一步指出工人道德的重要性，"如果作器物不能力求精美，顾及用者之便利，即可谓之不道德"①。中华职业学校所确立的人才培养"预定目的"有三个方面："（一）培养健全之人格；（二）俾将来得一艺之长，足以自谋生活；（三）俾将来成为善良之公民，足以有益于社会"②。基于此，各科培养目标提出相应要求"机械科专收志愿习工之青年，授以机械电机上必需之知识技能；土木科专收有志于建设事业之青年，授以建筑测量上必需之知识技能；化工科专收有志于化学机械之青年，授以有关与化学机械之实施技能；商科专收有志于商业之青年，授以商业上必需之知识技能。并各陶冶其"善良品性"，培养其健全体格，使其毕业后能获得职业"。③ 可见，专业知识与技能、道德品质、体育锻炼是中华职业学校课程选择的主要方面。

（2）如何设置课程。

课程设置，是指依据一定的培养目标将学校选定的各种课程进行设立和安排，主要包括课程类型和课程门类的设立，以及在各年级的安排顺序和学时分配等。

中华职业学校创办后，先后在工、商等科尝试了3年制、4年二级学制和5年一贯制等学制改革，不同方式是顺应专业性质、培养目标、社会需求、学习规律等各方要求调和后的产物，经过实践检验的多种方案也成为壬戌学制对职业教育多样化设计的主要依据。中华职业学校多元化实践至1931年统一为6年二级制，执行了国民政府颁布的戊辰学制的规定，机械科、土木科、商科均分初、高两级，修业年限各3年。初中课程注重基本技能与知识，高中课程侧重于各科理论、实习与实验。

---

① 谢朴园：《职教社创办中华职业学校初期〈申报〉的几则报道》. http://www. shzhzjs. cn/sh_zhzjs/home/list_page/content. jsp? obj_id=89EDBE90-F236-455D-A0F7-C891505F55D9。
②《中华职业学校概况（1922）》，收录于璩鑫圭、童富勇、张守智《中国近代教育史资料汇编：实业教育·师范教育》，上海教育出版社2007年版，第442页。
③ 卞孝萱：《中华职业教育社怎样办职业教育——介绍几个学校的情况和经验》，《江汉论坛》1981（4）：120。

经过多年实验,该校课程分为三类:职业学科、职业基本学科和非职业学科,这一实践成果也纳入了民国时期的职业教育课程制度。三类课程体现了职业教育特征,并有别于普通学校的课程分类。从名称来看,三类课程都带有"职业"二字,是以与职业的远近关系进行区分的。从课程定位来看,三类课程均直接或间接指向职业需要,是有机的整体。

> 职业学科,亦可称之为直接课程,如机械科之工作法、机构学、原动学、水力学、电工……等,土木可之建筑学、测量学、工程设计……等,商科之商学、簿记、会计、商法、货币汇兑……等,皆为工商科所特有,绝不同于普通学科,故其所选材料,须适应于职业之需要。职业基本学科,亦可称之为间接课程,如国文、英文、数学、社会、自然……等,为从事任何职业者所应具有之基本智识,亦即为发展及改进任何职业之基本工具,故其材料务求与职业科联络而适于应用。非职业学科,如党义、体育、军训……等,为施与公民生活,健康生活、休闲生活等教育之必要知能而设;一方面亦用以调养学生身心,弗使过于倾向职业而有枯草呆滞之弊。[1]

除了课程定位指向职业,课程组织方式也遵循职业能力形成规律。中华职业学校课程实施采用"做学并进"或"先做后学"的原则,先让学生熟悉工作、习惯工作、锻炼纯熟的技艺,再学习书本知识。因此,实习基本安排在前两年进行,并占据总学时50%以上。至第三年,为适应社会工作岗位的专门需要,还设置专门学科,以养成特殊人才。如机械科偏重电工、制度、制造机械、工业经营或普通机械;商科偏重于会计、银行、国际贸易、零售、批发和文书等;土木科偏重铁路工程、市政工程、营造工程或水利工程等。

---

[1]《中华职业学校概况》,《教育与职业》1933(总149期):696。

2. 职业补习学校课程的选择与设置

早期中华职业教育社同仁认为,职业中学是职业教育的基本,而各种补习学校仅是治标之法。通过多年办学实践,他们发现青年工人文化低、技术水平不高、无法适应工作岗位已成为制约生产的主要问题,亟须一种针对性强、学习方式灵活的业余补习教育。1921年,中华职业教育社尝试举办了工商补习夜校,随后又开办了晨校、通问学塾等。相较而言,职业补习学校经费投入少、社会需求迫切,相比职业中学更易举办,因此,至1932年该社决议筹设大规模的职业补习学校。与职业中学相比,职业补习学校主要是对在职工人实施的业余教育,因此对课程内容要求按需施教、学以致用。

(1)如何选择课程。

中华职业教育社将职业补习学校定位于服务当地社会经济生产,"因地制宜""应时设校"是其办学的基本主张。课程内容选择需要因地制宜,一是根据社会环境和生产发展的需要,选择与当地生活最为密切的科目。在选择过程中,该社特别注意供过于求的问题,"甲学科已有人办,而办的成绩还美满,办的容量已合职业界的需求,那就不必再办是项学科,致成叠床架屋,劳而无益"[1]。他们反对为了满足"功过必自我"的心理而做供过于求的事情。学校选科、设科不仅要与地方实际需求内容吻合,还需要符合实际需求程度。二是根据受教育者群体的需要,有针对性地选择他们亟须弥补的知识与技能。据毛仁学先生回忆,在决定设科时,"首先我们到职业指导所去搜集求职业人的统计材料,从中指导什么人才是当地最需要的,什么人员需要学习什么知能。其次在招生时,刊登广告,印发简章,征询广大青年对于设科的意见,将学科教学方式,地点,时间等列表征求意见,至相当时间把它们一一整理出来,何科需设,何科不必要,时间应该怎样安排,地点应该如何分布,便都能得大致决定"[2]。他们除在选择开设哪些科

---

[1] 江恒源、沈光烈:《职业教育》,南京:正中书局1937年版,第91页。
[2] 毛仁学:《记重庆中华职业补习学校片断》,《教育与职业》1937(总第193期)。

目时征求青年学生意见外,还在计划学习内容、方法时注意"因材施教",尽力减少强求一律的弊害,而尽力在可能范围内适应个人的差别选择合适的内容及教法,对有困难的学生还施以个别指导。三是根据职业界合作单位的需要,着重选择该行业需要专门训练的知识与技能。1932年成立的第二中华职业补习学校先后与商务印书馆、中国国货公司、冠生园、世界书局、新华银行、中西药房、五洲药房、美亚织绸厂、江海关、中国保险公司等合作培养青年职工。为满足合作公司的需要,学校课程选择"以各该业之经营,为研索之对象,举凡有关该业之常识、技能及专门学问,縻不及焉"①。另外,每学期教育计划学校都征求合作公司意见,专业教学内容由合作单位提供素材,学校组织编写教材。

课程选择兼顾各方要求,突出针对性、应用性等特点也落实于教材编写中。该社总结了补习学校教材编写的基本原则:选材要扼要而经济;选材要有系统而具体;选材要切合实际应用;选材要适应学者程度;叙述要有技巧而通俗;要有基础的理论,勿要有空泛的议论;要保留学生自动研究的机会;要有学过多少,能应用多少的效力;要处处顾到将来的实际应用,勿限于眼前等等。②

(2)如何设置课程。

在职业补习学校接受教育的学生主要是来自工厂、商店等单位的青年职工,一方面他们亟须弥补文化知识、专业技能以适应岗位需求,另一方面在职人员学习时间零散、不集中,因此学校课程设置首先必须适应受教育者业余学习的特点。多年来职业补习学校形成了灵活多样的组织方法,较好地满足了不同受教育者的学习需求。按授课时间不同,职业补习学校至少有六种:晨校、日校(在日间抽出一二小时为授课时间)、夜校、星期学校、农隙学校、函授与面授结合的学校(如"通问学塾")。受教育者可以根据自己的学习时间选择合适的方式。课程设置兼顾受教育者文化学习与职业

① 《第二中华补习学校概况》,《教育与职业》1934(总第156期):334。
② 郭效仪:《中华职业补习学校及其主要办学经验》,《教育与职业》1987(5):5。

学习的需要，以及职业道德的养成。如中国保险公司员生训练科所开设的课程有：公民常识（包括商业道德、民法浅识、公司法、海运法）、古文、英文、地理（包括本国地理、世界地理）、商业常识（包括商业概论、广告术等）、政治经济、土木工程大要、化学、保险学等。[①] 上述课程既包括保险业的专门知识，也包括一般的文化知识，兼顾了受教育者作为职业人和社会人的双重需求。中华职业教育社始终坚持学校育人功能，不论是课程教学还是专业训练，都关注职业道德教育，这一点职业补习学校与职业学校是一致的。"职业补习学校绝不是知能传习所舍，教育知能外，宜着重于训练。训练之职能，为灌输生活常识，培养服务道德。"[②]职业补习学校课程教材采用工作分析法组织内容。中华职业教育社认为："确定教材内容，需要利用科学方法详细分析各项工作之步骤及有关事项，根据这项工作分析结果以统计方法整理编成各科教育细日及每教育单元的进程，在教材内容上还要注意包括职业道德的内容。"[③]

3. 普通学校职业指导课程的实施

中华职教社实施职业教育的第三种方式是"改良普通教育，以适应职业之准备"，因此在普通学校中实施职业教育课程也是一项重要的实验内容。实验者并没有简单地将职业教育与普通教育对立起来，而是将"职业"作为教育本质属性。"职业教育，以广义言之，凡教育皆含职业之意味。盖教育云者，固授人以学识技能，而使之能生存于世界也。"[④]在这一思想指导下，壬戌学制建构小学职业陶冶、初中职业指导、高中职业分科到专科大学的职业教育课程体系。然而新学制的新规定在很长一段时间内并没有得到执行，普通学校仍单一地以升学为目的，造成大量无法升入高一级学校的毕业生面临严重的生计问题。鉴于此，中华职业教育社决定在普通学校

---

① 卞孝萱：《中华职业教育社怎样办职业教育——介绍几个学校的情况和经验》，《江汉论坛》1981 (4)：123。
② 《第二中华职业补习学校概况》，《教育与职业》1934（总第156期）：334—335。
③ 郭效仪：《中华职业补习学校及其主要办学经验》，《教育与职业》1987(5)：5。
④ 黄炎培：《新大陆之教育》（下编），收录于《黄炎培教育文集》（第二卷），中国文史出版社1994年版，第107页。

中进行职业教育实验，1946 年创办了一所初级中学——比乐中学，一是为了在初中进行职业指导实验，二是为了打开普通中学兼顾升学和就业准备的道路。

（1）为什么要开设职业指导课程。

中华职业教育社在比乐中学开设职业指导课程，其目的就是践行壬戌学制本意的重要实验。他们认为，新学制在初中阶段设置职业指导的良好用意没能在学校实践中真正落实，其主要原因是实践层面没有找到合适的方式以及对这一设计意图没能真正理解，"过去曾采用一种方法，指定若干区域，就这区域的若干初中的三年生，在专家指示下，同时施行职业指导。这种方法虽好，惜不易于普遍推行。后来，距离新学制的创始，一天一天的远了；了解这些意义的，一天一天的少了。我们怕湮没了当时中外专家创设新学制的好意"①。因此，他们解决普通教育的现实问题以及学生内在学习需求两方面，进一步明确在初级中学开设职业指导课程的必要性。

首先，在初级中学开设职业指导课程可以帮助学生依据自己个性选择适合自己的职业方向。黄炎培认为："选择职业，如果能使自己天赋的才能和性格与环境的需要和可能相吻合，就能得到圆满的结果。"②在这一过程中，职业指导发挥着重要作用。这也是壬戌学制在初中阶段设置职业指导课程的用意所在。黄炎培等指出："据世界职业心理专家的测验统计，大多数青年不论男女，到了十四岁或十五岁，天然地会想到将来生活的寄托，就是择业问题。教育在这个时候，就应该用种种方法明示或暗示各种职业的意义价值和从业的准备等等，使得每个青年不要走向和他天性或天才不相近的道路。这就是职业指导。当时新学制的用意，学生标准年龄十三至十五的初中，以普通为原则；十六至十八的高中，以分科为原则。就为是等初

---

① 黄炎培、江恒源、杨卫玉等：《中华职业教育社创设比乐中学意旨书》，收录于《黄炎培教育文集》
　　（第四卷），中国文史出版社 1995 年版，第 111 页。
② 黄炎培：《职业与事业》，收录于《黄炎培教育文集》（第四卷），中国文史出版社 1995 年版，
　　第 100 页。

中受过职业指导以后,可以按照指导,升入分科高中的缘故"[1]。初中阶段开设职业指导课程,是正确引导学生走向职业道路的第一步,能够帮助学生在认识自我过程中做好择业的心理准备,也为高中阶段的职业选择打下良好的基础。

其次,在初级中学开设职业指导课程可以培养学生从业的通用能力,以适应职业环境的需要。在创办比乐中学之前,普通中学主要以升学为目的,较为忽视学生一般生计能力的培养,因此"毕业即失业"的社会问题日趋严峻。为了缓解这一现象,比乐中学将职业指导课程定位于培养学生职业通用能力,"所谓职业,除开专门技术以外,有通常必须备具的几种能力。如果备具了,怕任何职业环境都容易走得进的"[2]。他们一方面在原有课程,如国文、英语中增加与生活及社会实践相关的内容,注重培养学生应用能力;另一方面加设商业、文书、会计、事务管理等职业科目,使学生获得一些职业能力的训练,帮助学生比较顺利地进入职业。

(2) 如何实施职业指导课程。

比乐中学是一所兼顾升学和就业双重目的的中学,在课程设置上打破了普通中学与职业中学的界限,采用综合课程、活动课程等形式对学生实施职业指导,增强他们的实际应用能力。学校选择哪些职业指导内容主要由学校条件、社会需要和学生本身的条件决定。为不增加学生学业负担,一般着重进行与已有学科相关的简易职业训练,"如目前所设的科目中:国文科与书法、应用文;算术科与珠算、簿记;博物科与标本采集制作;化学科与化学工艺;物理科与物理工艺;英语科与英语会话、英语打字"[3]。通过增加与已有学科相关的职业实践,不仅使学生在动手操作中巩固基础知识,也使学生在学习学科知识过程中增进了对职业的了解,学生毕业后无论是升学还是就业都奠定了良好的基础。另外,为了适应不同学生的兴趣爱

---

[1] 黄炎培、江恒源、杨卫玉等:《中华职业教育社创设比乐中学意旨书》,收录于《黄炎培教育文集》第四卷,中国文史出版社 1995 年版,第 110 页。

[2] 同上文,同上书,第 111 页。

[3] 杨善继:《比乐中学实施职业指导与家校合作的检讨》,《教育与职业》1949(总 205—206 期):26。

好,比乐中学还通过设立学生活动小组的方式,使学生选择性地获得职业指导和职业技能训练。学生活动小组有两类:一类是各种职业组,有工艺组、商业组、师范教育组,以及为合作生产而设的劳作工厂;一类是文艺组,有合唱、钢琴、舞蹈、戏剧、美术、木刻等组。①

表 4 - 11　学生职业组活动内容情况表②

组别	学科	选修年级	每周时数
工艺组	标本采集制作	一年级	3
	化学工艺	二年级	3
	物理工艺	三年级	3
商业组	珠算	一年级	2
	簿记	二年级	3
	英文打字	三年级	3
	应用文	三年级	3
师范教育组	教学原理及方法	二、三年级	3
劳作工厂	木工、铁工	一、二、三年级	(无明确规定)

学生根据个人志趣与教师推荐相结合的办法选择一组进行系统学习。化学工艺科学习制造肥皂、糨糊、墨水、碘酒、牙膏、胶布、蜜饯等;物理工艺科学习装置电灯保险丝、变压器、电炉、电铃等;师范教育组学习做小先生,为该校附近不能入学的儿童办义务小学(识字班)。③

(二)中华职业学校机械科课程演变

中华职业学校按照社会需求设置专业,当培养的专门人才满足社会所需时即停办,像这样的专业有珐琅科、钮扣科、留法勤工俭学科、职业教员养成科、职业师范科、文书科等,开办两三届就停止了。与这些应时而设的

---

① 王书田:《解放前上海比乐中学的教育实验》,《中小学管理》1992(6):57。

② 丁毅:《1949 年以前比乐中学的职业指导制度浅析》,《职业教育研究》2013(1):179。

③ 卞孝萱:《中华职业教育社怎样办职业教育——介绍几个学校的情况和经验》,《江汉论坛》1981(4):125。

专业相比,机械科是个例外,该科的历史与校史相同,由创立之初的铁工科发展为机械科,学习年限从 3 年、4 年至 5 年,历经数十年实践探索,逐步形成根据社会需求调整培养目标、改革课程内容的发展之路。追溯中华职业学校机械科课程演变历程,能够更为具体、微观地分析民国时期教育家开展职业教育课程实验的主要经验。

1. 课程目标的演进

培养什么样的人决定着专业设置的定位与目标。中华职业学校初创时,明确了学校人才培养的两个重要指向,"一方面使无力升学之学生,得受适切之教育,以为职业之预备;一方面仍当注意培养德性,养成健全人格,俾将来成为善良之公民"[1]。这一精神充分体现于铁工科的培养目标中:"专为无力升学的学生欲从事于职业者,授以其生产能力,俾将来适于生活为目的。"[2]基于上述目标的铁工科在前七年的课程实践中,基本满足了地方工厂发展的需要。至 1925 年国内经济低迷、工厂经营衰竭,严重影响了铁工科毕业生的就业,然而学校并没有因此停办该专业,而是重新定位人才培养目标来寻求新的发展。

> 同人尝念以中国经济现状,大规模工业之创办,似尚未至时机,而较小之工业,则易于着手。故居今日之工业社会,高等人才,固不可少。而中等之工业人才,尤为需要。姑就江苏而言,实施工业教育之机关,不可谓少。上海之南洋大学、中法通惠学校、吴淞之同济大学,南京之河海工程,及工业专门等校,均以造就高等技师为目的。而养成中等工业人才之学校,则除同济中等机械科外,尚属寥寥。下之如职工,则养成机会,所在而有,以故国内各工厂中,有技师、有职工,而独鲜技士,实则职工长于技能,技师重于计划,各有所偏。而技士则既有技能,又有学识,在工业上关系深切,尤不容忽视。本校既以养成中

---

① 《中华职业学校概况(1922)》,收录于璩鑫圭、童富勇、张守智《中国近代教育史资料汇编:实业教育·师范教育》,上海教育出版社 2007 年版,第 442 页。
② 王红艳:《近代中华职业学校机械科的课程演变及历史启示》,《教育史研究》2012(1):28。

等工业人才为职志,自当以造就技士为目的。①

对比初创时期铁工科的培养目标,可以发现调整后的目标更加明确培养指向,从原先宽泛的"适于生活"聚焦为适应工厂之所需,从原先培养全面的"公民"聚焦为"造就技士"。追求切实实用依然是职业学校的旨归,经历了经济风波之后,在人才培养定位上,学校从讲求生活的实用性浓缩为职业的适用性。这一发展思路在随后的目标调整中愈加明晰。如1929年"机械科课程纲要"的培养目标为"专收十五岁以上毕业高级小学或具有相当学力志愿习工致青年,授以机械电机上必需之知识技能,兼以陶冶其善良品性,培养其生产能力,以养成制图员、普通工厂管理员、原动室管理员、工厂管理员等"。1933年机械科的培养目标为"介于工程师与技手之间、管理工程的中级职工,承上能接受工程师的指示,启下可支配工人的工作"。可见,中华职业学校机械科培养目标定位于中等层次职业人才,一方面符合社会人才等级,另一方面也符合学校培养层次,然而指向职业岗位的人才培养无形中却固化了人才的去向。

2. 课程设置的变化

中华职业学校机械科的课程设置主要经历了两次重大调整,修业年限从最初的3年发展为4年,随后根据培养目标的具体化调整为5年,前2年培养技手、5年一贯培养技士。初创时期实行的是3年一级制,课程内容是:第一学年,公民须知、国文、算学、物理、化学、制图、工作法、童子军、工厂实习;第二学年,取消童子军,增加机械原件学;第三学年,工厂管理法代替物理、化学,其他课程不变。课程设置注重实习,每周48小时,一半时间安排工厂实习。② 1921年,增加一些专业基础课、英文等,学制延长一年。公民须知、国文、数学、物理、英语等文化基础科学时逐年减少,专业基础课课时逐年增加,实习依然占据总学时的50%。

---

① 《职业学校设科之新制度》,《教育与职业》1925(00):486。
② 《上海职业技术教育志》编纂委员会编:《上海职业技术教育志》,上海社会科学院出版社2005年版,第158页。

表 4‑12 1921 年中华职业学校铁工科课程设置①

科目 学年	第一学年		第二学年		第三学年		第四学年	
学科	项目	每周时间	项目	每周时间	项目	每周时间	项目	每周时间
公民须知	公民应具有之常识	1	公民应具有之常识	1	公民应具有之常识	1	公民应具有之常识	1
国文	应用文	4	应用文	2	应用文	2		
数学	职业算学代数	6	代数几何	6	几何三角	4	三角微积初步	5
物理	普通力学、热学、电学	2						
英语	英语	10	英语	8	英语	4	英语	4
图画	几何画	2	投影画机械画	4	机械画印画	4	见取画设计画	4
工作法			铸工、锻工模型、木工	2	工作机械	2		
力学			应用力学	2	应用力学材料强弱学	2		
机械原件						2		
机械设计					初步	2	机械各部设计	2
原动机学					锅炉	2	汽机、抽水机、内燃机	5
电工学							电工学概要	2

---

①《中华职业学校概况（1922）》，收录于璩鑫圭、童富勇、张守智《中国近代教育史资料汇编：实业教育·师范教育》，上海教育出版社 2007 年版，第 445—446 页。

续表

学年\科目	第一学年		第二学年		第三学年		第四学年	
学科	项目	每周时间	项目	每周时间	项目	每周时间	项目	每周时间
工场管理							工业簿记、工业经济、估价	2
工场实习	工场实习	24	工场实习	24	工场实习	24	工场实习	24
总计		48		48		48		48
公民须知在课外教授								

　　1925 年根据重新调整的铁工科培养目标,课程按照 5 年学制进行设置。鉴于招收的高小毕业生不易领悟高深的专业理论知识,以及部分家庭无经济实力持续学习 5 年的学生,学校在课程安排上采用了循序渐进的方法,前 2 年注重实习以获得谋生技能,修业期满可以授予技手资格;后 3 年注重学理与实验,修业期满可以授予技士资格。因此实习实验时间在两个阶段差异显著,前 2 年每周实习时间占 4/5,后 3 年实验时间只占 1/6。

表 4-13　1925 年中华职业学校铁工科课程设置①

学期\时数\学科	第一学年		第二学年		第三学年		第四学年		第五学年	
	上	下	上	下	上	下	上	下	上	下
公民学	1	1	1	1	1	1				
国文	2	2	2	2	4	4	4	4	2	2
外国文	英文 2	英文 2	英文 2	英文 2	英文 6	英文 6	英文 6	英文 6	德语 4	德语 4
数学	职业算学 3	职业算学 3	职业算学 3	算尺用法 3	普通数学 8	普通数学 8	高等数学 10	高等数学 10		

---

① 《职业学校设科之新制度》,《教育与职业》1925(00):489—491。

续表

学期时数／学科	第一学年 上	第一学年 下	第二学年 上	第二学年 下	第三学年 上	第三学年 下	第四学年 上	第四学年 下	第五学年 上	第五学年 下
物理			理化大意2		3	3				
化学					2	2				
制图	2	2	2	2	4	4	6	6	6	6
工作法	大意1	大意1			2	2	2			
机械学				大意2	力学2	力学2	材料2材强2	构造2材强2	设计6	设计6
热力机						大意2	汽锅3	热力2汽机3	汽轮2煤机2	煤机2
水力									2	2
电工								2	4	
发动所										2
发电所										2
制造机大意									4	4
工业经营									2	2
实验					理化3	实验3	机械3	实验3	电机3机械3	电机3
实习	40	40	40	40						
每周共计	51	51	52	52	35	37	38	40	40	35

5年二级的课程设置，是按照"先习后学、先习工作后习工作法"的逻辑顺序组织课程内容，目的是让学生在充分感受工作甘苦、养成良好劳动习惯后，再学习工作原理及方法，理论上遵循了技能型人才成长规律。学生在职业情境中有了切身体验，有助于理解职业知识，理论联系实际，增强实际应用能力。显然，按照该逻辑组织课程内容，知识体系是不合适的，学校所设置的职业学科必须切合职业需要，职业基础学科必须与职业关联并注重实际应用。

六、小结

经历了移植课程到借鉴学制,理想与现实的巨大差距促使越来越多的知识分子反省,这个时代西方思想不再像过去那样被抵制,传统思想也不再像过去那样束缚每个人的心灵。20世纪20—40年代是新旧文化过渡的时代,是经受西方文明的洗礼,现代教育启蒙、奠基以及自由精神充分发展的时期。[①] 随着士大夫逐步退出历史舞台,封建文化对中国知识分子的奴役也日渐式微,以留学生为主体的教育家充分吸收西方大学所提倡的人文主义精神和民主主义、自由主义的价值,他们开始反思中国教育仅仅依照日本模式发展所带来的危险,他们不再偏爱任何一种外国文化,而是对引进事物进行甄别挑选后形成兼收并蓄的教育主张,在解决国内教育问题的改革实践中自觉形成本土化的教育思想。

迅速发展的中国民族资本主义为民间职业教育发展提供了坚实的经济后盾,业已壮大的民间教育力量,在壬戌学制的研制过程中浓墨重彩地书写了重要的一笔。这场由全国教育会联合会掀起的壬戌学制改革运动,代表了全国最广范围内人民的利益,尊重个性发展、确保地方弹性实施等是获得众多肯定的重要方面,而首次采用单轨教育制度也成为最有争议的地方。值得注意的是,课程制度的实践化逻辑显然迥异于课程思想的制度化,倡导单轨教育制度的壬戌学制目的在于突出教育的职业性,然而在实践中演化为关注职业教育的普适性而掩盖了其特殊价值。适得其反的实践效果背离了壬戌学制推广职业教育的初衷,中华职业教育社社员对此大声疾呼"单列职业教育"即对壬戌学制实践价值的否定。在这点上,置之死地而后生的中华职业教育社与重握教育领导权的国民政府达成了一致,然而两者的目的是迥异的。前者是为了保持职业教育发展的独立地位,后者却是试图通过改革学制实现对学校教育的控制。1922年国民政府以大总统令向全国颁布了壬戌学制,标志着学校教育改革重新回到了政府管制模

---

① 杨东平:《艰难的日出——中国现代教育的20世纪》,文汇出版社1993年版,第27页。

式。与清末中央官制有所不同,国民政府从全国教育会联合会夺回教育领导权后,所实施的集中管理模式都冠冕堂皇地增加了"民主"二字。

国民政府于 1928 年通过的《整理中华民国学校系统案》是基于"三民主义"教育宗旨的,然而文本内容是依据时任福建省教育厅厅长程时煃以及孟宪承共同拟定的《整理学校系统案》基础上修正完善的,将原案中学制系统图的"说明"由 28 条缩减为 18 条,仅取消了初中程度的职业学校、单独的师范学校以及特殊学校等,其余则基本保留,连文字上都少有改动。虽然在全国教育会第一次会议上,姜琦、舒新城、陈礼江、王祝晨等人纷纷提交了各自拟定的学制改革方案,然而在国民政府大学院掌控下,这些提案仅被收录于《全国教育会议报告》中,并没有发挥实质性的作用。国民政府明"民主"、暗"集权"还表现在文本的措辞用语上,对学制系统改革总体要求 1928 年以"原则"代替了 1922 年提出的"标准",程时煃认为"称为标准,易与教学目标及行政方针相混",实质上采纳"原则"更符合政府的立场,对地方及学校提出基本要求。

不难看出,教育部对职业学校课程管理的力度不断加强、措施也越加严厉。用制度经济学的理论来解释,这是一种强制性的制度变迁。强制性的制度变迁特点在于政府可以按照自己的意愿和目的选择制度安排的形式、速度和规模。面对国民政府收拢教育统治权力,教育家不得不改变原先的策略。他们放弃了单单通过各种教育社团、媒体进行思想宣传,也不再满足于通过调查实践自觉形成职业教育课程理念,他们积极投身于各种政治活动,参加各种政策制度研制,以推广他们的影响和作用,"本社(中华职业教育社)以后应加入政治活动,以增实力,并与职业社会做实际联络,以期合作"[1]。

这一时期的职业教育课程发展是民间教育团体与国民政府相互较量的结果,是社会工业化发展需要与教育传统内在制约相互作用的结果。新的生产方式、新的社会形态逐步成为推动职业教育课程发展主要的外部动

---

[1] 黄嘉树:《中华职业教育社史稿》,陕西人民教育出版社 1987 年版,第 79 页。

力。教育家接受中西文化教育的双重影响，主张以教育实验的方式践行教育理论和方法，是对自上而下学制改革的有益补充，有利于促使教育思想向更适合中国国情的方向探讨，有利于促使教育制度向更贴近职业教育实践需要的方向发展。

第五章　中国近代职业教育课程发展的历史逻辑

　　考察我国近代职业教育课程发展历史,笔者强烈地感受到两股力量相互较量、交织影响着课程演进。一方来自传统文化衍生下教育传统的强大惯性,规限着职业教育课程的每一步发展;另一方来自社会工业化和早期民族主义的推动,构成职业教育课程发展的原始动力。无论是清末洋务运动和维新时期的新式学堂,还是学制更迭中的实业学堂、实业学校、职业学校,每一段历史时期的课程都是来自内外部因素综合影响下的产物,演绎了复杂的课程发展逻辑。

一、不容忽视的教育传统及影响

　　一定的历史时期有一定的文化传统,也就有一定的教育传统。这种教育传统是受当时的政治、经济以及文化的影响而形成的,同时也是对过去的教育传统的继承和发展。[①] 教育传统按照自身的逻辑形成一种相对独立和稳定的结构,甚至会形成一种严密的封闭系统,具有强大的历史惯性,对职业教育课程发展产生促进或阻碍作用。职业教育是近代工业革命的产物,每一次变革的根本动力在于生产力的发展与生产方式的变革,各国工业化进程有着相似的发展轨迹,然而各国职业教育呈现多样的发展模式,不可否认,不同的教育传统是影响其课程发展的重要因素。

（一）影响我国近代教育传统变革的主要因素

　　研究教育传统常常与变革相联系,看待教育传统又往往基于今天的观

---

① 顾明远:《论教育的传统与变革》,《中国社会科学》1987(4):123—138。

念,因此,谈论教育传统的变革往往包含对传统弊端的否定。然而,今天是过去的延续,教育传统在上一代与下一代之间、上一个历史阶段与下一个历史阶段之间保持某种延续性和同一性,所以变革教育传统不是为了摆脱其制约,而是为了改造其弊端,以适应今天的需要。从教育传统三种表现形成来看,教育思想发挥着基础性作用,变革教育传统首要改革陈腐的传统教育思想。分析我国近代教育传统,需要弄清楚我国近代教育传统是怎样形成的,特别是在思想层面,从历代教育传统中继承了什么,在发展过程中主要受到了哪些因素的影响。

　　1987 年,陈桂生先生撰文总结了我国教育传统的构成,至少包括五种成分:① 自古以来的封建教育与近代以来的半封建教育残余;② 西学东渐后的资产阶级传统教育影响;③ 五四运动以后资产阶级现代教育的余波;④ 从根据地到新中国成立以后苏联教育模式的烙印;⑤ 各革命时期根据地教育的影响。① 同一年,顾明远先生也总结了影响我国教育传统的五大因素:① 几千年来封建社会的传统教育的影响,其中包含着优秀的教育思想和封建主义的教育思想的残余;② 五四运动以来的科学和民主的优秀的教育思想;③ 老解放区干部教育的思想、制度和方法;④ 新中国成立以后学习苏联的教育思想、制度和方法;⑤ 若干年来,特别是近些年来西方教育思想的影响。② 综合两者观点,我国近代教育传统至少接受三方面的重要影响:自古以来我国传统教育(特别是封建教育思想)、西方传统教育以及西方现代教育。在上述多重因素的综合影响下,我国近代教育传统走过了一段曲折的变革之路。

　　1. 我国传统教育:封建教育的钳制

　　我国两千多年封建社会长存之因在于地主制经济形态、皇权专制统治、儒家宗族制文化传统构成中国封闭社会的闭循环系统,儒释道三家杂糅的世俗道德是该系统循环的润滑剂。在封建社会,教育目的主要是培养

---

① 陈桂生:《教育的传统与传统的教育》,《黑龙江高教研究》1987(2):1—6。

② 顾明远:《论教育的传统与变革》,《中国社会科学》1987(4):123—138。

封建统治的官吏，以师徒制形式存在的职业教育并未纳入正规教育的行列。从父子相传到师徒相授，学徒从未摆脱过对师父的依附关系，师父也很难有改变自身社会地位的机会；宗族文化剥夺了师徒的主体意识，人职匹配的社会结构进一步固化了师徒角色，恰如一种自然生态达到周而复始的平衡。① 与传统教育一样，师徒制也是适应封建社会自然经济的需要，两种形式的教育在各自封闭的轨道中循环运转，与封建教育思想相吻合。

受封建教育的思维方式影响，近代职业学校教育的发展并不是师徒制的自然衍生，而是改造传统教育的一种途径。近代职业教育发展是在两个层面同时进行的，第一个层面是职业学校教育的演变，第二个层面是传统手工业的师徒制向工厂师徒制和职业补习教育的演变过程。② 从清末洋务运动、维新运动至民国初期，政府出于富国裕民的目的提倡实业教育、职业教育，是集中在对传统学校教育改造基础上发展起来的职业学校教育，较多关注第一个层面的职业教育发展。而第二个层面基于师徒制发展而来的职业补习教育，直到壬戌学制颁布，才正式纳入学校教育体系。

2. 西方传统教育：制度化教育的封闭

西方传统教育是相对于现代教育而言，酝酿于文艺复兴时期，形成于17、18世纪，流变至19世纪，主要表现有：把近代自然科学和人文科学成果引入课程；以班级授课代替个别教学；教育管理和学校管理制度化；教育普及化；外部考试对学校工作影响越来越大；以赫尔巴特及其学派的教育理论和教学模式最为著名，对实践产生了深远影响。西方传统教育同中国传统教育虽然形式有别，却有相通之处。首先从教育体系的开放程度来看，两者都属于封闭型教育体系。西方制度化教育本身也属于封闭型教育体系，时间上的封闭型表现为向后看的保守性，空间上的封闭型表现为脱离现实生活的狭隘性。③ 其次从教育评价手段来看，选拔性考试成为学校

---

① 夏英：《职业教育师生关系历史演变的社会学分析》，《中国职业技术教育》2014(20)：58—62。
② 楼世洲：《近代工业化进程和职业教育制度嬗变的历史考察》，《教育学报》2007(3)：82—88。
③ 陈桂生：《教育的传统与传统的教育》，《黑龙江高教研究》1987(2)：1—6。

教育的指挥棒。清末我国学习西方教育制度,废科举、兴学校成为与过去教育决裂的重大举措,然而,西方学校教育采取选拔性、竞争性考试的方式深得中国人的认可,也成为科举考试的替代品。再次从教育与社会关系看,学校教育层级划分暗合了社会阶级的需要,相对稳定的课程结构及课程形态也进一步迎合并维护社会权力结构。中西传统教育的阶级实质是一样的,西方传统教育通过外部考试手段以及学校体系构建的双重作用,进一步加剧制度化教育的封闭程度。

3. 西方现代教育:科学、民主教育的冲击

20世纪西欧"新学校"运动与美国"进步教育"运动遥相呼应,形成西方"现代教育派"。代表人物美国教育家杜威在《学校与社会》一书中,首次把赫尔巴特的教育思想及其教学模式称为"传统教育"或"旧教育"。西方现代教育派旗帜鲜明地倡导科学、民主、合作等观念,鼓励儿童的进取精神,注重儿童的个体体验。五四运动后,我国先后引入西方现代教育理念和方法,设计教学法、道尔顿制、活动课程等新方法、新模式纷纷在各级各类学校中开展试验,成为教育改革的一种"风尚"。然而,中国的"新教育"大抵是虚应故事、凑凑热闹而已。一方面是因为与我国内在教育传统精神实质不相符,另一方面倡导科学、民主的西方现代教育也并未真正取代西方传统教育。20世纪30年代后,经过现代教育思想改造的新的传统教育又粉墨登场了。然而不可否认,西方现代教育思想积极改造了我国近代教育思想,对封建教育传统是一次重大冲击。如蔡元培提出的"五育并举"的教育方针,反映了培养人的和谐发展的现代教育思想,是对封建教育狭隘价值观的有力批判。民国时期在科学、民主的口号下,学校教育走进人民大众生活实际,职业教育课程也突破书本知识,构筑起立体化的内容体系。当时,知识分子学习西方现代教育思想,揭示传统教育的弊端,顺应时代发展、社会进步的要求,促进我国近代教育传统不断剔除自身不足,在继承发展中形成新的传统。

(二)我国近代教育传统变革的基本过程

《礼记·学记》论及"君子如欲化民成俗,其必由学乎？是故古之王者,

建国君民,教学为先"。自古以来,我国教育的基本职能始终是为了确保某种特定的社会秩序,不管是培养道德,还是造就人才,教育与国家保持一致,具备国家职能是教育传统不容忽视的重要方面。近代,我国传统教育虽然是受到外力所迫而不得不变革,然而一代又一代的中国人从来没有被所借鉴的外国经验支配过他们的选择。换言之,国人在看待西方教育制度、教育思想时难以撇开我国教育传统的影响,是在传统文化视域下对西方教育的有限认知。法国学者巴蒂斯认为,自 1840 年鸦片战争至洋务运动时期,中国人把外国教育看成纯属专门范围里的新知识的载体;从 1890 年至 1925 年间,中国人采取某种兼具解放及统一作用的外国教育模式;从 1925 年至 1949 年,则是一个折中地对待教育借鉴的时期。[①] 近代中国人逐步认知西方教育的过程,也是变革自身教育传统的过程,大致经历三个阶段。

1. 第一个阶段:传统教育内容解构

自汉代独尊儒术、罢黜百家后,儒家教育处于封建社会教育的正统地位,特别至隋朝实行科举制后,儒家伦理道德成为传统教育的主要内容之一。这种自信主要源于民族的悠久历史,源于国家曾经的繁荣昌盛,中国人把传统教育当成修身、齐家、治国、平天下的重要途径。近代反侵略战争屡屡失败打破中国人的民族自信,林则徐、魏源等一批先进知识分子开始搜集、翻译、出版有关西方政治、技术、教育活动的信息,这种努力使我国传统教育内容开始出现松动,不再局限于四书五经之类的儒家经典。近代我国变革传统教育内容主要有两种方式:第一种是设立专门学校,开设专门课程,如洋务运动时期全盘引入国外课程体系。由外国教师组织的教学完全不同于传统教育,不仅表现在内容上,教学方法、教学安排、管理方式也都迥异于传统教育模式。另一种是在传统学校中增设新的课程内容,主要是外语及各类科学知识等,如在维新时期书院改学堂运动中删减词章、经

---

① 巴蒂斯:《是奴役还是解放? ——记 1840 年以来外国教育实践及制度引入中国的进程》,收录于许美德、巴蒂斯《中外比较教育史》,上海人民出版社 1990 年版,第 2 页。

学,增设翻译、天文、地理、农务、兵事等实用学科。与专门学校不同的是,这种变革方式虽然改变教学内容,但教学方法基本沿用传统的做法,注重诵读、记忆依然是主要的教学方式。这一阶段,随着国人对西学认识的不断拓展,传统教育内容也发生改变,然而中国传统文化的根本地位始终没有动摇。在中体西用的思想下,国人将西方文化置于"为用"的层面,因此即便洋务学堂全盘引入西方教育,也只是传统教育的附庸,严格地说,并没有真正纳入封建教育体制。

2. 第二个阶段:传统教育制度瓦解

随着士大夫对西学内容的深入认识,西方教育制度的先进性和科学性获得越来越多人的认可。1873 年德国传教士花之安(恩斯特·法贝尔博士)出版《德国学校考略》,美国传教士丁韪良受清政府委托考察七国后于1883 年出版《西学考略》,以及甲午战争后大批官员、商人、留学生等考察日本教育制度,渐渐地,人们不再把外国的教育看作是各类知识的简单汇合,也不再认为只有经过实用的选择才能把某些知识引进中国,而是把外国的教育视为一种培养国家需要的大批有知识有思想人才的工具。过去士大夫们往往只看到外国教育的内容,现在则开始明显地重视它的方法、体制及样式。同上一阶段相比,士大夫不再纠结推行西学后是否会造成西化并在政治上受人控制,革新传统教育制度已然成为共识,而选择哪个国家的教育制度、选择哪种教育模式更适合中国,引发士大夫的思考与争论。这一时期,日本的迅速崛起警醒了中国人民,日本与中国文化的相近成为士大夫首选日本模式的重要前提,而日本政治的独裁精神也暗合我国封建社会统治阶级的内在要求。因此,清政府于1902—1904 年间进行的教育体制改革,主要以日本教育制度为蓝本,而旧的教育制度成为阻碍新学的障碍。1905 年清政府宣布废止科举制,竟没有人提出抗议。历时约1300 年的科举制戛然而止,并不意味着实现了新教育制度的脱胎换骨。传统教育制度背后的科第精神作为民族文化的内在基因,悄然遗传给新教育制度。《奏定学堂章程》关于毕业生的奖励办法,赫然将各级学校毕业生与科举各等出身相匹配。"学而优则仕"的观念依然主导毕业生的职业选择,没有因为学校教学内容的改变而改变,也没有因为教育制度的改变而改变。

3. 第三个阶段:传统教育观念革新

不管是传统教育内容的解构,还是传统教育制度的瓦解,在学习借鉴西方教育的过程中,我国教育传统剔除了许多不合时宜的内容与形式,而强调整体观念和国家利益是不容改变的,这也是社会得以统一的精神支柱。这一情形至19世纪20年代大量引入欧美教育思想后发生了变化,我国传统教育观念受到崇尚科学、民主的西方现代教育思想的强烈冲击,在民国教育家的倡导下,我国教育传统跨越观念的羁绊,释放一种解脱的力量。中国文化传统不再像过去那样成为精神重负。民国教育家甚至勇敢地与政治划清界限,以独立的姿态自觉审视中国教育改革之路。在他们看来,教育首先是人的教育,对传统教育的变革应该从官吏教育转向民众教育,从人才选拔转向人格培养,从伦理道德转向全面发展。他们从教育本义出发,探讨什么样的教育适合人的发展,什么样的教育适合中国人的发展。与上一轮教育制度变革不同,这一时期教育家反对单一模式的借鉴,而是通过对引进事物的甄别、挑选并自觉设计适合我国教育的发展之路,如提出的实用主义、工读主义、平民主义、大职业教育主义等教育主张,都是他们借鉴西方现代教育思想以解决我国教育实际问题的思想成果。1920年至1930年间,教育思想及实践的成果异常丰富,教育家不仅提出教育思想,还开展各种教育实验,直到国民政府收回教育权。教育虽然又回归统一的路线,然而经历了传统教育观念变革过程的教育传统,已不可能再回到封建教育的老路上,在个人发展与社会发展的辩证统一中形成新传统。

(三)我国教育传统制约职业教育课程发展的特点及表现

追溯历史,自人类有社会分工就出现具有职业性的教育。教育传统对职业教育的制约是世界各国面临的共同问题,即便今天,德国宣称已迈入工业化4.0时代,职业教育依旧不是社会精英的最佳选择。教育的分化是阶级社会的产物,二元论又为教育思想的分化奠定哲学基础。教育上出现的种种对立往往满足于统治阶级与被统治阶级的对立需求,诸如肉体与精神的对立、劳动与闲暇的对立、实践与理论的对立等,杜威认为"最终表现为职业教育与文化修养的对立"①。

职业学校是近代大工业生产发展的产物,这一时期正是传统人文主义课程向现代化课程转变的过程;这一时期对课程的研究,从选择什么内容拓展至如何组织内容,现代课程论之父博比特于 1918 年、1923 年、1924 年分别出版《课程》《课程编制》《怎样编制课程》,标志课程论的诞生,开启课程开发的科学化运动。职业学校课程发展是站在课程研究新的历史起点上,具有良好的开端。然而脱胎于学徒制的职业教育始终因"阶级的烙印"而得不到重视,"在工业革命这样一场社会大变动前的漫长岁月里,由于奴隶制和农奴制的存在,在受人重视的传统学校课程中,职业教育即使曾经占有一点地位,也只是稀疏的影子而已"②。阶级文化的抵触,也使职业教育课程徘徊于主流课程发展的边缘,在夹缝中寻求自我的生长空间。就世界各国而言,教育传统制约职业教育的现象是普遍的,然而如何制约、在哪些方面制约、制约程度大小等方面各国表现并不同。因此,要深入剖析我国职业教育课程发展问题的历史成因,有必要细致挖掘近代教育传统对其影响的主要特点和具体表现。

1. 主要特点

程亮认为教育传统具备重复性、公共性、潜在性和地方性等特征③,这是根据教育传统基本内涵及性质总结提炼的一般特征。受此启发,笔者纵观近代我国教育传统对职业教育课程发展的影响,归纳为如下几个方面的特点:

---

① 杜威:《民主主义与教育》,王承绪译,人民教育出版社 2001 年版,第 325 页。
② 布鲁巴克:《西方课程的历史发展》(上),收录于瞿葆奎主编《教育学文集·课程与教材》(上册),人民教育出版社 1988 年版,第 74—75 页。
③ 程亮:《论教育传统》,《教育发展研究》2005(12):54—58。

(1) 潜在性。

潜在性是传统的本质属性,一个民族的文化传统也好,一个国家的教育传统也好,通常都渗透于人们的日常教育实践中,无时无刻又潜移默化地影响人们的教育观念、价值取向和行为方式。爬梳近代我国职业教育课程的认识及实践,人们似乎总是在自身教育认知的基础上比照外来教育。最先关注西学的早期改良派是基于"西学中源"的思想介绍西方教育的,认为西方各学科都能从我国上古三代流传下来的教育中找到相似内容。随后,洋务派引入西学,到新学制推行实业教育,是以"中体西用"思想为指导,将西方教育定位于"为用"价值,作为对我国传统教育的有益补充。即便至民国时期,知识分子自觉革新传统观念,推广职业教育课程实施,然而平民百姓并不热衷于这种有悖于传统教育的新形式、新内容,对教育的期待依然锁定在"为官"这条老路上。由此可见,自古以来注重伦理道德培养的教化传统一直深刻影响近代中国人对西方教育的认识、判断和理解,人们无法回避来自教育传统的制约性,并且这种限制通常是不自觉的、无意识的,甚至将符合传统的教育现象视为合法的、可接受的,把不符合传统的教育现象视为不合法的,而遭到拒绝或抵制。教育传统对职业教育课程的影响是潜在的,主要根源在于教育传统已扎根于人们的思想观念,成为较为稳定的意识形态,因此也只有深入至思想观念层面的颠覆或调整,才有可能跳出传统的制约。

(2) 规约性。

近代我国职业教育课程由西学借鉴而来,却处在中国特有的教育传统之中。人们不自觉地将习以为常的教育观念、行为方式迁移至职业教育课程这一新生事物上,使其顺应教育传统的规约而获得身份认同。早期职业教育课程的引入并不顺利,顽固派将其视为技艺之学而遭到贬斥,在他们看来这与我国自古以来所崇尚的礼仪之学是格格不入的。传统是具有排他性的,外来课程免不了受到教育传统的排挤,因此改良派、洋务派等不得不假借传统教育的力量为教育改革举措提供合法性的论证。郑观应认为西学除了西语外,其他各种学科都可以从我国传统学问中找到源头,因而认为西学与中学在很大程度上是相通的。恭亲王奕诉倡导引入天文、算学,认为这两门学科并不属于儒者所不屑的"艺事",他引用《周礼·考工》部分观点提出应该归属于"义理"范畴。一场礼仪之学与技艺之学的争论,虽以顽固派的失败而告终,但反映了教育传统对西学(包括职业教育课程)的强大制约,一直影响职业教育课程的发展,每每遇到来自传统的阻力时,提倡者不得不依靠传统,甚至想方设法纳入传统教育制度,寻求合法性保护。教育传统的规约作用常常是以潜在的方式进行的,特别是在实践领域,清末至民国按照传统教育做法实践职业教育课程比比皆是,黄炎培总结为"取貌遗神"的问题,认为是遗失了实用精神的职业教育徒有虚名。从另一个角度而言,恰恰是教育传统重礼仪轻技艺的观念绑架了职业教育课程实施。

(3) 排斥性/歧视性。

教育传统规约职业教育课程发展,在某种意义上是赋予其合法性而获得认同。反观之,在一定程度上也反映教育传统对职业教育课程的排斥或歧视。首先,我国教育传统崇尚的是以伦理道德为主的官吏教育,而以师徒制形式存在的职业教育是君子所不齿的。因而近代我国职业教育课程发展并不是传承师徒制的自然演化,而是"嫁接"于传统教育发出的"新枝"。由传统造成的错位发展,使得职业教育课程纠缠于中西文化矛盾而"不知所措",洋务学堂也终因无法纳入传统制度而"昙花一现"。其次,推行制度化学校教育后,普通教育与职业教育各成体系的双轨制度,很大程度上确保培养"通才"的普通教育地位,职业教育作为"骈枝"仅处于附属地位。黄炎培梳理1897年至1916年间中国职业教育的发展,认为政府和社会都未真正重视职业教育,其规模不及普通教育的1%。最后,教育传统还深刻影响着职业学校课程的实施。学生习惯于知识学习,而鄙视劳动实习;毕业生热衷于为官、为师,而淡泊于创业。不可否认,传统社会心理对职业教育的歧视很大程度上禁锢了课程的良性发展。

2. 具体表现

杜成宪归纳了我国传统课程的六大特点,分别为:是伦理本位而非知识本位,是文献本位而非学科本位,是"综合课程"而非分科课程,是"学程"而非"教程",是"课"程而非课程,是由教材而课程而非由课程而教材。[①] 在他看来,这些特点之间是相互关联的,伦理本位的社会更强调知识的权威性,更倾向于恪守前辈教训而忽略观念和知识的更新,儒家经典书籍就成为学校固定不变的课程;学校通过课业考试来评价学生的学习成果,显然考试的内容和进度决定了学习的内容和进度,因此实质上科举制使学校教育成为其附庸。可以说,我国传统课程是政治—伦理—教育三位一体传统文化的产物。在这样的传统中,制约职业教育课程发展的具体表现至少有如下几个方面:

(1) 注重伦理道德,轻视实践技术。

中西文化各自演绎下的传统教育都离不开学习经典的文化或宗教。中国以儒家经典为正统,左右了中国社会的价值、规范乃至民间宗教的发展以及它的礼仪,对传统中国人世界观产生了全面影响,以至最后变成专制政权的统治工具,促成个人权威人格的形成,这样的发展不是其他文明可以完全比拟的。[②] 由先秦至宋代,儒家的教学目的观逐步形成进德、修业两大类型以及培养德性知识和治国能力为主旨的内容体系。[③] 应该说,儒家教育思想是博大精深的,然而沦为封建统治阶级的控制利器时,教育目的就狭隘化为从政、为官。科举考试内容的局限及僵化,禁锢了莘莘学子的头脑,他们"两耳不闻窗外事,一心只读圣贤书",不关心社会、不参与生产,并且以"巫医乐师百工之人,君子不耻"的心态鄙视一切技艺性的职业和劳动。可见,这样的教育不是培养发展生产所需的技术人才,而是培养维护封建统治的治术人才;教育内容不再关注启发智慧的科学知识,而是注重修身养性的伦理道德。相应地,我国古代教育中蕴含的诸如自然学科、社会学科以及科技方面的丰富知识也因无法成为学校教育的主流而被逐步边

---

① 杜成宪:《中国传统课程特点刍议》,《河北师范大学学报(教育科学版)》2015,17(1):20—27。
② 李弘祺:《中国传统教育的特色与反省》,《北京大学教育评论》2012(2):120—139。
③ 杨小微、张天宝:《教学论》,人民教育出版社 2007 年版,第 72 页。

缘化。

（2）注重读书记诵，轻视生产劳动。

东西方古代课程基本上属于为学生规定的"学程"，近代转由教师操作则更接近"教程"。[①] 与西方思辨传统注重辩论方式所不同，我国古代教育以学生的学为主，说到底就是读书。朱熹力倡读四书，又明确先后顺序，"先读《大学》，以定期规模；次读《论语》，以立其根本；次读《孟子》，以观其发越；次读《中庸》，以求古人微妙之处"[②]。所谓的"宽著期限，紧著课程"，就是从读书计划安排的角度来谈的。最为著名的朱子读书六法，即循序渐进、熟读精思、虚心涵泳、切己体察、着紧用力、居敬持志，集中概括了注重吟诵、记忆、顿悟的学习策略。读书在我国传统教育观念中有着特殊的地位，特别是当学校教育制度与人才选拔制度紧密结合后，读书的意义更加非凡，所谓"万般皆下品，惟有读书高"，然而将教育圈定于读书这一条途径时，其制约性是显著的。清末民初实施实业教育阶段，人们惯常运用传统教学方法实施课程时，问题特别尖锐。就教师而言，机械地沿用熟读经书的方法教学科学课程；就学生而言，不管什么学科课程，都如熟读四书五经似的，一本接着一本记忆背诵。学生只顾读书，不愿劳动，学校开设的生产实习也往往有名无实。

（3）注重学业考试，轻视人文素养。

我们常常将应试教育的传统归罪于科举制度，其实早在唐代，"课程"二字最初出现就有考核、监督之义。唐代孔颖达为《诗经·小雅·巧言》"奕奕寝庙，君子作之"句注疏"教护课程，必君子监之，乃得依法制之"。有研究者认为，这里的"课"与"程"都包含监督的意思，"课，督促也，就工期而言；程，考核也，就规制、式样而言"[③]。科举制度的实施，进一步深化了这种

---

① 陈桂生：《常用教育概念辨》，华东师范大学出版社 2009 年版，第 90 页。

② 《朱子语录大全》卷十四，转引自杜成宪《中国传统课程特点刍议》，《河北师范大学学报（教育科学版）》2015（1）：24。

③ 章小谦、杜成宪：《中国课程概念从传统到近代的演变》，《华东师范大学学报（教育科学版）》2005（4）：68。

课程概念,如考核士子学业称为"课士",应付科考的学习准备称为"课业",有关课业的进程称为"课程",这些都是基于学业考试的一种狭义的传统概念,所反映的教育传统则表现了较强的功利取向。有学者认为功利取向的中国教育传统主要表现在教育目的中的政治至上、教育内容中的实用至上、德育思想中的以德至用以及教学方法中的重考轻教。[①] 潘光旦则尖锐地指出,功利化教育传统对学校教育造成的巨大伤害,"科举教育无疑的是一种偏枯的教育,注重了举业,遗忘了德业,遗忘了一般做人应有的行为准备……近代的学校教育,既专重知识的灌输以至于职业的训练,无疑的也是偏枯的,注重了知识,遗忘了身心发育的其他方面……两者相较,偏枯的方向虽微有不同,其为偏枯则初无二致。若就职业训练一端而言,则可以说根本没有分别,科举教育和近代学校教育最大的成就还不是同样的替青年谋一个'正途出身'么?"[②] 应该说,传统儒家教育注重人格培育和因材施教,然而随着教育传统中功利化价值取向影响的逐步扩大,人文素养的养成服从于"化民成俗"的社会控制也变得顺理成章。这样的教育对职业教育课程发展显然是不利的,以考代教使得教学模式越来越僵化,功利化取向使得教育目的见"物"不见"人"。

近代我国职业教育课程受制于上述教育传统的束缚而举步维艰,每一次前进都可视为对传统的一次挣脱。黄炎培职业教育思想转变,从强调"人人有业"的生利价值到注重"人人乐业"的人格养成,是突破传统观念束缚的重要体现。

二、职业教育课程发展的三对矛盾

我国近代职业教育课程是在非制度化教育向制度化教育转变的过程中发展的,每一次演变基本上都以学制改革为标志。从癸卯学制到壬戌学

---

① 何旭明、胡弼成:《中国教育传统中的功利取向及其当代影响》,《扬州大学学报(高教研究版)》2005(6):30—33。

② 潘光旦:《说训教合一》,收录于潘乃谷、潘乃和选编《潘光旦选集》(第三卷),光明日报出版社1999年版,第142页。

制,我国先后效仿日本和欧美等国的模式,对职业教育课程来说,每一次改革都是从剖析教育不切实际、不实用问题入手,审视并澄清职业教育本质及课程定位的基础上发展的。近代我国传统教育思想与西方工业化进程中形成的课程思想之间的矛盾,影响职业教育课程观念的演变;来自教育制度的要求与社会生产发展需求之间的矛盾,影响职业教育课程制度的设计;而教育行政统一化管理与学校实践多样化之间的矛盾,影响职业教育课程的实施。可以说上述三对矛盾,构成我国近代职业教育课程发展的复杂环境,不同时期各对矛盾体的不同表现综合影响课程思想、制度及实施的发展。

(一) 中西矛盾

近代,中国社会工业化是在西方资本主义全球扩张运动中被裹挟卷入的,这一进程并不是来自自身农业社会自然演变的结果,我国传统文化遭遇西方文化的冲击,传统教育受到西方教育的影响。中国传统文化和西方现代文化的根本区别在于两者分别为农业社会和工业社会的产物。当两种文化同时作用于中国近代社会时,两者之间的矛盾与冲突阻碍人们对课程变革的理解,人们总是不自觉地带着"传统"的眼光审视西方课程以及职业教育课程,或是本能的排斥,或是生防范之心。正如农业社会进入工业社会确为人类文明发展的一种基本趋势一样,中国职业教育课程虽始于农业文明对传统学校教育内容的拓展与改造,但不可能改变其满足现代工业文明所需的发展趋势。

1. 课程功能:育德与启智

育德与启智是教育目的的两个重要方面,也是课程功能的两个重要维度,中西传统文化在这一问题上做出不同的选择。中国传统社会的最大特征是以伦理为本位,儒学崇尚自我完善道德修养顺应政治需要而一跃成为显学。2000多年的封建社会,虽朝代更迭但没有改变社会本质,久而久之形成"政治—伦理—教育"三位一体的传统文化结构系统。其中,教育被看作特殊的政治,"教育任务对于个体主要不是启智而是育德,对于国家主要不是培养发展生产所需的人才而是维护封建统治的士君子"。① 相较而言,源于希腊的西方文化最初也崇尚美德,然而是从知识的角度去探索美德的。苏格拉底认为"美德即知识",他寻找到"美德"与"智慧"(知识)均是为了"使人有益""成为善",由此推论"美德整个地或部分地是智慧";又因善不是来自本性,所以"无可怀疑地美德是由教育来的"②。崇尚逻辑思维的西方文化传承"爱智慧"的希腊精神,注重知识的形成与发展。至近代斯宾塞提出"什么知识最有价值",标志着科学知识取代人文知识占据核心地位,自然科学、社会科学的快速发展顺应近代社会工业化发展需求。杜威以大职业观统摄教育的全部内涵,将职业教育视为发展智力和修养的重要途径。"职业教育问题所以占有极其重要的位置,是因为它要集中全力解决两个基本问题:是离开人类利用自然的活动最能联系人的智力呢,还是在人类利用自然的活动的范围以内最能联系人的智力呢? 个人的文化修养是在利己的条件下最能获得呢,还是在社会的条件下最能获得呢?"③

　　中西基于不同的课程功能定位形成不同的发展路径。在内容选择上,中国人讲学问,往往偏重人事而忽视物理,多从道德实用观念着眼。因而西学在近代富国强兵的主旋律下虽得以引入,但遭到顽固派的坚决抵制,并将不同于我国人情事理的西方学问贬低为"奇技淫巧"。即便重视西学应用价值的洋务派,也始终没有从本质上区别中西文化的差异,所主张的中体西用思想实质上是在维护封建统治基础上的一种妥协。在路径选择上,古典儒学教育过程遵循"社会→自我"路径,即"自我的社会统一规范化或社会统一规范的个体化的过程模式";而西方人本主义教育过程遵循"自我→社会"路径,"他们重视人的独立自主存在,认为这种存在可以自然地适应丰富的社会性,也就是认为主体从自由意志出发的自我实现能自然地

---

① 张传燧:《中国教学论史纲》,湖南教育出版社 1999 年版,第 34 页。
② 张法琨:《古希腊教育论著选》,人民教育出版社 2007 年版,第 44 页。
③ 杜威:《民主主义与教育》,王承绪译,人民教育出版社 2001 年版,第 339 页。

与社会需要在二歧式思维中得到整合"①。

德与智本是一体的，由德而智，或由智而德，中西方文化基于不同的传统选择不同的路径，理论上是殊途同归地实现人的发展。然而，育德与启智所演绎的教育内容（或课程）发展理路是不同的。在我国近代，这两条相异的发展理路却相互交织、共同影响学校课程以及职业教育课程的演变，使得课程往往表现出某种"似驴非马"的异化特征。如引入西方分科课程思想，将传统经学作为一门课程罗列在课程门类中，虽摆在首位，却异化了经学所具备的综合性教育内容的内在特征。在我国，育德的核心地位是不可动摇的，即便发展至今，立德树人依然是教育的根本任务，然而遵循启智的理路演绎而来的德育课程，容易造成注重知识内容更新，忽视行为方式的改善，其结果有悖于育德初衷。

2. 课程形成：由教材而课程与由课程而教材

杜成宪认为，我国传统课程"是由教材而课程而非课程而教材"②，迥异于西方课程形成的基本路径，这与中西不同的课程功能是密切相关的。中国传统教育以育德为目标，自汉代独尊儒术后，"四书""五经"逐步演化为经学的主要内容。无论是"四书"（《大学》《中庸》《论语》《孟子》），还是"五经"（《诗》《书》《礼》《易》《春秋》），既是中国传统文化的经典之作，也是历朝历代积累下来的政治和道德伦理的经验成果。陈桂生先生认为这种以传授经典著作本身为直接任务的课程，可以称为"文献课程"③。相较而言，西方课程重在启智，关注未知领域的探索及知识的更新，近代经历了课程科学化运动发展而来的西方课程编制理路，形成了由课程到教材的过程：首先根据科学分类划分确定开设的课程，进而开发学科课程标准，然后依据标准编写教材内容。

显然，上述两种路径所遵循的课程理路是不同的，也取决于中西课程

---

① 杨启亮：《评古典儒学的人本主义教育观——兼与西方人本主义教育观比较》，《中国社会科学》1990(4)：156。
② 杜成宪：《中国传统课程特点刍议》，《河北师范大学学报（教育科学版）》2015(1)：25。
③ 陈桂生：《"教育学视界"辨析》，华东师范大学出版社 1997 年版，第 121 页。

观念的不同。虽然"课程"概念至今莫衷一是,但中国人倾向于从教育内容的角度去理解"课程",甚至狭义地将"课程"理解为教材,在一定程度上与古代经典课程的形成过程有关。中西课程形成路径的差异,决定了所展现出的课程样态不同,可以概括为文献课程与学科课程,两者的差异表现为:一是前者注重权威性,后者注重逻辑性。我国传统课程以文献为主,是经历了历史筛选后留存下来的文化遗产,具有权威性和经典性。要求学习者恪守先辈经验教训,有利于传统文化的延续。而学科课程遵从的科学分类思想,追求科学知识的内在逻辑,注重观念及知识的不断更新,有利于社会生产的发展。二是前者体现综合性,后者体现系统性。文献课程与学科课程同为间接经验,但是我国传统课程内容保留了人类社会生活经验的完整性,具有明显的生活和实践导向,强调的是对学习者道德和政治的规训。西方学科课程讲求的是一门学科知识内容的严密性、逻辑性和体系化,是对实践活动的抽象、分离及提炼,强调的是知识的系统性和知识间的结构。

概言之,传统中国人秉持的是权威知识观,以仿古的心态将学问理解为人处世的道德修养,所以学校课程由经典教材所决定;近现代西方人秉持的是科学知识观,以创新的心态将学问理解为发现真理、探索未来的系统知识建构,所以学校课程由学科课程标准所决定。基于上述认识,不难理解秉持传统观念的近代中国人在认识、接受及借鉴西学过程中所产生的思想斗争、实践误区及行为偏离等。在传统教育观念缓慢解构与近代教育观念逐步建构的过程中,作为"舶来品"的职业教育课程必然经历痛苦的挣扎过程。

3. 课程特点:教育与劳动生产分离与结合

自人类有社会分工就出现具有职业性的教育,而阶级社会的出现则将教育划分为两种类型:统治阶级享受"自由教育",被统治阶级接受"职业教育"(甚至不称其为"教育")。前者是脱离劳动生产的教育,后者则是劳动生产中的教育;前者逐步发展为学校教育的形式,后者则以师徒制的方式延续着。在前工业时代,中西方教育分化的状况大致相同。如古希腊"七艺"以及我国古代"六艺"的教育内容是服务于前工业时代贵族的精神和生活需要的,我国封建社会逐步形成的经学教育内容也是远离劳动生产的,服务于伦理道德养成的需要。近代西方工业革命率先扭转这一局面。英、法、德、美等国进入工业社会,经济市场化、政治民主化要求教育要面向人民大众的需求,工商业社会经济及相应的民主、自由、平等价值追求呼唤构建现代教育,因此自由教育需要转型,职业教育开始纳入学校教育体系,这意味着重新将教育与生产劳动有机整合起来。杜威的观点最具代表性,他反对二元论,并否认了两者的对立,"从前的教育名称上不叫职业教育,实际上具有职业的性质"[①],不管是"群众的教育"还是"统治阶级的教育",都是为某一阶级所从事的职业做准备的。同时,职业教育的思想正是来源于实质教育对形式教育的否定,即教育应该传授一种具体的、实用的知识,而不是空洞的形式和概念。[②] 马克思提出教育与生产劳动相结合,是建立在机器大工业生产基础上的现代教育与现代生产劳动的结合,它不仅包括科学知识与生产劳动相结合,也包括生产劳动要创造精神财富。

　　西方近代职业教育是在工业社会发展推动下由师徒制逐步演化而来,在这一过程中,传统教育经过与传统简单劳动生产结合、分离之后,应近代机器大工业发展的要求,再度与近代复杂劳动生产有机结合。因此,职业教育不再是传统意义上的手工劳作教育,而是承担了满足科技发展和人性发展的双重使命。相较而言,近代中国从农业社会走向工业社会并没有经历工业革命,因而教育与生产劳动的再度结合并不具备外在社会的推动力。洋务派最先将英、法等国机器制造连同相应的职业教育一同引入国内,但是传统的教育观念、教育方式、教育手段仍在维持、延续和发展。中西文化错时空的碰撞,使得西化过程中孕育的新文化难以与传统文化相抗衡,职业教育课程正是在传统与反传统的矛盾中,艰难地从思想转化为行动,每一步前行不仅需要打破传统观念的枷锁,还需要等待中国社会的转型。因为缺乏工业社会的外部推动,职业教育是难以在制度化教育中站稳

---

① 杜威:《民主主义与教育》,王承绪译,人民教育出版社 2001 年版,第 330 页。
② 孟景舟:《职业教育基础概念的历史溯源》,天津大学论文,2012 年,第 105 页。

脚跟的。

（二）内外矛盾

近代中国社会经历了包括政治、经济、文化、教育在内的全方位结构变动，"富国裕民"成为这一时代的"最强音"，社会生产发展的新需要成为推动传统教育改革的外部力量。作为特殊的政治手段，服务国家意志是我国教育的内在要求。注重道德性的传统课程，契合了我国传统农业社会、自然经济和伦理社会、集权政治的要求。因而近代借鉴西学所发展而来的功利性课程，一直受到传统文化的制约与排斥。近代我国社会发展的新需求与维护统治阶级利益的国家意志之间的矛盾，使课程在追求功利性与道德性价值时容易失去平衡。然而对职业教育课程是审视，局限于从职业教育内部分析课程不切实际、不实用的原因，忽视来自社会大环境的外部制约因素。

1. 课程发展动力：社会需求与国家意志的偏离

近代中国结束了2000多年的封建社会，被迫走向科技发展道路，封建礼教思想遭遇到西方技术文明的猛烈冲撞。职业教育虽正式纳入国家教育体制，却一直受到传统文化的制约与排斥。清末政府在内忧外患的双重危机下，为了保全自身统治地位，力图通过实业教育来实现"富国裕民"，提出教育宗旨为"忠君、尊孔、尚公、尚武、尚实"。封建礼教思想对人的道德教化始终置于首位，虽然清末政府对中小学堂要求"勖之以实行，课之以实用"，在《奏定实业学堂通则》中明确提出实业学堂以"振兴农工商各项实业，为富国裕民之本计"，但是"尚实"的课程价值追求终因不入传统文化主流而遭到实践者的拒绝。中华民国伊始，教育部公布教育宗旨为"注重道德教育，以实利教育、军国民教育辅之，更以美感教育完成其道德"。可见，民初与清末教育宗旨仍将道德性摆在首要位置。国民党临时政府发布《实业学校令》，将培养目的明确限定为"以教授农工商业必需之知识技能为目的"，但并未真正重视课程内容功利性与道德性的失谐。这一时期，政府忙于稳固自身政权，无形中给民间学术团体创设了广阔的空间。受美国实用主义思想的影响,以中华职业教育社为代表的学术团体进行了大量务实的教育实践,实业教育思想逐步转变为职业教育思想。黄炎培于 1917 年提出职业教育之目的:"一为个人谋生之准备——使无业者有业,使有业者乐业;二为个人服务社会之准备;三为国家及世界增进生产力之准备。"职业教育从解决生计问题出发构建课程,个体之生存价值、社会价值得到空前重视,因而得到越来越多人的接纳。在某种意义上说,民国初期真正引领职业教育潮流的不是教育行政主管部门,而是作为学术和教育团体的中华职业教育社,促成了我国职业教育发展的"黄金时代"。然而好景不长,国民政府逐步意识到民间教育势力的威胁,着手清理整顿职业学校,以"培养青年生活之知识与生产之技能"为目的,采用审核等手段进行删减、调整课程,只有经过价值认可的课程才能够纳入职业学校。刚刚壮大的民间教育势力难以把自身意识形态加于课程之上,传统文化又影响课程编制者不自觉地产生价值取向偏离,在国民政府集权制下,教育又回归服务国家意志,满足社会控制的需要。

2. 课程问题归因:普通教育与职业教育的偏越

近代我国职业教育课程"不是以近代我国工业为基础构建起来的,在选择职业教育的办学模式的过程中,决定性的因素来自教育体系的内部。虽然社会生产的需求是这种变革的原始动因,但这种需求只能反映教育与社会需求的差距,却无法提供满足需求的发展模式"[1]。因此,对职业教育课程问题的探讨,往往囿于教育内部范畴;教育制度设计以及教育思想的形成,又常常囿于一个问题,即普通教育与职业教育的结构。

清末时期癸卯学制将实业学堂同普通学堂一样分为三级,即初等实业学堂、中等实业学堂和高等实业学堂,分别相当于普通小学、普通中学和普通高等学堂程度。这个学制基本上是以日本学制为蓝本,采用"普职双轨",实业教育的第一次亮相即以普通教育等同的地位、相对独立和完整的形态出现。可以说,实业教育仅在知识内容指向上与普通教育有所差别,

---

① 楼世洲:《我国近代工业化进程和职业教育制度嬗变的历史考察》,《教育学报》2007(1):87。

清政府对其寄予厚望,作为"富国裕民"、稳固统治的重要工具。然而,接受"士大夫"文化传统的教育者并没有实现也无力实现封建统治阶级的目的。教育家力图解决实业教育培养大批"高不成、低不就"的失业人员的现实困境,逐步认识到实业教育与现实的脱节,转而探索职业教育发展道路。黄炎培提出:"实业教育与职业教育,二者皆以解决生计问题为目的,然其范围不同。实业教育之高焉者,高等专门实业亦属之;其下焉,仅为职业之预备者亦属之。故论其长,可谓过于职业教育。……职业教育则凡学成之后可以直接谋生者皆是。故论其阔,又可为不及职业教育。"①职业教育首次登场即以"生计教育"自居,虽应当务之急,却潜在地将"高贵"的实业教育沦落为"平民教育"。历经实践的磨炼,黄炎培虽于 1933 年重新定义其内涵:"用教育的方法,使人人依其个性,获得生活的供给和乐趣,发展其能力,同时尽其对群的义务,名曰职业教育。"②受封建等级思想制约,职业教育未能改变"平民"的地位。中华民国时期在学制上效仿美国模式,实施的壬子癸丑学制为单轨制,在层次上分为初、中两等,分别与同级别普通教育对应。表面上单轨制保障职业教育享有平等的权利,然而权利的平等不等于地位的平等。"职业教育与大学无甚关系,而以中学校为中心"③之界说,限制职业教育人才向上流阶层的发展。如果说,实业教育自诞生起享有实现"贵族"的可能,却受限于封建礼教思想的束缚;到了民国时期抽身演变为职业教育时,虽赋予丰富的形式却沦落为"平民"。在双轨教育体制下,教育结构维护社会结构、权力结构,职业教育课程体系逐步得到完善和发展,但改变不了社会统治阶层文化意识形态的制约。

纵观职业教育百年发展历程,在名称上从实业学堂到实业学校,再到职业学校;在学制上由附属而独立,由独立到混合再到分离;在教育层次上

①陈元晖:《中国近代教育史资料汇编:实业教育·师范教育》,上海教育出版社 1994 年版,第234—235 页。

②黄炎培:《职业教育》,收录于《黄炎培教育文集》(第四卷),中国文史出版社 1994 年版,第 254 页。

③黄炎培:《调查美国教育报告》,收录于《黄炎培教育文集》(第一卷),中国文史出版社 1994 年版,第 268 页。

从类同普通教育的三级设置到混同普通教育的两级设置,再到与普通教育分离的两级设置,职业教育的内涵悄然发生改变,而其身份和地位从显在的跃升走向隐性的没落。

(三)上下矛盾

就职业教育课程实践而言,教育行政统一管理与学校实施多样发展所构成的矛盾已成为一种常态。分析这对矛盾体,可以揭示职业教育课程权利主体之间的权力争夺与利益博弈。比较不同时期职业教育课程,国家政策设计与学校课程实施存在不同程度的差异和变化,反映了代表国家权力机构的政治精英和文化精英之间的权力争斗与平衡。即便获得统治阶层价值取向认可而成为法定知识的职业学校课程,不同课程之间也存在阶层化的现象。

1. 课程权利主体:国家、地方、学校之间的利益争夺与力量抗衡

从课程设置主体来看,有国家课程、地方课程、学校课程之分。三类课程在职业教育课程体系中的不同比例和主次之分,反映了国家、地方、学校三者权力分配的关系和各自对文化资源分配的控制力。一种基本吻合的状况是,"完全中央集权"的社会权力关系格局所导致的是"国家独霸"的课程结构。[①] 我国20世纪90年代才逐步从国家课程一统天下的局面转变为国家、地方、学校三级课程体系,反映了我国课程决策权力下移以及再分配的态势。

清末《奏定学堂章程》[②]和民国初期《实业学校规程》,参照日本、德国等职业教育章程科目,对各级各类实业学堂或实业学校规定了具体开设的课程科目,门类较多、较齐全,如中等农业学堂之学科,分为预科、本科,其中预科之科目有8门:修身、中国文学、算术、地理、历史、格致、体操,并可加设外国语;本科分为5科:农业科、蚕业科、林业科、兽医业科、水产业科,各

---

① 吴康宁:《知识的控制与分等——课程结构的社会学释义》,《教育理论与实践》2000(11):25。
② 具体文件包括《奏定初等农工商实业学堂章程》(附实业补习普通学堂及艺徒学堂各章程)、《奏定中等农工商实业学堂章程》、《奏定高等农工商实业学堂章程》、《奏定实习教员讲习所章程》、《奏定实业学堂通则》。

学科之科目也有相应规定。除"修身、中国文学"之外,地方可"酌量设置、不必全备"或因地制宜"酌设别科,以简易教法讲授该实业必须之事项"。职业教育初创时期,国家对于学校课程建设并无经验,学校具有较大的课程自主权,但由于当时科学技术发展水平的限制,以及师资不足等原因,大部分课程无法实施,"即便是开出了一些实业课程,也只不过是书本讲农学、商学而已,真正让人去务农、经商是难于办到的"[1]。加之不稳定的政治格局使得社会统治阶层无暇关注职业教育发展,课程权力有名无实的现实给民间学术团队创造了机会。中华职业教育社创办的中华职业学校,并没有在国家规定的课程结构框架中实践,而是在充分调研社会需要的基础上,根据学生及课程等实际情况进行学科设置和学制安排。从初设铁工、木工两科开始,不断进行试验和改革,随着工商业发展的实际需要,形成比较稳固的机械科、土木科和商科课程体系及标准。1921 年至 1926 年,职业学校由 842 所大幅度增至 1518 所,是清末实业学校总数的近三倍。[2] 职业教育发展处于"自由时代",让当局者意识到民间权力的壮大对自身造成的威胁。1932 年,国民政府《职业教育法》规定"各级职业学校之教学科目、设备标准、课程标准及实习规程,由教育部定之"。自此,国家独霸的课程结构一直到 20 世纪 90 年代才有所改观。职业学校课程体系中,国家始终牢牢抓住普通文化课程,特别是德育课程,从教学计划到教学大纲、教科书编制,地方学校必须统一执行。专业基础课程、专业实习课的部分权力下移至地方和学校。学校一般仅有选修课的设置权,仅占总学时的 10%。然而,综合课程在内容、方式、实践等方面较学科课程有了全方位的改变,其实施具有相当难度,显然造成学校自主权的实施不到位。这种将显性、量化的国家、地方、学校在课程结构中的权力关系转变为一种隐性的、质化的权力关系,将国家、地方的权利与利益巧妙地隐藏了。

从静态文本来看,课程结构表明了课程内容的分科、组类及排序等组

---

[1] 吴玉琦:《中国职业教育史》,吉林教育出版社 1991 年版,第 39 页。
[2] 1912 年至 1916 年,实业学校由 425 所增至 585 所。

织形态,体现了课程知识的外部控制与内部分等。课程的确定过程,也就是教育知识的初次社会分配过程。"在控制的规训中,知识成为一种消费品,同时是对人的布置。获得知识的过程其实就是获得控制的过程。社会通过知识和信息,通过媒介、学校等知识机构来加工所希望的人,这种人被知识和信息所编码,集体地指派了消费者的身份。"①社会通过调整学校课程结构进行教育知识分配,来调节社会成员的地位结构。清末实业学堂创设的"普通科目"和"实习科目"两大类课程成为今后各个阶段职业学校基本的课程类型。虽然名称和分类略有差异,但课程类型总体呈现稳定性和一致性,文化课和专业课成为职业学校课程体系的两大阵营。实业学堂效仿日本开设门类繁多的课程,但是对两类课程比例没有具体规定,特别是实习课,由于缺乏专门教师而无法实施,因而培养了大批"失业人员"。1913 年,临时国民政府首次对实习比例做出规定,从"随意酌定"提高至40%,而这一比例在随后几个发展阶段中持续提升。社会当局对职业学校课程知识选择偏向"实用性""技术性",将其培养人才的社会地位圈定在"劳工阶层",一定程度上保障了社会结构的稳定性。

表 5-1　不同时期中等层次职业教育课程结构比较②

不同时期中等层次职业教育	文化课	专业课	
清末《奏定中等实业学堂章程》(1903) 中等实业学校	普通科目 (未规定比例)	实习科目 (未规定比例,其中实习课时随意酌定)	
民初《实业学校规程》(1913) 乙种实业学校	通习科目 (未明确规定比例)	专业科目 (未明确规定比例)	实习 40%
民国时期《修正职业学校规程》(1935) 高级职业学校	非职业学科 20% 职业基本学科 30%	实习 50%	

① 金生鈜:《规训与教化》,教育科学出版社 2004 年版,第 26 页。
② "中等层次职业教育"所对应的学校是指招生对象为 15 岁左右、接受过初等层次职业技术教育或同等学力者,学制一般为 3 年的职业技术学校。

从动态实施来看,不同的课程形态影响着权力结构的变化,新的课程结构产生新的控制模式。伯恩斯坦利用"分类"概念来解释课程内容组织的不同控制。强分类是指课程内容与内容之间有清晰的界限,为高度分化和相互分离的"集合课程",往往较多地被集权制国家所采用,能够有效增强社会等级观念,维护社会阶层体制的意识形态,反映了权力结构的纵向等级性;相反,弱分类为课程内容界限模糊的"整合课程",往往受分权制国家所青睐,参与课程决策的主体是多元化的,一般围绕主题组织课程内容,反映了权力结构的横向关系性。我国职业学校课程以分科课程为主,迎合了社会权力结构等级森严的要求。学科课程有效保障了学校权力分化与分层,而跨学科、跨领域的综合课程要求权力结构从纵向等级性向横向关系性转变,除非学校权力结构发生质的变化,否则新课程形态无法被现有课程体系接纳。

2. 课程知识分等:高地位知识与低地位知识的分化与背离

课程体系中不同学科所占的地位是有差异的,阿普尔区分了"高地位知识"(High Status Knowledge)和"低地位知识"(Low Status Knowledge)[1]。对学科知识的"阶层性"判断,并非依据其在整个人类文化财富中的价值地位,而是社会对其功用的评价分层,即这些学科知识在社会中被认可、被利用的价值以及与之紧密关联的主流知识价值观。然而,官方认可的高、低地位知识与师生认可程度或接受程度并不吻合,不同的价值取向导致知识地位设计与实施的背离。

(1) 教育制度对课程的选择与地位分等。

这里以不同历史时期农业类中等职业学校的课程体系为例,基于"同类异套"比较,从中可以透析课程选择的异同以及不同课程之间的地位差异。

---

[1] 麦克·F. D. 扬:《知识与控制》,谢维和译,华东师范大学出版社2002年版,第41—51页。

表5-2　不同历史时期农业类中等职业学校"同类异套"课程比较

中等职业学校	文化课	专业课(专业方向)
清末 中等实业学堂 (本科)3年	普通科目凡八:修身、中国文学、算数、物理、化学、博物、农业理财大意、体操。可加设地理、历史、外国语、法规、簿记、图画等	实习科目凡十二:土壤、肥料、作物、园艺、农产制造、养蚕、虫害、气候、林学大意、兽医学大意、水产学大意、实习。可选择或便宜分合数之,酌加相关科目
民国初期 乙种实业学校 3年	通习科目:修身、国文、数学、博物、理化大意、体操,并得酌加地理、历史、经济、图画等科目	土壤学、肥料学、作物学、园艺学、病虫害学、养蚕学、农产制造学、气象学、林学大意等
民国中后期 高级职业学校 3年	非职业学科,至少包括公民课程、体育课程、艺术课程;职业基本学科,其中国文、算数为必须科目	农业、森林、蚕桑、畜牧、水产、园艺及其他("先实习后讲授")

首先,实业学堂、实业学校去除了"读经讲经"一科,以修身课程居于首位;发展至职业学校,以"公民"课名目出现在课程体系的首位。不同历史时期的社会统治阶层都不约而同地利用我国注重道德教育的传统,牢牢控制德育课程,不断选择、增加、调整德育内容,使之忠实地传递社会主流价值观,并使学生认知和内化我国的文化、习俗以及当下的意识形态,从而维护和巩固现有的政治、经济体制和社会秩序、权力体制。其次,工具性学科①一直处于学科体系中重要的位置,如语文(国文)、数学(算数)、英语(外国语)、体育(体操)等科目,这些课程在不同阶段职业学校课程体系中都作为必修课程,并通过统一考试来保障其高地位。分析表5-2中3套课程变化规律,文化课所设科目越来越体现"公共性",专业课所设科目越来越体现"专业性",两类课程逐步走向泾渭分明的格局。如第1套课程中"普通科目"所设"农业理财大意",似乎兼备了专业课的某些功能,而至第3套课程"非职业学科"和"职业基本学科"所设科目,已不见跨学科、跨领域的课程踪影。对文化课所设科目、课时以及必修要求进行了具体规约,显在地

---

① 吴永军:《课程结构的社会学分析》,《南京师大学报(社会学科版)》2001(1):83—88。

表现出国家对知识的控制和权力意识的强化,并以牺牲地方、学校、师生等权力为代价。另外,这些课程均以分科形式出现,所形成的知识结构一定程度上保障并强化了权力结构。最后,课程体系中专业课特别是实习课逐步成为高地位知识,但由于这部分知识内容的"弱分类"和异变特征,成为国家与地方、学校权力争夺的"角斗场"。如表 5-2 所示,不同时期专业课门类和科目都发生较大变化,受现代科技迅猛发展影响以及经济社会生产不同要求,最初的一门专业课程逐步发展成为一个专业方向。为了积极服务于地方经济发展,职业学校专业方向也体现地域差异,专业课程内容也要求与时俱进,因此专业课不如文化课具有相对通用性、稳固性和独立性,国家也难以对地区差异显著的职业学校所设专业进行全盘控制。经济发达地区或一些具备优质资源的职业学校抢占机遇,从开发专业教材利益驱动到专业标准研制、课程模式推广,全方位、广域型、隐性化地实现权力的最大化。

(2)学校师生对不同课程地位的认同与偏离。

美国学者古德莱德区分了五个不同层次的课程,即理念课程(idea curriculum)、正式课程(formal curriculum)、知觉课程(perceived curriculum)、运作课程(operational curriculum)、经验课程(experienced curriculum)。[1] 其中社会层次的"正式课程"对高、低地位知识选择与分配,发展到教学层次的"运作课程""经验课程"时已悄然发生改变。官方规定的"高地位知识"课程在学校实施层面"遇冷"。实习课直接关系今后就业能力,对学生今后发展联系最密切、最实用,因此也是被关注、被认可的课程。实习课理应成为官方和学生一致认可的"高地位知识",然而仅在课时比例上得到保障的实习课并没有从制度课程的高度认可并设计课程目标、课程内容、手段及评价等,学校也仅从管理角度呼吁校企责权明晰到探讨精细化管理,大都集中在外围的保障机制层面,没有能力深入课程设计层面系统规划。

---

① 钟启泉:《现代课程论》(新版),上海教育出版社 2006 年版,第 229 页。

三、职业教育课程发展的两种逻辑

我国近代职业教育课程发展起起伏伏,经历了近百年的历程。在实业教育阶段,基于教化传统的士大夫主张以实业教育带动实业发展,他们没有深刻认识到西方工业革命推动生产方式转变、社会结构变化基础上自然演进的教育变革。因此逆向而行的实业教育因缺乏必要的社会发展基础而受制于教育内部变革,教育传统潜在地使实业学校普通化、实业教育政治化。在职业教育阶段,教育家力图扭转实业教育的发展方式,重构教育与职业互动发展的新思路。他们认识到,职业教育不仅应从教育内部找规律,更需要从职业特征、社会需求中找依据。有研究者指出,教育的外部逻辑决定着一种课程能否进入学校,一门科目能否形成;教育内部的逻辑则决定着一门科目能否在学校中持续制度化。[①] 考察我国近代历史,上述两种逻辑作用于职业教育课程时常常表现了某种不和谐、不一致,人们对职业教育课程的检验主要来自外部社会工业化的需求,对职业教育课程的选择则依赖教育制度内部的课程体系设计,而如何协调两种发展逻辑也是至今仍未解决好的难题。

(一)学校系统化规约下的课程发展逻辑

职业教育是工业革命的产物,而我国近代社会变革恰恰缺少这一环节,使得职业教育课程发展有些"先天不足"。借鉴、移植方式下的被动变革,教育传统制约下的保守变革,使职业教育课程发展受制于学校系统化形成的内在要求。

1. 职业学校高层面分化模式下的课程阶梯形成

楼世洲认为我国近代职业教育的嬗变是一种由高层面分化的演变模式,具体而言,从具有高等技术教育特色的实业学堂开始,然后随着社会需求的多样化,分化形成中低层次的技术教育和职业教育。[②] 若以福州船政

---

① 陈华:《1923—1927 年公民科的制度化困境及其课程启示》,《教育研究与实验》2014(5):67—70。
② 楼世洲:《我国近代工业化进程和职业教育制度嬗变的历史考察》,《教育学报》2007(1):82—88。

学堂为代表的技术类洋务学堂定位于高等层次职业学校的开端,随后半个多世纪构建了初、中、高三级职业学校体系。然而这一过程远非来自社会需求的影响,更多是基于学制的设计以及政府自上而下的推动。

首先,从壬寅学制到壬戌学制,设计者对职业教育重视程度及理解的不同将职业教育设计为不同的形式及等级,但每一次学制改革都将构建系统化的职业教育学校体系作为主要任务。壬寅学制明确了实业学堂的三个等级;继而癸卯学制丰富了每一个等级实业学堂的种类;随后的壬子癸丑学制局部调整了实业学校等级,又在学校类型及课程门类上不断充盈;至民国时期的壬戌学制,虽然打破了职业教育与普通教育的界限,但仍按照逐级上升的学校体系系统设计课程。学制设计的思路直接影响课程的选择,突出表现在同一专业的不同等级职业学校所设课程门类的高度一致上,基本上科目重合度在50%以上;更有甚者,如癸卯学制,初等农业、商业、工业学堂所设的普通科目和实习科目是参照相应中等学堂的科目,"惟将程度减浅"而已。顺应学校纵向发展需要而要求课程纵向发展与之匹配,顺应学校逐级构建需要而要求课程知识螺旋上升与之吻合。

其次,政府自上而下的推进方式进一步保证了学校体系及课程阶梯的形成。近代中国政府最先建立起来的现代学堂是高等学堂(或称大学堂),学校教育体系的建立经历了一个高等向中初等延伸的过程。清末学部在推广实业教育过程中,主要按照行政管理的思路设计实施策略,如要求地方官府一级开设中等实业学堂、州县一级设初等实业学堂,将学校等级与地方行政等级相匹配在一定程度上固化了学校体系的形成,进而保障了课程由易而难的阶梯构建。

职业教育课程发展是按照行政管理思路进行系统构建,着重解决谁来建、谁来管的问题,相应地对于为什么建、建成什么样、如何建等问题较少从社会需求出发,仍以服从政治为导向。这一现象直到中华民国时期才有所改观。

2. 囿于书院教育传统的职业教育课程发展方式

我国近代职业教育课程虽萌生于洋务学堂,然而高位起点并没有带来高位发展,大规模学校建设是在书院改制运动中开展的,书院教育传统在很大程度上影响了职业教育课程发展。书院以经学为主,杜成宪认为自西汉至宋朝所形成的《近思录》—"四书"—"五经",是我国古代完整的经学课程阶梯。[①] 相较于西方课程,经学课程讲究的是通过诵读方式领悟做人之道,而非通过实验、应用去发现世界。作为科举的附庸,书院教育已然演化为以考代教的模式,考试内容和进度决定课程内容和进度,这种模式进一步维护经学课程知识的权威性,却忽略课程知识更新以适应社会发展的新需求。

(1)考试机制影响下的课程知识演化。

考试是课程评价的一种手段,承担着检验课程知识教学效果的重要任务。我国教育自古以来就注重考试。《礼记·学记》曰:"比年入学,中年考校。一年视离经辨志,三年视敬业乐群,五年视博习亲师,七年视论学取友,谓之小成。九年知类通达,强立而不反,谓之大成。夫然后足以化民易俗,近者悦服而远者怀之。此大学之道也。"这是一份具体而明确的九年学业进程,其中隔年安排的考试是对学业的检验,显然这里的学业目标与考试标准是一致的,才能最终达成"化民易俗"的教育目的。然而,至隋唐实施科举考试制度后,考试不再单单成为检验学业进程的手段,教育被政治所绑架,考试被赋予了人才选拔的政治功能。"学而优则仕"成为读书人的学习目的,外在的功利追求替代了内在的人性修炼,考试成为读书人做官从政的关键环节,也是统治者巩固政权的重要手段,因此,无论是读书人还是统治者,都十分重视考试制度,胜过于学校教育。

科举盛行的年代,原本丰富的经学课程内容却逐步演化为义理、考据、词章之类的空疏陈腐之学,科举考试内容决定学校教育内容,课程知识因考试内容固化而越来越僵化。清末一批开明官吏创办的洋务学堂打破这一僵局,然而很快又偃旗息鼓,新课程、新知识缺少科举考试制度的庇护而无法纳入"正轨",而学堂自行安排的繁重考试又成为筛选莘莘学子的"利

---

① 杜成宪:《中国传统课程特点刍议》,《河北师范大学学报(教育科学版)》2015(1):20—27。

剑"。近代科举虽废但精神难易,考试依然是学校教育的指挥棒,注重纸笔测试的方式仍占据主要地位,虽考试内容有所改变,但无法动摇统一考试制度的延续。所以顺应这一逻辑,学校倾向于选择学术性知识,注重从认知层面区分人才差异。相应地,注重问题解决、能力提升、技能操作等实践性知识、综合性知识缺乏统一的考试标准,难以纳入考试范畴。

考试对我国学校教育产生深刻的变化。潘光旦先生认为,科举是使中国教育由主动学习变成被动学习、由启发变成训练的重要因素,他辨析了"教"与"训"的区别,"训是有言之教,教是无言之教","政治上用得着训,而教育用不着训"[①]。教育屈从于政治目的,因而也只落得僵死的躯壳,课程内容的僵化、教育方式的固化,成为今天人们批判的种种教育弊端。

(2)读书逻辑制约下的课程形式选择。

书院成为科举附庸而异化,然而在推进新教育的改革者眼里,书院教育并非一无是处。毛泽东在1920年发起创办湖南自修大学,主张"取古代书院的形式,纳入现代学校的内容",他认为从研究的形式来说,书院实在比学校优胜得多:"一来是师生的感情甚笃";"二来是没有教授管理,但为精神往来,自由研究";"三来课程简而研究周,可以优游暇豫,玩索有得"。[②]不可否认,书院改学堂是历史的进步,而保留书院教育形式则是这一年代人们不自觉的选择。毛泽东归结的书院教育三大优点,则不同程度地反映古代课程注重读书、强调自学的特点。相较而言,职业教育的特点决定它更适合实践性、操作性、活动性的课程形式,要求与生产劳动相结合。书院教育与职业教育表现出两种不同的课程组织逻辑:读书的逻辑与做事的逻辑。前者强调的是"书读百遍,其义自见",靠的是理解之后的顿悟,注重观念改善;后者强调的是"做中学、学中做",靠的是练习之后的掌握,注重能力提升。

---

① 张亚群:《科举制下通识教育传统的演变及其启示》,《华中师范大学学报(人文社会科学版)》,2009(4):130。
② 吕达:《课程史论》,人民教育出版社1999年版,第117页。

上述两种逻辑所选择的课程内容是有差异的,按照读书逻辑组织的课程倾向于认知领域的学术性知识,而按照做事逻辑组织的课程倾向于实践领域的技术性、实用性知识。西方职业教育课程是在经历了师徒制的自然演化,并将这部分教育内容纳入学校课程的基础上发展而来的,做事的逻辑补充了读书(学问)的逻辑,因而实习、实践等课程形式也随之出现。相较而言,近代我国职业教育课程发展,囿于教育传统的读书逻辑而一再受挫。学制建立前,发生了礼仪之学与技艺之学的争论,在读书人眼里,职业教育难登大雅之堂。学制建立后,职业教育按照科学知识门类设立课程,读书的逻辑依然驾驭着课程选择与组织,所不同的是课程内容不再局限于经学,而拓展到门类丰富的科学。直到民国时期,教育家开始从沟通教育与职业关系上革新职业教育课程时,才实质性地突破读书逻辑的内在规约。

(二)社会工业化驱动下的课程发展逻辑

社会工业化是推进世界现代教育发展的外部动力。然而,工业化对教育的挑战以及教育对这种挑战的认识、回应,其实是一个非常复杂和艰难的过程。一方面,在工业化的不同水平上或工业化进程的不同阶段,对教育发展的需要存在着显著的差异,这种需要本身也处于一种不断显现、逐渐稳定的过程。另一方面,教育界对工业化需要的认识也需要经历一个由浅入深、由表及里的变化过程,而根据这些认识所采取的行动以及这种认识和行动得到社会各界的认同和支持,同样需要一个时间过程。[1]　与近代发生工业革命的西方国家相比,我国工业化进程不属于社会自然演化的内生模式,而属于借鉴发展、被动发展的后发模式,社会发展的滞后性使得教育现代化道路曲折而坎坷,作为其重要的组成部分——职业教育课程遭遇半个多世纪的错位发展,直至中国城市社会在东部沿海地区的出现,适应工业化、城市化社会发展需求的技术发展、职业分化和社会分层带来课程

---

[1] 张斌贤、兰玉、殷振群:《迎接工业化的挑战:1870—1910 年的美国手工训练运动》,《清华大学教育研究》2013(5):5—15。

发展新的变化。

1. 后发型工业模式下课程错位发展

列维在《现代化与社会结构》中将现代化国家分为"内发性发展者"（indigenous developers）和"后来者"（late-comers），前者是一个社会本身经过长期"创新"发展而成，后者是借鉴前者的经验而发展的，中国就属于"后来者"。相应地，我国职业教育课程也遵循着后发型发展路径，呈现一种时空错位的特征。

首先，我国近代工业化是沿着两条轨迹发展的，即移植西方工业和对传统手工业改造并存，因此近代职业教育课程嬗变，一是通过移植西方职业学校课程，二是通过改造传统师徒制发展而来的职业补习教育课程。显然，在移植西方学校教育制度的过程中，发展职业学校课程占据主要位置，而职业补习教育课程直到民国时期才受到掌握领导权的教育家普遍重视。同西方国家所经历的家庭作坊—工场手工业—机器大工业发展过程相比，我国后发型工业化没有经历手工作坊到机器大工业的过程，相反是新式工业促进了工场手工业的发生，大工厂与作坊工场几乎是并驾齐驱的。[①] 工业化初期，社会对普通劳动者的技术要求不高，我国职业教育课程是在借鉴西方教育制度基础上的高层面分化，一高一低造成了人才培养的"浪费"。特别是，受我国教育传统影响形成的封闭式职业学校系统，进一步使课程选择适用于人才选拔而背离社会需求。其次，中国近代民族资本企业的产生并不是资本主义萌芽发展的结果，而是对外国资本主义生产方式的移植，但从工厂管理方式来看，近代企业在很大程度上保留了传统的小生产方式的企业管理形式，即对工人使用简单监督和封建关系束缚的管理。[②] 延续旧形式的中国近代企业难以形成新型师徒制，也没有跟随西方国家构建起以企业为主体的职业培训课程体系，虽然民国时期形成职业补习教

---

① 吴承明：《近代中国工业化道路》，收录于《吴成明集》，中国社会科学出版社 2002 年版，第 68—77 页。

② 张耕：《中国近代民营工业企业集团研究》，中国社会科学院论文，1994 年，第 4 页。

育,但依然是离开企业的学校教育形式。

其次,我国近代工业化进程中手工业、工场手工业、半机器工业、机器工业同时存在,地区间生产力水平和技术构成呈现复杂化、多元化的特征。不同地区工业化发展水平对教育需求是不同的。工业化程度较低时,可以在生产过程中实施对劳动者的教育,不需要专门的学校教育;而工业化程度较高时,不仅需要接受专门教育的技术工人,还需要管理人才。因此,应对不同社会生产需要,职业教育课程需要做出不同选择。然而,近代我国职业教育课程嬗变大致是基于学制的改革,政府自上而下整体划一地推进并不能满足地方需求,通过行政统一管理的方式又进一步束缚了地方的手脚,改革难行亦可知。

相较于西方发达资本主义国家,我国工业化进程时空上的差异性导致对教育需求的多样性和阶段性。通过借鉴他国进行制度层面颠覆性、结构性课程变革,无法应对复杂多样的课程实践需求。由于所处的现实与借鉴的模式存在巨大差距,职业教育改革理念、制度及实践往往相背而行,没有形成一致推动课程改革的合力,这种不协调制约了课程发生实质性的变化。

2. 工业化进程促进课程结构调整

如前文所述,近代我国职业教育课程发展与工业化进程并不同步,这不仅源自后发型工业模式的制约,更为关键的是受制于满足统治阶级维护政权的需要。清末至民国,几任政府都极力营造"教育救国"的氛围,并赋予职业教育实现"富国裕民"的政治目的,然而集权思路下的强制性制度变迁并没有给予职业教育发展的自由空间。课程远离生产,教育远离社会,日益突出的教育问题上升为社会问题倒逼政府不得不重新做出选择,职业教育课程顺应工业化进程需要越来越受到人们的重视。随着科学技术的发展,"被缚"的国家主义职业教育正在求得全球化的"解放"[①],职业教育课程发展需要遵循社会经济发展规律。有学者认为,近代我国工业化进程影响职业教育制度嬗变表现在三个方面:一是劳动力结构和就业方式;二是

---

① 徐平利:《从国家化到全球化:职业教育的"被缚"与"解放"》,《职业技术教育》2012(1):5—9。

生产力水平和技术构成;三是职业分化和社会分层。[①] 这些因素也推进了课程的发展,主要表现在:

第一,职业分化和社会分层促进课程重新分等。社会工业化进程推动社会生产方式的转变,也带来了社会阶层结构调整。近代我国沿海地区最先出现城市化,随着金融界、教育界、新闻界、科技界、文化界等新领域的出现,人们所从事的职业和谋生手段日趋多样化。原有的职业发生分化,新的职业随之产生,社会分化与社会流动普遍加快,城市的各个阶层都在向工业化社会相适应的近代社会阶层结构方向转变。[②] 工业化社会打破了传统农业社会士、农、工、商的社会等级秩序,按照职业分化、技能分层新秩序形成不同职业地位的社会阶层结构,教育再一次成为维护社会结构的人才筛选机制。处于金字塔顶端的上层阶级,一般需要接受高等教育,而"与大学无甚关系"的职业教育只能服务于中下等阶级受教育的需要,相应的职业教育课程也只能停留于中下等层次。如医生与护士处于不同的职业地位,所接受的教育也是分等的,医生接受的是高等教育课程学习,而护士接受的是职业教育课程学习。从农业社会的阶级到工业社会的阶层,教育经历了社会结构的重新洗牌,然而职业教育课程依然没有改变被轻视的处境。

第二,技术发展推动培训课程系统形成。西方职业教育是学徒制的自然演化,并按照学校教育形式构建起系统化的课程体系。我国近代职业教育课程发展借鉴职业学校的形式,却缺乏对学徒制技能训练的有机整合,因此在应对教育发展新变化时显得"力不从心":一是学习环境与工作环境的分离。职业学校课程顺应知识学习的需要,却严重违背技能学习的整体性。二是"人职匹配"的瓦解。传统社会士、农、工、商四民格局不复存在,职业岗位的不稳定影响职业学校课程结构的稳定性。民国时期中华职业教育社举办的职业学校中很多专业因毕业生无从就业,往往只开办两三年

---

① 楼世洲:《我国近代工业化进程和职业教育制度嬗变的历史考察》,《教育学报》2007(1):82—88。
② 李明伟:《清末民初中国城市社会阶层研究(1897—1927)》,社会科学文献出版社 2005 年版,第 3 页。

就停办了。无论是职业学校还是学徒制形式，都需要兼顾文化教育和技能训练。随着工业化进程加快，技术工人培训问题已成为企业内教育的一个中心问题，世界各国又重新开始重视工厂的新型学徒制度，并有组织地大力发展基于职业培训的课程体系。如德国的"双元制"职业教育，澳大利亚的"新学徒制"教育，日本逐渐形成学校教育和企业内教育相结合的职业教育体系，都是从适应工业化发展新需要，努力构建学校与企业、教育与培训相结合的职业教育课程体系。

今天，联合国教科文组织赋予职业教育以新的名称，Vocational and Technology Education and Training（简称 TVET），即职业与技术教育和培训。显然这不再是单一的学校教育形式，而是包括学校教育、企业培训在内的多种形式的职业和技术教育的总称。经历了师徒制—职业学校教育—职业与技术教育和培训的过程，今天的职业教育课程发展需要有机整合学校教育和企业培训的双重需要，顺应职业发展要求以及人对职业幸福追求的需要。

结　语

我国近代职业教育首先从具有高等技术教育特色的洋务学堂开始，肇始于福州船政学堂。清末统治阶级引入西学课程虽然经历了翻译之学、制器之学、政治之学到技艺之学的认识过程，但在某种程度上停留于采取新的课程内容培养"士"的层面，改革目的是弥补传统教育内容的某些不足。因此，在课程组织、教学方式、考试评价等方面，人们习惯于科举制度下书院教育模式，重记诵、轻实践，从洋务学堂到维新学堂都呈现这一特点。可以说，技艺教育课程阶段表现为外在模仿、内在规顺的特征。

甲午战争后，日本成为我国全面推广学校教育的榜样，新学制成了实施实业教育课程的行动纲领。从壬寅学制到癸卯学制、壬子癸丑学制，几任政府都将实业教育摆到"救国"的突出位置，使实业教育课程发展承受不可承受之重任。然而课程制度的效仿与改进并没有真正从我国社会发展实际需求出发，课程管理强调集中与统一，一定程度上忽视实业教育的自身特性，造成实业学校普通化、实业教育政治化。可以说，实业教育课程阶段表现为思想上挣扎、行动上妥协的特征。

经历了移植课程到借鉴学制，理想与现实的巨大差距促使越来越多的知识分子反省。民国时期，西方思想不再像过去那样被抵制，传统思想也不再像过去那样束缚人的心灵。这一时期的职业教育课程发展，是民间教育团体与国民政府共同作用的结果，是社会工业化发展需要与教育传统内在规约相互作用的结果。可以说，职业教育课程阶段表现为挣脱混沌后觉醒、摆脱依赖后自立的特征。

　　本书以"教育传统与职业教育课程发展的关系"作为核心问题,将我国近代职业教育课程发展分为技艺教育课程、实业教育课程、职业教育课程三个历史时期,并分别从思想层面、制度层面、实践层面考察职业教育课程逐步挣脱教育传统束缚并形成本土化实践体系的基本过程。本书立足于我国近代职业教育课程发展的历史规律,更进一步探析对当前我国职业教育课程建设的启示,在后续研究中可作为专题深入展开,以彰显研究职业教育课程历史的现代价值。

参考文献

一、史料类

1. 《学部官报》1906 年 8 月—1911 年 7 月，共计 160 期。

2. 《教育与职业》1917 年 10 月—1949 年 12 月，共计 208 期。

3. 《教育杂志》1917—1925 年。

4. 《生活》1925—1933 年。

5. 《中华教育界》1912—1937 年。

6. 《上海职业技术教育志》编纂委员会. 上海职业技术教育志[M]. 上海：上海社会科学院出版社，2005.

7. 毕乃德. 洋务学堂[M]. 曾钜生，译. 杭州：杭州大学出版社，1993.

8. 蔡芹香. 中国学制史[M]. 上海：世界书局，中华民国二十二年.

9. 蔡元培. 蔡元培教育论著选[M]. 北京：人民教育出版社，1991.

10. 曹阳，编译. 日本教育立法与日本近代教育法制史年表[M]. 长春：吉林教育出版社，1988.

11. 陈景磐. 中国近代教育史[M]. 北京：人民教育出版社，1979.

12. 陈学恂. 中国近代教育史教学参考资料（上、中、下册）[M]. 北京：人民教育出版社，1986/1987.

13. 陈元晖. 中国近代教育史资料汇编：实业教育·师范教育[M]. 上海：上海教育出版社，1994.

14. 费正清. 剑桥中国晚清史（下卷）[M]. 北京：中国社会科学出版社，1985.

15. 高时良、黄仁贤. 中国近代教育史资料汇编：洋务运动时期教育[M]. 上海：上海教育出版社，2006.

16. 格致书院西学课程[M]. 上海格致书院刊印本，光绪二十一年.

17. 黄嘉树. 中华职业教育社史稿[M]. 西安：陕西人民教育出版社，1987.

18. 黄炎培. 黄炎培教育文集（第一至四卷）[M]. 北京：中国文史出版社，1994/1995.

19. 梁启超. 中国近三百年学术史[M]. 北京：东方出版社，1996.

20. 吕顺长.晚清中国人日本考察记集成·教育考察记（上、下）[M].杭州：杭州大学出版社，1999.

21. 璩鑫圭、唐良炎.中国近代教育史资料汇编：学制演变[M].上海：上海教育出版社，1991.

22. 璩鑫圭、童富勇、张守智.中国近代教育史资料汇编：实业教育·师范教育[M].上海：上海教育出版社，2007.

23. 璩鑫圭、童富勇.中国近代教育史资料汇编：教育思想[M].上海：上海教育出版社，2007.

24. 容闳.西学东渐记[M].徐凤石，译.上海：商务印书馆，中华民国四年.

25. 舒新城.近代中国教育思想史[M].福州：福建教育出版社，2007.

26. 汤志钧、陈祖恩.中国近代教育史资料汇编：戊戌时期教育[M].上海：上海教育出版社1993.

27. 王炳照，田正平.中国教育思想通史：1911—1927（第六卷）[M].长沙：湖南教育出版社，1994.

28. 朱有瓛.中国近代教育史资料汇编·教育行政机构及团体[M].上海：上海教育出版社，1993.

二、著作类

1. 艾沃·F.古德森.环境教育的诞生——英国学校课程社会史的个案研究[M].贺晓星、仲鑫，译.上海：华东师范大学出版社，2001.

2. B.霍尔姆斯、M.麦克莱恩.比较课程论[M].张文军，译.北京：教育科学出版社，2001.

3. 彼得·伯克.法国史学革命：年鉴学派，1929—1989[M].刘永华，译.北京：北京大学出版社，2006.

4. 陈侠.近代中国小学课程演变史[M].福州：福建教育出版社，2007.

5. 丹尼尔·坦纳、劳雷尔·坦纳.学校课程史[M].崔允漷，等译.北京：教育科学出版社，2006.

6. 单中惠.外国中小学教育问题史[M].青岛：山东教育出版社，2005.

7. 丁钢.历史与现实之间：中国教育传统的理论探索[M].北京：教育科学出版社，2002.

8. 杜威.民主主义与教育[M].王承绪，译.北京：人民教育出版社，2001.

9. 关晓红.晚清学部研究[M].广州：广东教育出版社，2000.

10. 广少奎.重振与衰变——南京国民政府教育部研究[M].青岛：山东教育出版社，2008.

11. 郝秉键、李志军.19世纪晚期中国民间知识分子的思想——以上海格致书院为例[M].北京：中国人民大学出版社，2005.

12. 何炳松.通史新义[M].北京：东方出版社，2012.

13. 胡绳武.清末民初历史与社会[M].上海：上海人民出版社，2002.

14. 黄克孝. 职业和技术教育课程概论[M]. 上海：华东师范大学出版社，2001

15. 姜大源. 职业教育学研究新论[M]. 北京：教育科学出版社，2007.

16. 金生鈜. 规训与教化[M]. 北京：教育科学出版社，2004.

17. 匡瑛. 比较高等职业教育：发展与变革[M]. 上海：上海教育出版社，2006.

18. 李定仁、徐继存. 课程论研究二十年（1979—1999）[M]. 北京：人民教育出版社，2004.

19. 李立国. 工业化时期英国教育变迁的历史研究——以教育与工业化的关系为视角[M]. 桂林：广西师范大学出版社，2010.

20. 李蔺田、王萍. 中国职业技术教育史[M]. 北京：高等教育出版社，1994.

21. 李明伟. 清末民初中国城市社会阶层研究（1897—1927）[M]. 北京：社会科学文献出版社，2005.

22. 廖辉. 学校课程制度论[M]. 北京：人民出版社，2011.

23. 刘桂林. 中国近代职业教育思想研究[M]. 北京：高等教育出版社，1997.

24. 刘少雪. 书院改制与中国高等教育近代化[M]. 上海：上海交通大学出版社，2004.

25. 刘玉琦. 中国近代职业教育思想教育研究[M]. 北京：高等教育出版社，1997.

26. 吕达. 课程史论[M]. 北京：人民教育出版社，1999.

27. 吕顺长. 清末中日教育文化交流之研究[M]. 北京：商务印书馆，2012.

28. 吕思勉. 历史研究法[M]. 上海：永祥印书馆，1945.

29. 麦克·F. D. 扬. 知识与控制[M]. 谢维和，译. 上海：华东师范大学出版社，2002.

30. 钱曼倩、金林详. 中国近代学制比较研究[M]. 广州：广东教育出版社，1996.

31. 钱穆. 中国历史研究法[M]. 北京：九州出版社，2012.

32. 任平. 晚清民国时期职业教育课程史论[M]. 广州：暨南大学出版社，2009.

33. 桑兵. 晚清学堂学生与社会变迁[M]. 上海：学林出版社，1995.

34. 施良方. 课程理论——课程的基础、原理与问题[M]. 北京：教育科学出版社，1996.

35. 石伟平. 比较职业技术教育[M]. 上海：华东师范大学出版社，2001.

36. 孙祖复、金锵. 德国职业技术教育史[M]. 杭州：浙江教育出版社，2000.

37. 唐耀华. 清末船政大臣沈葆桢[M]. 上海：上海大学出版社，2007.

38. 汪楚雄. 启新与拓域——中国新教育运动研究（1912—1930）[M]. 济南：山东教育出版社，2010.

39. 汪家熔. 民族魂——教科书变迁[M]. 北京：商务印书馆，2008.

40. 王川. 西方近代职业教育史稿[M]. 广州：广东教育出版社，2011.

41. 王学典. 史学引论[M]. 北京：北京大学出版社，2008.

42. 吴洪成. 中国近代职业教育制度研究[M]. 北京：知识产权出版社，2012.

43. 吴玉伦. 清末实业教育制度变迁[M]. 北京：教育科学出版社，2009.

44. 吴玉琦. 中国职业教育史[M]. 长春：吉林教育出版社，1991.

45. 夏金星、彭干梓.中国职业教育思想史(晚清卷、民国卷)[M].长沙:湖南人民出版社,2013.

46. 徐国庆.职业教育课程论[M].上海:华东师范大学出版社,2008.

47. 徐家林,等.晚清实业教育七十年考略[M].北京:光明日报出版社,2009.

48. 徐平利.职业教育的历史逻辑和哲学基础[M].桂林:广西师范大学出版社,2010.

49. 阎广芬.经商与办学——近代商人教育研究[M].石家庄:河北教育出版社,2001.

50. 杨东平.艰难的日出——中国现代教育的20世纪[M].上海:文汇出版社,1993.

51. 杨小微、张天宝.教学论[M].北京:人民教育出版社,2007.

52. 杨玉厚.中国课程变革研究[M].西安:陕西人民教育出版社,1993.

53. 杨智颖.课程史研究观点与分析取径探析:以Klibard和Goodson为例[M].高雄:高雄复文图书出版社,2008.

54. 于尔根·科尔.社会史理论与实践[M].景德祥,译.上海:上海人民出版社,2006.

55. 约翰·布鲁巴克.教育问题史[M].单中惠、王强,译.济南:山东教育出版社,2012.

56. 约翰·杜威.学校与社会·明日之学校[M].赵祥麟,等译.北京:人民教育出版社,2005.

57. 张斌贤.社会转型与教育改变——美国进步主义教育运动研究[M].长沙:湖南教育出版社,1998.

58. 张传燧.中国教学论史纲[M].长沙:湖南教育出版社,1999.

59. 张广智、张广勇.现代西方史学[M].上海:复旦大学出版社,1996.

60. 郑大华、邹小站.思想家与近代中国思想[M].北京:社会科学文献出版社,2005.

61. 郑航.中国近代德育课程史[M].北京:人民教育出版社,2004.

62. 朱发建.中国近代史学科学化进程研究[M].湖南师范大学出版社,2005.

三、论文类

1. 陈桂生.教育的传统与传统的教育[J].黑龙江高教研究,1987(2).

2. 陈华.1923—1927年公民科的制度化困境及其课程启示[J]教育研究与实验,2014(5).

3. 单中惠.一种值得重视的教育史研究范式——以《外国中小学教育问题史》《外国大学教育问题史》为例[J].河北大学学报(哲学社会科学版),2008(3).

4. 杜成宪.中国传统课程特点刍议[J].河北师范大学学报(教育科学版),2015(1).

5. 樊慧英.中国近代技术学校的产生及其特点[J].教育史研究,1992(3).

6. 顾明远.中国高等教育传统的演变和形成[J].高等教育研究,2001(1).

7. 关晓红.终结科举制的设计与遗留问题[J].中山大学学报(社会科学版),2011(5).

8. 郭法奇.论现代教育与教育传统[J].华中师范大学学报(人文社会科学版),2014(1).

9. 何珊云.课程史研究的经典范式与学术意义——试析《1893～1958年的美国课程斗争》[J].北京大学教育评论,2010(1).

10. 何旭明、胡弼成.中国教育传统的功利取向及其当代影响[J].扬州大学学报(高教研究版),2005(6).

11. 和震、俞启定.中国职业技术教育史研究的新进展[J].教育评论,2010(1).

12. 黄日强、胡芸.文化传统对英德职业教育的制约作用[J].职教论坛,2008(2).

13. 姜大源.世界职业教育课程改革的基本走势及其启示[J].中国职业技术教育,2008(9).

14. 匡瑛、石伟平.论社会文化传统对世界各国高职模式选择的影响[J].教育与职业,2006(33).

15. 李弘祺.中国传统教育的特色与反省[J].北京大学教育评论,2012(2):129.

16. 李楠夫.周学熙实业教育活动述论[J].历史教学,2000(8).

17. 李文锦、王俊山.中国传统教育对职业教育的消极影响[J].教育理论与实践,2009(29).

18. 刘宏.周学熙与清末直隶实业教育[J].经济论坛,2004(3).

19. 刘庆昌.教育史研究的教育学内涵[J].教育科学,2012(2).

20. 刘志军、王洪席.课程史研究:问题与展望[J].教育研究,2014(8).

21. 楼世洲.近代工业化进程和职业教育制度嬗变的历史考察[J].教育学报,2007(3).

22. 罗志田.科举废止在乡村中的社会后果[J].中国社会科学,2006(1).

23. 孟景舟.回归本义:关于职业教育名称选择的思考与建议[J].职教论坛,2012(31).

24. 彭荧、夏金星.近代中国职业教育概念体系及其选择与流变[J].职教论坛,2012(28).

25. 孙培青.教育改革与优秀教育传统的继承[J].沈阳师范大学学报(社会科学版),2005(6).

26. 唐少君.周学熙与北洋工艺局[J].安徽史学,1987(4).

27. 王炳照.中国职业技术教育问题的历史反思[J].教育学报,2005(2).

28. 王红艳.近代中华职业学校机械科的课程演变及历史启示[J].教育史研究,2012(1).

29. 王书田.解放前上海比乐中学的教育实验[J].中小学管理,1996(6).

30. 吴洪成、苏国安.一部现代学制的艰难问世——《壬戌学制》的制定过程[J].南阳师范学院学报(社会科学版),2014(5).

31. 吴康宁.知识的控制与分等——课程结构的社会学释义[J].教育理论与实践,2000(11).

32. 吴佩琳、季玉章.关于中国近代农业教育起点问题的探讨——浙江蚕学馆是我国近代最早的一所农业职业学校[J].南京农业大学学报,1985(3).

33. 吴永军.课程结构的社会学分析[J].南京师大学报(社会学科版),2001(1).

34. 夏英.职业教育师生关系历史演变的社会学分析[J].中国职业技术教育,2014(20).

35. 夏英.中国职业教育课程体系百年演进的社会学分析[J].中国职业技术教育,2013(30).

36. 徐国庆.职业教育课程地位的理性思考——基于宏观政策的视角[J].教育研究,2013(10).

37. 徐平利.从国家化到全球化:职业教育的"被缚"与"解放"[J].职业技术教育,2012(1).

38. 杨启亮.评古典儒学的人本主义教育观——兼与西方人本主义教育观比较[J].中国社会科学,1990(4).

39. 叶波.课程史研究的若干理论问题探析——基于对西方学者相关研究的文献梳理[J].教育科学研究,2013(12).

40. 张斌贤、兰玉、殷振群.迎接工业化的挑战:1870—1910年的美国手工训练运动[J].清华大学教育研究,2013(5).

41. 张廷凯.我国课程论研究的历史回顾:1922—1997(上)[J].课程·教材·教法,1998(1).

42. 章小谦、杜成宪.中国课程概念从传统到近代的演变[J].华东师范大学学报(教育科学版),2005(4).

43. 赵志群、赵丹丹、弭晓英.我国职业教育课程改革理论与实践回顾[J].教育发展研究,2005(8).

44. 郑娟新.职业教育课程冲突成因分析——基于文化的视角[J].教育发展研究,2012(23).

45. 陈华.中国公民教育的诞生——课程史的研究[D].上海:华东师范大学博士论文,2012.

46. 孟景舟.职业教育基础概念的历史溯源[D].天津:天津大学博士论文,2012.

47. 王博.清末民初教育期刊对教学变革的影响之研究(1901—1922)[D].长沙:湖南师范大学博士论文,2013.